Pourquoi les hommes trompent les femmes

et vice versa

ISBN 2-87691-857-9

Dépôt légal : 1er trimestre 2004.
Imprimé en France
Conception couverture : Atelier Didier Thimonier
Mise en page : Marie Housseau

Nous nous efforçons de publier des ouvrages qui correspondent à vos attentes et votre satisfaction est pour nous une priorité. Alors, n'hésitez pas à nous faire part de vos commentaires :

Éditions Générales First
27, rue Cassette
75006 Paris – France
Tél : 01 45 49 60 00
Fax : 01 45 49 60 01
e-mail : firstinfo@efirst.com

En avant-première, nos prochaines parutions, des résumés de tous les ouvrages du catalogue. Dialoguez en toute liberté avec nos auteurs et nos éditeurs. Tout cela et bien plus sur Internet à : www.efirst.com

Clara Pernec
Olivier Mikak

Pourquoi les hommes trompent les femmes

et vice versa

FIRST
Editions

« Dans un couple, l'un au moins doit être fidèle,
de préférence l'autre. »

Marcel Achard, dramaturge

Sommaire

Avant-Propos

Quai numéro un

Notre histoire commence comme un roman de gare. Un homme et une femme qui s'embrassent, une aventure sentimentale qui débute. Les cœurs battent la chamade aussi fort que le « tatactatoum » qui vous empêche de dormir dans les trains-couchettes. Des affinités, un besoin d'affection, et les voilà dans un monde parallèle, visitant une Venise imaginaire qui n'existe que dans leurs yeux. Avec des bus en guise de gondoles, et des pigeons qui se laissent aller sur le rebord de leurs fenêtres, aussi librement que sur la place Saint-Marc.

Le seul problème, c'est que nos amoureux sont partis en laissant sur le quai un sacré excédent de bagages. Des maris, des femmes, des enfants, des gens qu'on aime, et pourtant. C'est un couple illégitime, comme beaucoup, beaucoup d'autres. Qui lit les magazines féminins, qui disent que si on veut vivre avec son temps, il faut mettre son épanouissement personnel au centre de ses préoccupations. La société moderne est comme un compartiment de wagon-couchettes : pas facile de faire cohabiter l'épanouissement personnel, qui ronfle un peu fort, et la morale judéo-chrétienne, qui aurait mieux fait de garder ses chaussures.

Heureusement, au début d'une histoire, on est imperméable à tout, au jugement des proches comme au regard torve des réceptionnistes dans les hôtels bon marché. Rien ne peut arrêter les Pieds Nickelés de l'amour. Et puis, la vraie vie se rappelle à eux. Les factures détaillées, les remords, les remises en question.

Ils vivent une expérience ultra excitante, ultra compliquée, ultra risquée. Ultra à la mode aussi, tant il est vrai que le consumérisme a conquis les mentalités au point de s'immiscer dans la vie de couple. L'excitation, l'extase, le renouvellement des émotions sont maintenant inscrits en lettres de feu dans la constitution des amoureux.

Mais tromper son conjoint ce n'est pas seulement une façon de pimenter le quotidien ou de se sentir dans l'air du temps. Un nouveau foulard en soie ou l'agenda électronique dernier cri peuvent largement faire l'affaire. C'est un acte d'identité. Une manière de faire le point sur sa vie, sa famille, son parcours personnel. Une recherche de réponses souvent chaotique.

Difficile de faire le point dans le chaos. En amour comme en photo, quand on fait les choses dans la panique, il faut vraiment beaucoup de bol pour être satisfait du résultat final.

Des enfants de la télé

Un homme…

Je m'appelle Olivier Mikak, j'ai 34 ans, je suis producteur de télévision.

J'ai trompé ma femme. Je n'en suis pas plus fier que ça. C'est juste arrivé.

Avant, il m'arrivait assez souvent de surfer sur des sites Internet olé olé, d'acheter des revues licencieuses, de rester tard devant la quatrième chaîne le samedi, ou la sixième chaîne le dimanche, d'examiner de façon méthodique les pages lingerie des catalogues de vente par correspondance, sans jamais rien commander. Le tout, bien entendu, dans le dos de ma femme adorée.

Parfois, je m'imaginais dans la rue, en train de chevaucher des inconnues qui m'avaient juste renvoyé un sourire par politesse. Comme tout le monde, je fantasmais.

Comme beaucoup d'autres, un jour, j'ai pensé que j'aurais besoin de passer à l'acte pour me sentir un homme libre et vivant. Cette décision, mûrement réfléchie et calculée, a bouleversé ma vie de façon incontrôlable, pour le meilleur et pour le pire.

Ce faisant, j'ai découvert que l'infidélité n'était pas qu'une histoire de sexe. Habitué à violer l'intimité des autres en travaillant sur de prétendues « émissions de société », j'ai décidé, à partir de ma propre expérience, de mener une enquête sur ce phénomène qui a tout d'une épidémie. Mais heureusement, la maladie d'amour a cela de particulier que, même si elle peut vous anéantir, elle procure d'abord des moments inoubliables.

…et une femme

Je m'appelle Clara Pernec, j'ai 32 ans, je suis journaliste pour la presse écrite et la télévision.

Il y a dix-sept ans, j'ai rencontré le Prince Charmant. Intelligent, beau, riche, attentionné… Celui dont rêvent toutes les jeunes filles et que leurs mères trouvent parfait en gendre idéal sur les photos de mariage. Comme beaucoup de couples, nous nous étions aimés adolescents puis mariés à l'âge adulte.

Notre vie se déroulait comme dans une de ces publicités glamour pour eau de toilette. Nous faisions plaisir à voir. Pourtant derrière ce masque de bonheur conjugal parfait, l'adultère était tapi. Mon mari et moi-même étions conscients des risques du quotidien, des pièges de la cohabitation, des chausse-trapes du lit conjugal. Tellement sur nos gardes que nous avions préféré, lors de notre mariage, prendre les devants en choisissant comme lecture un extrait de l'évangile de Saint-Jean « la femme adultère ». Prémonitoire me direz-vous ? Pas tant que cela.

La belle mécanique s'est détraquée lorsque l'un de nous s'est retrouvé absorbé par sa vie professionnelle. Plus de soucis, moins de temps passé à la maison, davantage d'heures de travail, une communication réduite, une complicité qui s'envole… Quelques mois à ce régime et on finit très vite par ne plus vivre l'un avec l'autre mais l'un à côté de l'autre.

Un ami bien attentionné, toujours disponible pour discuter, vous écouter, dîner lorsque les réunions s'éternisent... j'ai pêché comme celle que Jésus protégeait de la lapidation. Sans gloire, sans fausse honte non plus.

En regardant autour de moi, je me suis rendue compte qu'en trompant mon mari, j'étais devenue membre actif d'un club planétaire à la fois très secret et extrêmement accueillant, celui des amants et des maîtresses. J'ai voulu comprendre pourquoi, comment et avec qui l'on y adhérait.

Si Paris vaut bien une messe, l'infidélité vaut bien un livre

Les amants sont comme Mister Magoo. Ils passent beaucoup de temps à quatre pattes, et comme lui, plus ils cherchent à y voir clair, moins ils trouvent. Pour y voir plus clair donc, il nous fallait écrire. Confronter nos points de vue d'homme et de femme. Enquêter chez les infidèles, cette société secrète qui compte chaque jour plus de membres. Parler aussi avec les couples légitimes qui durent. D'où tirent-ils leur force ? Existe-t-il des techniques pour devenir inébranlable ? Des méthodes pour ne pas flancher ? Le couple en inox, mythe ou réalité ?

Il nous fallait donc des réponses, qu'elles proviennent de la science, de la médecine, de la psychologie, du bon sens ou du sens de l'observation. Pourquoi l'adultère concerne tant de couples ? Comment éviter d'en arriver là ? Et pour ceux qui sautent le pas, comment s'en sortir le mieux possible ?

Sacrées fourchettes...

Selon les sondages, entre 10 et 40 % des femmes seraient infidèles à un moment ou à un autre de leur vie. Pour les hommes, ce n'est pas une surprise, les chiffres oscillent entre 20 et 60 %.

Les réponses varient selon la manière dont la question est posée, le moment où elle est posée, et le mode d'interrogation (face à face avec l'enquêteur, présence du conjoint, questionnaire auto-administré, confidentialité...). Néanmoins, pas besoin d'être Sherlock Holmes pour imaginer que la fourchette haute est la plus crédible, et que ces chiffres sont vraisemblablement même très en deçà de la réalité.

Peut-être avez-vous acheté ce livre parce que l'idée vous taraude ; peut-être avez-vous déjà commis l'irréparable. Peut-être, au contraire, souhaitez-vous protéger votre couple contre ce dérapage insupportable. Vous savez qu'il est indispensable de maîtriser la psychologie de l'ennemi pour bien le combattre.

Peut-être, enfin, avez-vous été la victime d'un conjoint volage et aimeriez-vous mieux comprendre les chemins tortueux qui l'ont mené hors du pré conjugal.

Quelle que soit votre situation, comme les stewards des compagnies aériennes, nous « espérons que vous passerez un agréable moment en notre compagnie ». Alors que vous lisez ces lignes, vous volez certainement du temps à votre conjoint, à moins que vous ne fassiez lecture commune. Il ne manquerait plus qu'avec nous aussi vous vous ennuyiez au lit.

Culture 1/Morale 0

« Tromper, c'est mal ! » C'est le formidable paradoxe de la vie. Depuis tout petit, toute notre culture nous enseigne que tromper, c'est mal, qu'il faut être fidèle, en amour comme en amitié. Avec les humains comme avec les animaux de compagnie. Et que même si vous vous êtes lassé de Lassie, il est odieux de « l'oublier » sur une aire d'autoroute, tout simplement parce que Lassie vous a été fidèle.

Pourtant, nous passons notre vie à consommer des produits culturels où les gens se trompent. Si on demande pourquoi aux romanciers, aux cinéastes ou aux chanteurs, ils nous répondent qu'il vaut mieux écrire sur quelque chose qui se passe. Et l'adultère, c'est ça. Un truc qui vous prend quand votre vie avance en vitesse de croisière, et que vous ne savez plus comment déconnecter le pilote automatique. Vous trompez celui ou celle avec qui vous êtes officiellement, et il vous arrive donc enfin quelque chose, qui vous remue de la tête aux pieds. C'est souvent ce qui peut arriver de mieux à votre petit corps et à votre petite tête, à part peut-être le massage Thaïlandais, mais il faut avoir une sacrée veine pour que les deux vous tombent dessus en même temps.

> « Quel dommage qu'on ne puisse pas avoir un amant sans tromper son mari. »
>
> **Georges Feydeau,** dramaturge

Donc, toute la production littéraire et artistique depuis que le monde est monde tourne en partie autour de l'adultère, le truc qu'il ne faut pas faire. La raison est simple : il ne faut pas le faire mais presque tout le monde le fait, et quand on ne le fait pas, on a envie de le faire, CQFD. Pour apaiser ses fantasmes, rien de tel qu'un petit coup d'Alexandre Jardin ou de Chabrol avant le Stilnox. La culture, c'est le bromure qui sert toute la vie ! Mais si l'adultère est un des plaisirs de la vie, pourquoi la morale vient-elle nous gâcher la fête, alors qu'on en a déjà l'eau à la bouche ? Parce que la morale, ce n'est pas la vraie vie, juste un système de valeurs créé pour freiner nos désirs, et éviter qu'on s'éventre à coups de jeton de caddie à chaque fois qu'on a besoin d'un bien, qu'on fait la queue, qu'on participe à une compétition, ou tout simplement qu'on se met en couple.

La fidélité est-elle indispensable à la survie du couple ?
66 % des Français répondent « oui ». Elle est importante mais non indispensable pour 29 % des interviewés, tandis que 4 % la trouvent secondaire.

Source : sondage CSA/*L'Événement du jeudi*, 1996

Dans la vraie vie, beaucoup de gens se trompent. Ce n'est ni bien, ni mal, c'est juste comme ça. Vous ne trouvez pas qu'il y a tant d'adultères que ça autour de vous ? Ouvrez les yeux et les oreilles. L'exercice a cela en commun avec le quadriptique MFDS (Masturbation-Fausse-couche-Dépression-

Suicide, dans l'ordre ou dans le désordre), qu'il concerne quasiment tout le monde et que personne n'en parle.

Vous nous direz que ce n'est pas parce qu'on vit dans un monde qui a perdu ses valeurs qu'il faut renier les vôtres, et vous aurez raison. La seule question que vous devez vous poser, c'est : si tout le monde trompe tout le monde avec tout le monde dans ce bas monde, pourquoi serais-je le seul à m'escrimer sur mes mots fléchés pendant qu'il y a de la gaudriole ? J'en veux ma part. Oui toi, qui que tu sois, tu as droit à ta part, prends une douche, mets du parfum, fais briller tes quenottes comme si c'était de l'argenterie, et va la chercher, ta moitié, elle t'attend certainement dehors quelque part, pas loin d'un Promod ou d'un Marionnaud.

Si on se trompe, c'est qu'on en a envie, et l'envie, ça devrait être ce qui nous fait lever le matin. Malheureusement, passé un certain âge, on a tendance à se scotcher dans la couette, des fois que cette nouvelle journée soit aussi fade que la précédente, pleine de galères ou pleine de rien. Chacun est libre de régler ça comme il veut, et c'est vrai que le pot de 500 ml de glace américaine, c'est aussi une manière de jeter un sort à vos envies. Quand on trompe son conjoint, on n'est sûr ni du châtiment, ni de l'issue. Quand on se bourre de glace, le verdict est imparable : vous allez devoir porter des pulls à la ceinture pour camoufler votre popotin. Mauvaise nouvelle : ce n'est plus à la mode depuis le milieu des années 80. L'adultère en revanche, ça a un petit côté « je vis avec mon temps », « je savoure le sel de la vie » qui fera briller une lueur d'envie dans le fond de l'œil du plus puritain de vos amis (si vous avez des amis très très puritains, il faudra quand même bien chercher).

Nous le démontrerons dans ce livre, si tromper n'est pas moral, c'est à la fois bon pour le physique, et pour le moral, et ça n'est pas forcément plus cher qu'une razzia régulière dans un magasin de vidéo ou de chaussures pour dames.

CHAPITRE 1

Pourquoi je te trompe ?

L'adultère fait irruption dans votre vie comme un coup de tonnerre. Que vous ayez ou non senti les nuages noirs s'amonceler au-dessus de votre couple, que vous ayez ou non voulu les voir venir, la foudre vous fend en deux la moelle épinière comme un séquoia centenaire qui n'avait rien demandé. Vous êtes « éparpillé façon puzzle », ce qui ne vous aide pas à analyser la situation.

Pourtant, il y avait peut-être des moyens de jouer les météorologues de la tromperie. La déjouer, c'est connaître les facteurs propices à son apparition.

Les moments les plus critiques

Ce sont les grands tournants de la vie. Au moment où la situation ou votre conjoint réclament un renforcement de l'engagement, vous essayez consciemment ou non de vous évader. Alcatraz fut longtemps la plus terrible des prisons américaines, avant d'être transformée en parc d'attractions. Malheureusement, votre couple a suivi le chemin inverse.

L'installation en couple

C'est le premier pas en avant. Symbolisé par cette brosse à dents bleue, acceptée dans le même verre que votre brosse à dents verte. Vos deux noms sur l'interphone ou sur la boîte aux lettres. Celui ou celle que vous ne côtoyiez jusque-là que lors d'occasions « spéciales », des cinés, des restos, des escapades, uniquement destinés à faire vibrer les cordes de votre amour, devient un compagnon de tous les instants. Passons sur les colocataires bordéliques, un peu cracra voire limite pétomanes. Ceux-là seront renvoyés dans leurs pénates par le premier taxi, en moins de temps qu'il n'en faut pour faire décongeler une barquette de spaghetti bolo.

Mais malheureusement, même le plus exquis des compagnons fait vite passer les 40 m² du deux pièces en 9 m² d'une cellule de Fleury-Mérogis. « Où t'as rangé ça ? Où tu vas ? Qu'est-ce que tu fais ? Où t'étais ? Qu'est-ce qu'on fait ce soir ? Pourquoi tu fais autant de bruit avec les pages de ton journal ? T'as besoin de laisser couler l'eau pendant que tu te brosses les dents ? » Autant d'immixtions dans votre intimité auxquelles votre vie de célibataire ne vous avait pas habitué. À un moment donné, il y a tellement de vapeur dans la cocotte qu'elle se met à siffler comme si elle allait exploser.

Vous voulez donner une chance à votre couple en allant prendre l'air, vous n'avez pas le courage de dire que vous êtes mal, vous êtes nostalgique de votre liberté passée ? Vous découchez, vous déconnez.

N.B. : Certains qui ont déjà vécu les délices de la vie en commun ou qui les redoutent par ignorance de tout ce qu'ils peuvent apporter de bon, anticipent et dégainent avant même d'avoir signé le bail. Peut-être sont-ils des visionnaires, ou alors des médiocres. Une chose est sûre, en amour comme en transport ferroviaire, sauter du train avant la première gare ne vous emmène jamais très loin.

Le mariage

Pour la majorité, cette débauche de fleurs rime avec bonheur. Le moment est jubilatoire. Parents et amis sont venus par monospaces entiers célébrer votre union pour l'éternité. Le rêve de toute une vie, magnifié devant Dieu ou les hommes. Des engagements solennels dans une surenchère de moyens et de bons sentiments. Peu importe que toutes vos économies soient passées dans la location de la salle et le traiteur, peu importe que rond comme une queue de pelle, vous découvriez qu'il est difficile de vivre une nuit de noces convenable quand on a, à ce point, fait la noce. C'est le plus beau jour de votre vie. Puisqu'on vous le dit.

Le pouvoir de dire « Oui »

Le mariage, les femmes ont été programmées pour ça. Pas la peine de sortir votre exemplaire de *Chiennes de garde pour les Nuls,* on s'explique : avoir une grand-mère suffragette et une mère qui a participé à la fondation du MLF n'y changera rien, depuis la nuit des temps, les filles sont conditionnées pour convoler. La faute aux contes de fées, aux religions, à la pression sociale, au mythe du Prince Charmant... à qui vous voudrez. Dans la vie de toute femme, même la plus libérée et la moins conventionnelle, il se trouvera toujours quelqu'un pour poser la question fatidique « Et au fait, tu comptes l'épouser quand ton R'né, parce que pour toi aussi, ma vieille, les années passent ! »

> « Aucune femme au monde n'est capable de résister à une proposition de mariage, provint-elle du pire crétin. »
>
> **Groucho Marx,** comédien

Le bon côté de ce bourrage de crâne, c'est que, du coup, le passage devant, au choix et dans le désordre : Monsieur le maire/le curé/le rabbin/l'imam, ne leur fait pas peur. La plupart du temps, elles sont même les premières à réclamer à cor et à cri l'engagement devant Dieu et les Hommes. Depuis leur plus tendre enfance, elles bavent devant un cortège à la sortie d'une église, fondent à la vue du début du quart de la moitié d'un ourlet de robe blanche, et seraient prêtes à troquer tous les mâles de leur famille contre un homme, un vrai, qui leur permettrait de s'accrocher à lui comme une moule à son rocher. Du coup, le jour où cela leur arrive enfin, pas d'hésitation, elles sont ultra prêtes à s'engager.

Pour les hommes, engagement = privation de liberté =

interdiction d'aller voir ailleurs = déprime, tandis que le mariage représente pour les femmes le point culminant de la relation amoureuse. Ce sera le plus beau jour de leur vie, avant l'arrivée de Junior bien sûr et la livraison du frigo américain dans leur pavillon flambant neuf. Alors pas question de penser aux bras d'Helder, le prof de tennis du Club Med de l'été dernier, au moment où on s'apprête à faire d'elles des princesses pour la journée. De toute façon, depuis la demande en mariage, c'est simple, les hommes, elles ne les voient même plus. Il faut dire qu'elles n'ont pas vraiment le temps pour la bagatelle. Entre les repas tests chez le traiteur, la commande de la liste de mariage aussi complète que si vous alliez ouvrir un routier sur le bord de l'A6 (petites cuillères 36, couteaux 36, salières 8, assiettes 72... vous ne saviez même pas que vous aviez autant d'amis à réunir autour d'une table), les essayages de robe, de voile, de gants, de chaussures, de maquillage, de chignon, de jarretières et de bouquet de fleurs, n'en jetez plus... Elles veulent que tout soit PARFAIT, et n'ont donc pas une seconde à perdre. Un mariage, c'est une année de boulot à plein temps, pendant laquelle tout ce qui ne concerne pas votre couple ou ce jour si particulier n'existe pas. Tromper son mec alors qu'on a déjà du mal à le voir au milieu d'une logistique digne de la mise en orbite d'un satellite espion, pas envie et surtout pas le temps !

Courage fuyons !

Pour les hommes, mariage rime souvent avec carnage. Obligé de carboniser vos économies en quelques heures, de faire une fête avec tant d'invités que vous ne pourrez vraiment goûter à la compagnie d'aucun, de mettre ce ridicule costume qui gratte et qui fait transpirer comme un porteur de pierres sur le chantier de la pyramide de Khéops, et surtout de prendre tant d'engagements d'inspiration médiévale qui, si on se fie aux chiffres des sociologues ou des avocats, ne valent pas tripette. Les promesses sont comme le bouquet qu'on jette aux célibataires pendant la réception, elles n'engagent que celles qui les tiennent.

> « Il ne faut pas oublier que le mariage a été institué à une époque où l'espérance de vie ne dépassait pas 30 ans. »
>
> **Jacques Dutronc,** chanteur

Le mariage est un des points culminants de l'obligation sociale, après le bac et le défunt service militaire. Obligé de faire une grosse fête, d'envoyer des faire-part, d'inviter des cousins que vous ne voyez jamais, d'acheter une robe hors de prix, de s'éclater comme si vous alliez mourir demain.

Bonne mère, la société a quand même prévu une petite soupape de sécurité avant la plongée dans l'éternité : l'enterrement de vie de garçon ou de jeune fille. Libre à vous de faire une soirée diapos ou de passer carrément la seconde, à quatre pattes avec Diana, strip-teaseuse et plus si liquidités. Autant on va vous seriner avec la fidélité devant l'autel, autant personne ne vous reprochera d'avoir passé une de vos dernières nuits le slip sur la tête à l'hôtel. C'est le pic de la Mirandole des paradoxes. Au moment où on vous demande de vous engager à ne plus jamais tourner la tête, vous avez le droit, pendant une soirée, à condition que vous n'en fassiez pas de compte-rendu à votre chère et tendre, de la perdre (la tête), et de piétiner de toutes vos forces ce beau vœu de fidélité censé devenir le socle de votre vie future. C'est la faille spatio-temporelle organisée à l'américaine, avec ses bars spécialisés, ses agences de strip-tease, ses boîtes à putes. La dernière bouffée d'air avant de plonger dans l'infini de l'éternité, et que l'ivresse des profondeurs vous fasse croire que, finalement, pouvoir choisir tous les samedis entre Auchan et Intermarché, c'est encore une forme de liberté.

> « Pour se marier, il faut un témoin, comme pour un accident, ou un duel. »
>
> **Sacha Guitry**, dramaturge

Le mariage, c'est, pour votre compagne, une année de menus préparatifs, d'interrogations existentielles sur la composition des « centres de table » (Messieurs, il s'agit d'une corbeille de fleurs au milieu des tables), de conversations téléphoniques infinies avec les proches et les parents sur la liste des invités ou la pression qui monte. Et vous ne percevez que ce dernier aspect, la pression.

Les hommes réalisent soudain, comme si c'était une surprise, qu'ils vont rester avec leur promise, au moins en théorie, jusqu'à la fin de leurs jours. Et ce n'est pas tant la vision glauque des proches réunis autour de leur lit de mort, dans une lumière blafarde qui les tétanise que cette pensée : « C'est mon dernier partenaire sexuel. Si je suis logique avec moi-même et tous les engagements solennels que je vais prendre devant tous ces gens, je ne toucherai plus jamais d'autres femmes, à part si elles ont plus de 70 ans, et qu'elles me demandent de les aider à traverser la rue. » Et la promise a beau être la plus belle des plus belles, championne toutes catégories de la galipette sous la couette, dans son for intérieur, l'homme sait qu'il n'est pas de bois. Résister à la fille de la pub Aubade ou à cette inconnue qui vous fait bouillir le sang et qui passe sans vous remarquer, c'est facile. Mais on ne peut savoir ce que réserve la vie comme rencontres inopinées ou comme coups de folie. Et l'idée de clore à tout jamais le tableau de chasse, de raccrocher les gants devant la foule en délire glace le sang du futur marié. Il a beau répéter qu'il n'a jamais été aussi heureux, il va à la mairie comme on va à l'abattoir, en espérant qu'une encéphalite spongiforme bovine le sauve d'un sort certain : finir sa carrière dans les rayons d'un Leclerc ou d'un Cora.

Pour échapper à son destin, il teste une dernière fois ses armes de séducteur. Dernière bouffée de liberté, nostalgie d'un âge d'or, auto-conviction qu'il a fait le bon choix ou au contraire, recherches tous azimuts pour vérifier qu'il n'y a pas d'alternative.

Avant de devenir mari, tel un artiste du XIXe, l'homme peut facilement se mettre à croquer un peu tout ce qui bouge, pour être sûr qu'il a bien peint le paysage sous toutes ses nuances, avant que le soleil ne se couche et qu'il ne lui reste plus qu'à se couper une oreille.

> « Pour que votre voyage de noces soit un succès total, sur le plan touristique, sentimental, et sexuel, la première chose à faire est de partir seul. »
>
> **Pierre Desproges**, humoriste

Vous nous direz que notre vision est caricaturale. Pourquoi les femmes, à l'approche du mariage, n'auraient pas elles aussi le droit de s'éclater une dernière fois ? Ce droit, elles l'ont, comme le confirme la floraison des enterrements de vie de jeune fille en bonne et due forme ces dernières années. Seulement, il semble qu'elles en fassent un usage plus soft. Sous son uniforme de pompier qui s'enlève avec des scratches, le strip-teaser Chippendale a un caleçon, et sous le caleçon un slip, et sous le slip un string. Tout ce textile prouve que bien que les femmes aient envie de toucher l'interdit du doigt, elles ne veulent pas pour autant le prendre à pleines mains.

L'achat de la résidence principale

Le choix mène à la tension, la tension mène à l'engueulade, l'engueulade mène à l'adultère. Le raccourci est un peu abrupt, mais il résume bien la dynamique qui conduit à l'infidélité lors des grands tournants de la vie.

Le choix, c'est d'abord celui de s'engager sur du solide. Adieu bail de trois ans, bonjour emprunt sur quinze. Indécis, s'abstenir. Acheter une résidence principale, c'est un peu comme un mariage. Formalité engageante pour les hommes, sacrement pour les femmes, le ressenti n'est pas du tout le même selon que l'on appartient à l'un ou à l'autre sexe.

Les femmes se réjouissent en premier lieu de ce lien supplémentaire tissé avec l'élu de leur cœur. Un lien qui leur donne aussi une énorme occasion de faire du shopping. Mais il y a encore plus fort : cette fois-ci, elles vont pouvoir traîner Jules dans chaque recoin de magasin en A (Conforama, Habitat, Ikéa, Alinéa, Roche-Bobois, Bricorama, Merlin-Leroy,) sans qu'il n'ait de raison objective de s'en plaindre.

Les hommes, on leur dit « cocon », ils entendent « carcan ». Madame visite le chantier en pensant déco, c'est-à-dire rendre le cocon encore plus cocoonesque. Monsieur visite le chantier en pensant *home cinema,* c'est-à-dire « comment je m'évade de là, au moins virtuellement ».

À quoi sert le couple ?

Pour 47 % des Français, le couple sert à avoir des enfants. Pour 28 %, à assouvir une passion amoureuse. Pour 15 %, le couple permet de ne pas rester seul, pour 10 %, il sert à être plus à l'aise financièrement et pour 12 % il est utile pour se construire un patrimoine.

Source : sondage IPSOS/*Ça m'intéresse,* juin 1998

Et il ne suffit pas de s'engager, certains diront « se lier » pour une éternité, il faut aussi être d'accord. Sur le quartier. Chic calme ou popu sympa ? Dans la fureur des villes ou la poésie d'un coin de verdure ? Parce que choisir sa résidence, c'est imaginer sa vie. Donc potentiellement TOUTE sa vie.

Cette pièce, c'est une salle de jeux pour les enfants, ou un bureau pour Papa ? La vie, on va la passer à jouer ou à travailler ? Autant de questions qui, si elles étaient juste théoriques tant que l'achat de cet appartement ou de cette maison n'était qu'un rêve, deviennent terriblement concrètes depuis que votre banque vous a proposé ce taux si alléchant.

Faut-il s'installer près des parents de l'un, de l'autre, des amis, des musées, des bureaux, des lycées bien cotés, pour quand on aura des enfants ? Débat, pression, discorde, sortie de route, bouffée d'air frais. On fait un petit tour et puis on revient, ou l'on change carrément de cavalière, en faisant dans le style célibataire endurcie accro aux loyers de 48.

> « Le sexe est le prix que les femmes payent pour se marier. Le mariage est le prix que les hommes payent pour obtenir du sexe. »
>
> **Allan Pease**, auteur

Notez qu'il serait extrêmement malhonnête de notre part de systématiser cette approche fort négative de la nidification.

S'installer, c'est aussi mettre en commun des compétences comme le bricolage et la capacité de visualisation dans l'espace pour les garçons, l'imagination et une facilité spectaculaire à se projeter dans l'avenir pour les filles. Un moment de cohésion donc, mais on ne sait jamais, gardez l'œil ouvert, un nidificateur averti en vaut deux.

La grossesse et l'arrivée d'un enfant

Les pilotes d'avion utilisent des engins de plus en plus sophistiqués pour anticiper la traversée d'une zone de turbulences. Dans un couple, un simple test de grossesse positif suffit. Non seulement l'engagement entre les deux partenaires se voit sérieusement renforcé, mais les tensions liées à la traversée de cette période difficile, bien qu'en général heureuse, peuvent être fatales. Etait-on d'accord pour faire cet enfant ? Arrive-t-il trop tôt, trop tard ? Quelles valeurs allons-nous lui transmettre ? Avons-nous les moyens de lui offrir une éducation à la hauteur ? Comment réagissons-nous aux difficultés et aux angoisses liées à la grossesse ?

Pas besoin de radar. La grossesse, c'est turbulences à tous les étages.

« La situation sans être grave n'en est pas moins désespérée. » La boutade s'applique sans restriction à la conception d'enfants. Selon les indications que nous avons pu recueillir auprès de la profession (gynécologues, sages-femmes, kinés…), jusqu'à 40 % des hommes quitteraient le domicile conjugal, de façon plus ou moins longue, et plus ou moins définitive, à un moment ou à un autre entre l'annonce de la grossesse et la fin de la période *post-partum.* Du point de vue de la morale, ça n'est pas brillant, mais ça fait partie de la réalité, voilà pourquoi.

En attendant bébé

La grossesse, surtout la première, c'est nouveau, compliqué et angoissant. Phénomène naturel merveilleux par ailleurs, elle plonge les jeunes couples dans un abîme de perplexité.

Leur vie va être modifiée à tout jamais. Désormais, ils ont l'obligation d'être responsables. Les tours du monde en sac à dos, les nuits de débauche après lesquelles on se réveille sans plus savoir comment on s'appelle, ni où l'on a garé la voiture, c'est fini, au moins pour quelques années.

Moins de légèreté, et moins de liberté. Bonjour les horaires calibrés, le *speed* de la crèche, les briefings à la nounou en panique, pour ne pas rater la réunion de 9 heures ou la séance de ciné. D'ailleurs le ciné, le resto, le théâtre, les fêtes avec les amis sont autant d'activités qui vont être amenées à s'espacer, voire à s'effacer complètement.

Mais avant d'en arriver là, il faut traverser neuf mois durant le Sahara de la grossesse. Un désert où les oasis de sexe sont rares, et où le stress de ne pas arriver jusqu'au bout vivant a tendance à plonger les uns et les autres dans un état de démence ingérable.

Combien de temps pouvez-vous supporter l'absence de relations sexuelles ?

✓40 % des hommes répondent « quelques jours », 29 % « quelques semaines », 13 % « quelques mois », 2 % « un ou deux ans » et 8 % « plus longtemps ».

✓Chez les femmes, ces chiffres sont sensiblement différents : 24 % répondent « quelques jours », 20 % « quelques semaines », 10 % « quelques mois », 5 % « un ou deux ans » et 27 % « plus longtemps » !

Source : sondage CSA/*Marie France,* 2002

Car la femme enceinte ne subit pas seulement des nausées et d'éprouvantes transformations physiques, elle subit aussi le stress de la nouveauté. Plongée dans des manuels qui comportent plus de pages que *Le Petit Pilote de 747 illustré,* d'épisiotomie en tire-lait, de rééducation du périnée en ictère (pas grave, juste la jaunisse du nourrisson), elles finissent par se demander s'il s'agit de faire un enfant ou de tourner dans un film d'horreur. Stress donc de la maman, face auquel le papa moderne encaisse avec élégance. S'il veut passer ses nerfs, les 10 m² de la chambre de Junior à passer à l'enduit, à la sous-couche, la sur-couche, au satiné, « Non c'était pas exactement ça coquille d'œuf, et si finalement on la faisait en framboise ? » suffiront à le rendre calme et affable, épuisé et hagard.

Sauf que le propre du couple dans la grossesse, c'est que chacun de ses membres estime qu'il est le seul à bosser. Madame porte l'enfant, sélectionne les articles de puériculture, potasse de fond en comble les manuels et continue à travailler. Monsieur bricole, prépare la piste d'atterrissage, se tape de plus en plus de corvées et répond à toute heure aux envies de fraises des bois de sa dulcinée. Il y a un moment où l'on veut bien être aimable et de bonne constitution, mais il y a peut-être des coups de truelle qui se perdent.

Famille, je vous hais

Et pour ceux qui trouveraient les pugilats à la truelle en couple un peu trop intimistes, il y a les parents. En période de grossesse, le parent est invasif. Il appelle tous les jours, fait mine de demander des nouvelles (du petit, pas de vous), et surtout dégouline de conseils. Le parent vous a fait, les enfants, ça le connaît. Peu importe qu'un peu d'eau soit passé sous les ponts depuis les années 60-70. Le parent a besoin de vous parler, de parler au futur enfant, de toucher votre ventre comme s'il portait chance, et que c'était le dos de Jean Marais dans *Le Bossu*, et surtout de vous assener son avis. « Vous bossez trop, vous devriez déménager, la chambre manque de couleurs, moi à l'époque, je vomissais tout le temps, vous allez voir c'est magnifique. » Bien qu'elle parte d'un bon sentiment, cette invasion a tendance à renforcer les tensions dans le couple. Ça n'est déjà pas toujours facile d'avoir sa mère sur les genoux 24 heures sur 24 pour préparer un événement qui arrive dans plusieurs mois, mais quand il s'agit de sa belle-mère, on est à deux doigts de tenter le plantage de truelle entre les deux yeux.

Le lecteur attentif aura remarqué le caractère fallacieux du chapeau rédigé quatre paragraphes plus haut, qui promettait des informations sur le sexe, sans qu'on puisse, après un nombre obscène de lignes, voir apparaître le moindre bout de sein. Priapes de tous les pays, voilà le passage que vous attendiez tant. Érotomanes en tout genre, vous risquez d'être déçus.

Sex and the petit

Pendant la grossesse, la tension entre les futurs parents augmente, d'autant plus qu'il est rare que les neuf mois soient une période d'extase sexuelle. Cela ne veut pas dire que la vie érotique cesse, mais la plupart des couples mettent un sérieux coup d'aérofrein. Peur de blesser l'enfant (si on a vraiment zappé les cours de sciences nat' ou qu'on refuse de se mettre le nez dans le Laurence Pernoud), baisse de désir due aux transformations du corps de la femme, bouffées délirantes de respect pour celle qui va donner la vie, stress et vomissements divers font que la galipette a tendance à se raréfier en période *pré-partum*.

Et si la galipette se raréfie, il n'y a que deux solutions pour les garçons : se masturber discrètement de loin en loin en attendant que ça revienne, ou faire le grand saut dans l'inconnu, objet de cet ouvrage. Une amie qui vous veut du bien, tarifée ou vraiment amie. Une ex qui remet le couvert. Une jeunesse pas au courant de la situation. Une ambitieuse prête à tout pour vous avoir. Ou une combinaison de ces différents profils : une ex-jeunesse tarifée et un peu amie, pas au courant, prête à tout pour vous avoir. La solidarité féminine est une chose, les lois du désir et de l'attraction en sont une autre, et il y aura toujours une femme pour tirer Jean-Pierre de ses paluchades, ou de sa consultation religieuse du manuel du mobile qui joue du Mozart.

À la lecture de ces lignes, nous sentons déjà de nombreuses lectrices faisant chauffer leur Bic bleu pour nous agonir d'insultes. Comment une femme, si tant est qu'elle soit au courant, peut-elle faire ça à une de ses semblables ? Mesdames, vous avez raison, il n'y a aucune excuse. Un homme qui trompe une femme qui va avoir un enfant ou qui vient d'en avoir un a un comportement des plus immondes. Une femme qui l'accompagne dans ce forfait est une catin. Néanmoins, une fois passée la réaction impulsive, il est de notre devoir de nous interroger sur ce phénomène qui touche tant de couples.

> « Ce n'est pas compliqué de faire rêver les hommes. Le plus dur, c'est de les garder. »
>
> **Sharon Stone**, comédienne

La grossesse est certainement une des périodes de la vie où les hommes trompent le plus les femmes. Posez la question autour de vous et contemplez la désolation. Les différentes peurs et tensions évoquées plus haut, les altérations objectives, bien qu'en général momentanées, du corps féminin, le détournement de l'attention et de la tendresse vers le futur nouveau venu sont autant d'éléments qui font traverser au couple, au moment de son plus grand bonheur, la pire des épreuves pour sa solidité.

L'homme se sent délaissé, il ressent souvent une baisse de désir à l'égard de sa compagne, avec laquelle les rapports se sont raréfiés. Il va voir ailleurs. À tel point que certaines femmes encadrent ces incartades en donnant carte blanche à leur mari pour les tromper, allant même parfois jusqu'à sélectionner avec eux celle qui pourra représenter un attrait suffisant, sans être un danger à moyen terme pour le couple. Faute avouée à moitié pardonnée. Faute encadrée à moitié sécurisée.

L'homme « enceint » a besoin d'attention, de sexe, de sentir que la vie continue. Il peut même se dire qu'il faut se dépêcher de tromper sa femme avant la naissance, car à partir de là, l'adultère deviendra « vraiment grave ».

D'une certaine manière, il voudrait presque bien faire. L'idée peut sembler aberrante, mais comme souvent dans l'infidélité, l'homme n'en veut pas à sa femme. Il n'agit pas contre elle mais pour lui. Il envisage qu'il fait cela pour elle, pour préserver son cocon de tranquillité, ne pas la tourmenter avec ses bas instincts. Où s'arrête le respect, où commence l'hypocrisie ? C'est à vous de voir.

Attention les enfants regardent

59 % des Français expliquent leur fidélité par le fait qu'ils ont des enfants.

Source : sondage CSA/L'Événement du jeudi, 1996

Il serait injuste de réduire les hommes à de simples machines à produire de la semence et du désir. Attendre un enfant, c'est une période pleine d'interrogations existentielles. « Quel est le bilan de ma vie à ce stade ? » Pas bon le bilan, énorme terreau pour l'adultère :

« Je fais le bilan = il me manque des trucs, mon accomplissement personnel n'est pas à 100 % réalisé = je suis frustré = j'ai besoin d'air = je vais voir ailleurs. »

Parmi les autres questions : « Quelles relations aurais-je avec mon enfant ? Quelles relations ai-je eu avec mes parents ? M'ont-ils désiré ? L'élèverais-je comme j'ai été élevé ? Saurais-je me montrer suffisamment disponible et compétent ? Qui suis-je, ou vais-je, dans quel état j'erre ? »

Bébé arrive, tous aux abris !

Une fois le bambin arrivé, la situation ne s'arrange pas.

Objet de toutes les attentions, il happe, comme une bombe à fragmentation le ferait avec l'oxygène dans l'atmosphère, toute l'intimité de ses parents. Plus un moment à deux, que des moments à trois, voire à quinze, quand commence le défilé familial des Rois Mages, les bras chargés de boîtes Du Pareil au Même. Ça dégouline de bonnes intentions dans tous les sens, mais ce n'est pas pour ça que Bébé fait ses nuits. Plus de câlins, plus de dîners en amoureux. Et quand les parents comprennent qu'il faut un peu lâcher le pied sur le pouponnage, que les grands-parents ça existe, et que la vie ne s'arrête pas totalement quand on a un enfant, il est parfois trop tard. L'adultère est comme un poids lourd sur l'autoroute des vacances, il ne met pas les feux de détresse avant de provoquer le carambolage du siècle.

> « Il y a quelque chose d'incestueux dans le fait de faire l'amour à la mère de ses enfants. C'est peut-être pour ça que les hommes ont des maîtresses. »
>
> **Patrick Sébastien**, humoriste

On a vu que, dans ce chapitre, les hommes n'avaient pas le beau rôle. Ce serait oublier qu'il arrive aussi que des femmes trompent leur mari après avoir accouché. Ont-elles été trompées ? L'ont-elles su ? Quoi qu'il en soit, elles sont elles aussi victimes de la raréfaction des rapports, de la tendresse, de l'attention apportée à l'autre, et des tensions diverses. Elles doivent combler tous ces manques, comme les hommes, mais en plus, elles se demandent si elles peuvent encore séduire.

Les kinés nous racontent comment les femmes se précipitent chez eux pour la rééducation du périnée, obsédées par la remise en marche de la machine. Il leur faut perdre leurs fesses, retrouver leurs abdos, gommer leurs vergetures, muscler leur vagin dans l'urgence, pour revenir dans le circuit. Et si Monsieur n'est pas sensible à tous ces efforts, s'il a déjà déserté le lit conjugal pour faire ami-amie avec une Miss Double-Clic sans cervelle du service informatique, qu'à cela ne tienne, les jardins d'enfants sont dorénavant pleins de pères célibataires qui ne demandent qu'à retrouver les voies de la tendresse et du plaisir avec des jeunes mères en manque de tout. Il faut le savoir, le bac à sable est, en termes de drague, l'équivalent de la boîte de nuit pour le jeune parent. Quant à l'effet produit sur n'importe quelle femme par un père affublé d'une poussette ou d'un porte-bébé, il est tellement fort qu'on a vu des célibataires mâles sans enfant demander à ce qu'on leur en prête un pour partir à la chasse et attendrir la donzelle.

Notons que ce passage sur les lieux de drague pour jeunes mamans en goguette serait incomplet s'il n'y était fait mention d'une invention moderne et néanmoins magique : les bébés nageurs. Cette occasion de socialisation, pour vous comme pour votre enfant, présente le triple avantage de se dérouler dans un environnement convivial, la piscine ; d'offrir de la visibilité sur le statut des autres parents, puisque s'ils sont venus seuls, c'est qu'il y a des chances qu'ils soient célibataires ; mais également d'offrir une vue imprenable sur l'état de la marchandise, puisque l'exercice se pratique en maillot de bain. Convivialité, visibilité, qualité. Jeunes parents, à mon top, plongez !

Ne jetez pas la pierre à la femme adultère, je suis derrière

Mais revenons aux femmes adultères. S'il est vrai qu'elles en ont pris plein la tête, il n'en est pas moins vrai qu'elles peuvent se comporter elles aussi de façon un peu injuste. C'est une des caractéristiques majeures du phénomène « infidélité » : il est doublement injuste. On trompe, et en plus, on fait plus d'efforts avec le nouveau venu qu'avec la victime terrée dans son antre. Vous manquez de quelque chose à la maison, vous allez le chercher ailleurs, et ce faisant, vous mettez en œuvre des moyens que vous n'avez pas employés chez vous. Sûr que ce string qui dépasse de votre jean taille basse l'air de rien au square, votre Jules ne l'a pas vu à la maison. Lui, l'image qu'il a du mal à oublier, c'est celle de vous dans la chemise de nuit d'allaitement, avec les pans qui se « déscratchent » pour laisser sortir vos seins lourds comme des obus.

C'est d'ailleurs un élément fondamental auquel tous les couples en passe de se reproduire devraient faire attention. L'intimité atteint dans les ménages modernes au cours de la grossesse un stade très fusionnel. On se voit dans des situations pas très sexy. Vomissements, gaz, pertes de lait… Et même le père le plus amoureux, qui admire l'effort réalisé par sa femme pendant ces mois si longs, finit, à force de fusion de l'intimité, par la voir disparaître. Sa femme et lui ne font plus qu'un. Son caractère d'objet de séduction disparaît au profit de l'image de la mère.

> « Quand mon mari rentre à la maison, si les enfants sont encore en vie, j'estime avoir fait mon boulot. »
>
> **Roseanne Barr,** comédienne

À ce titre, l'homme qui écrit ses lignes ne sait plus trop quoi penser du fait d'assister à l'accouchement. S'il paraît naturel à de nombreux pères, cet événement fusionnel peut avoir des conséquences sur la perception que l'homme aura désormais de sa femme. C'est la théorie du gynécologue Bernard Fonty (*Les hommes n'ont rien à faire dans la maternité,* éditions First). Voir votre bambin adoré sortir du sexe de votre femme adorée, c'est peut-être ce que vous aurez vu de plus émouvant dans votre vie, mais certainement pas de plus sexy. Et votre femme aura intérêt à vous faire dare-dare le coup de la collection de petits dessous affriolants pour que vous continuiez à penser qu'en matière de sensualité, elle et Monica Belluci boxent dans la même catégorie.

Le retour à une sexualité normale est une des obsessions des couples après l'accouchement. Certains affirmeront qu'il s'agit plus d'un besoin naturel pour les hommes, et d'une peur panique d'être abandonnée pour les femmes. Ce serait considérer que la sexualité ne fait pas partie des besoins naturels de la femme, propos un peu hors d'âge.

À la recherche de vos fondamentaux

La fin de la grossesse est souvent synonyme d'abstinence, et une fois le jour J arrivé, la machine met du temps à se remettre en route. Sur le plan physiologique d'abord, mais surtout sur le plan psychologique et relationnel. Et comme les jeunes couples se laissent accaparer à 100 % par leur progéniture, il ne reste plus beaucoup de place pour s'occuper de cette satanée machine. Car il ne suffit pas de ressusciter la position classique dont on sait qu'elle marche à tous les coups pour les deux partenaires, et de rejouer la scène de la fièvre du samedi soir. Une représentation hebdomadaire unique à guichets fermés, qui durait une heure trente lors de sa sortie en salle, mais que vous avez raccourci pour convenances personnelles, à une quinzaine de minutes si l'on en croit les statistiques nationales.

Plus c'est long, moins c'est court

Pour 55 % des Français, la durée moyenne de l'acte sexuel est comprise entre 15 et 30 minutes. Pour 11 %, il dure moins de 10 minutes. Pour 20 %, plus de 30 minutes.

Source : Francoscopie, 2003

Pour éviter de retomber dans le creux de la lassitude et de la routine, il faudrait presque tout recommencer de zéro, comme si c'était la première fois. Après des années de vie commune, sans oser vraiment vous le dire, vous aviez fini par trouver ça tout le temps pareil. La mise en route d'un enfant a pimenté votre vie, mais maintenant, il n'y a plus que la créativité qui peut vous sauver, si vous ne voulez pas vous séparer un jour ou l'autre, ou finir dans les boîtes échangistes. C'est la morale cynique de notre société qui voue un culte démesuré à la performance façon la tête + les jambes. Il faut être bon dans tous les domaines, sinon, on saute.

Au moment où vous assurez votre descendance, il n'y a donc pas que votre avenir qui soit en jeu, il y a aussi celui de votre couple. Si dans la plupart des cas, les infidélités liées à la grossesse sont juste des « petits coups sans conséquence », ces écarts peuvent aussi dégénérer. Soit Monsieur ne voulait pas d'enfant (ou de deuxième/troisième enfant), mais n'osait pas le dire, et il risque carrément d'abandonner le navire, soit il fait une rencontre extraordinaire, tombe amoureux, et se retrouve embistrouillé dans une problématique de polygame qui, sous nos latitudes, trouve rarement d'issue heureuse. Côté Madame, même si le phénomène n'intervient qu'après l'accouchement, on n'est pas à l'abri d'une rencontre encore plus fusionnelle dans les dunes du bac à sable, ou entre les déferlantes des bébés nageurs, suivie d'un départ express à dos de scooter, avec ou sans enfant.

Le départ à la retraite

La première fois que vous avez vu Joséphine, c'était au bal du Moulin Brûlé. Elle avait 20 ans, des yeux de biche et un mignon accroche-cœur, là, sur le haut du front. Vous l'aviez invitée à danser, vous aviez partagé votre verre puis l'aviez raccompagnée...

Quarante ans plus tard, vous partagez toujours tout ensemble, enfin surtout le pavillon de Maisons-Alfort à peine fini de payer, les difficultés financières et le divorce de votre dernier, les petits-enfants toujours plus accaparants, les problèmes de prostate et les douleurs dans la hanche. Depuis quatre décennies, vous êtes inséparables. Couple modèle, ensemble vous vous êtes acquittés des 2,6 enfants par femme réglementaires, sans vraiment trouver la virgule (c'est d'ailleurs comme ça que Daniel est né), vous avez grimpé les échelons de l'échelle sociale en même temps que ceux de la grille de salaires d'EDF, pendant que Jo', elle, une fois débarrassée de vos trois garçons, s'investissait à mort dans le club des « Maisonnaises Besogneuses » pour finalement en devenir présidente. Des amis à la pelle, des semi-remorques de bons souvenirs, des tonnes de fous-rires, vous avez le sentiment d'avoir réussi votre vie de couple, d'avoir survécu à toutes les difficultés. Désormais plus rien ne viendra s'interposer entre vous et le repas de noces d'or que la mairie envisage déjà d'organiser à votre intention dans deux ans. Sauf que depuis trois mois, vous ne savez plus où vous en êtes.

La retraite, c'est l'heure du bilan. Bilan de sa vie professionnelle bien sûr, mais également de sa vie de couple, dans la mesure où on va voir l'autre beaucoup plus souvent. Aux difficultés liées à la cessation d'activité viennent s'ajouter des inquiétudes quant à cette vie à deux qu'il convient de réaménager. Pas facile, lorsqu'on a eu un emploi du temps de ministre au cours des 37,5 dernières années, de se retrouver avec son officiel dans les pattes toute la journée. Comme lors de l'installation, du mariage et de l'arrivée des enfants, la retraite c'est le moment de réinventer sa vie de couple. L'avantage, c'est que l'on connaît l'autre sous toutes les coutures, que ses habitudes, depuis le nombre de sucres dans le café du matin jusqu'au classement maniaque de ses disques en passant par sa phobie des bouloches sur les pulls, ne vous étonnent plus. L'inconvénient, c'est qu'à passer 24 heures sur 24 collée à lui en permanence sans espoir de grâce ou de remise de peine pour cause de reprise d'activité, même le compagnon triplement étoilé au Michelin de la vie à deux commence à sentir le renfermé. Et l'on ne rêve alors plus que d'une chose : prendre l'air.

Sex around the clock

Passé 50 ans, la sexualité est importante pour 56 % des Français, car elle permet de maintenir un bon équilibre personnel.

Source : sondage IPSOS/Pleine Vie, 1997

Lors de la sortie de la vie active, au moment où la terre entière semble vouloir vous signifier que vous ne valez plus un pet de lapin, ce dont tout le monde rêve, c'est de faire grimper à son estime de soi un col de 5e catégorie. De faire quelque chose d'extraordinaire, qui sorte du commun, un truc qui vous réconcilie avec la vie et qui fasse de vous le roi du monde. L'inscription au club de yoga du coin, c'est un premier pas, mais vous voulez voir plus grand, aller plus loin dans votre lutte contre la mise sur la touche.

Je ne suis pas un zéro

Et un jour, vous poussez la porte de cette association dont vous a parlé un ami. Son but, remettre les seniors en selle en les faisant travailler bénévolement sur de grands projets humanitaires. Enfin, ça c'est le but avoué, la raison pour laquelle chaque année des milliers d'âmes charitables font don de leurs précieux euros. Parce qu'en fait, pour vous, très vite, l'objectif de cette mission en Mauritanie, c'est d'opérer une fusion/acquisition avec Dominique, cette ancienne prof de sport aux yeux de braise et aux cuisses si bien conservées, venue, comme vous, pour quinze jours dans ce village perdu afin d'y construire une école. Mus par une passion commune, vous ne vivez plus que pour cela. D'ailleurs, c'est simple, vous faites tout ensemble, depuis les comptes prévisionnels du fonctionnement de l'école jusqu'au gâchage du ciment. Et là attention ! Passion + travail en commun + temps libre = complicité. Complicité + estime de soi à zéro + proximité personne sexe opposé = zone de danger immédiat. Vous n'êtes pas né de la dernière pluie, pourtant vous avez été touché par le fait que, tout à coup, une autre femme que la vôtre s'intéresse sincèrement à vous, qu'elle s'extasie devant votre aptitude à cuisiner le mil et le poisson séché comme si vous aviez fait cela toute votre vie.

Quand les seniors s'éclatent

56 % des 60-69 ans disent avoir eu des rapports sexuels au cours des 12 derniers mois, contre seulement 36 % pour les 72 ans et plus. Et 42 % des plus de 60 ans déclarent avoir fait l'amour au moins une fois au cours des 7 derniers jours !

Source : Francoscopie, 2003

Après des mois passés à tourner en rond à la maison et à n'avoir pour horizon que la ligne bleue des yeux de votre épouse (et aussi la teinte légèrement argentée de son régé qui n'a pas bien pris), depuis cette rencontre vous vous sentez utile, intéressant et séduisant. C'est là que l'adultère vous guette.

Mais attention, il ne frappe pas qu'à l'autre bout du monde. Lorsqu'on a l'estime de soi dans les chaussettes, comme c'est bien souvent le cas lors d'une cessation d'activité, une ex-collègue retrouvée lors d'une réunion d'anciens de la boîte ou un nouveau prof de golf peuvent également très bien faire l'affaire.

Facteur aggravant de cette glissade vertigineuse vers le péché : l'âge des personnes croisées. Pour les hommes comme pour les femmes, l'altération de l'apparence physique n'étant pas, de loin, l'aspect le plus agréable du vieillissement, il est toujours sympathique de se rendre compte que l'on plaît encore, et surtout à plus jeune (donc normalement mieux conservé) que soi. Et là, c'est +10 points pour l'ego.

> « Ce qui me console de souffler bientôt ma soixantième bougie, c'est que dans sexagénaire, il y a sexe ! »
>
> **Guy Bedos,** humoriste

Période de remise en question, d'évaluation permanente de la pertinence de son chemin de vie, d'interrogations sur ce qu'on laissera, sur son avenir et celui de ses proches...

la retraite est un ouragan qui ébranle les couples jusqu'aux fondations.

À vous de voir si vous êtes prêt à mettre en péril une existence de complicité et de souvenirs à deux, pour dépoussiérer votre vie et vous sentir rajeunir.

La maladie

Sortez vos mouchoirs. On ne va pas vous déprimer pendant cinquante pages avec ça, mais il s'agit encore d'un moment où les humains font très fort question solidarité, et où la morale met son gilet pare-balles.

Que votre cher et tendre soit hospitalisé quelques jours pour une intervention bénigne, en maison de repos pour une méga dépression, ou carrément en train de rendre son dernier souffle, vous êtes dans les trois cas extrêmement vulnérable. Seul à la maison, triste et inquiet, fatigué de vous rendre tous les jours dans cet endroit glauque, lié par la dépendance de l'autre, et tourmenté par la culpabilité d'être, vous, en bonne santé.

Trois solutions s'offrent alors à vous : vous vaquez à vos occupations en attendant que ça passe, vous vous dévouez jour et nuit à l'autre, en attendant votre part de méga-dépression, ou vous vous dites que vous vous feriez un plateau-télé pour vous changer les idées.

Certains auront un penchant pour le mélange Bergman + pizza, d'autres, plus bout-en-train, pour un mix De Funès + blanquette ou, encore plus fort, une soupe aux choux devant... *La Soupe aux choux*, fusion sidérante pour mieux s'oublier l'espace d'un film. Quelle que soit votre programmation télévisuelle et culinaire, la surprise, c'est que vous vivez encore ! Les émotions, la joie, sont à votre portée. Et c'est là que vous vous faites cueillir, par ce meilleur ami que vous avez toujours imaginé comme un frère, par ce collègue plein de compassion devenu un proche. On recherche la chaleur humaine, un sourire, une accolade, et les choses glissent tendrement jusqu'à la sortie de route, et au petit tas de vêtements à côté du canapé.

Quels sont, selon vous, les circonstances et endroits à risques, en matière d'infidélité ?
65 % des Français répondent « les fêtes et les soirées ». 58 %, « le travail ». 57 %, « les vacances ». 26 %, « le sport ». 17 %, « le cinéma » (?).

Source : sondage IPSOS/*VSD*, 1997

Une fois de plus, nous ne sommes pas là pour vous juger. Ce que vous faites est à la fois pas sympa pour celui qui souffre, et compréhensible, étant donné le niveau de pression que vous subissez. Une fois encore, seule la morale se dresse entre vous et la bouffée d'air frais. Si toutefois vous le faites alors que votre conjoint est juste hospitalisé pour deux jours et une petite opération de rien du tout, vous risquez d'avoir du mal à trouver qui que ce soit pour vous soutenir. Essayez quand même de vous contrôler un minimum. On n'est pas des bêtes (quoi que...).

Les changements périphériques

Que vous soyez le parfait jumeau de votre conjoint ou que votre union soit le fruit de différences complémentaires, si vous vivez ensemble, si vous vous aimez, c'est que vous êtes sur la même longueur d'onde.

À moins que vous n'ayez été unis sous la contrainte, ce qui est regrettable mais heureusement assez rare sous nos latitudes, à moins que vous ne soyez avec lui ou elle pour de l'argent, ou tout autre motif sordide qui mériterait une saga de l'été sur TF1, vous vous êtes choisis parce que ça sonnait juste (ou que ça sonnait creux) quand vous frottiez vos petites têtes et vos petits corps. C'est le postulat de base, la pierre d'angle qui fait que vous deux ne faites qu'un.

Vous vous captez très bien l'un et l'autre, jusqu'au moment où quelque chose change. Parfois, votre chaîne hi-fi ou votre radio réveil ne captent plus France Inter parce que la femme de ménage a malencontreusement appuyé sur un bouton en faisant la poussière.

Vous voilà perplexe, face au débit très *british* de la BBC World Service, ou aux incantations gutturales de la Deutsche Welle.

Pour votre conjoint, c'est pareil, quelqu'un touche un bouton, et il devient un autre. On lui fait la poussière, et il a le casque à pointe qui pousse.

Les événements qui font bouger le tuner des amoureux sont, on l'a vu, liés aux grands tournants de la vie. Mais la conjoncture vient aussi miner les fortifications d'Ariane et Alain, les lignes Maginot de Franck et Béa. La conjoncture, c'est par exemple un nouveau travail.

Le changement de job et les périodes de suractivité professionnelle

Ça faisait longtemps que votre boulot d'assistant nettoyeur de balais aux Assurances Toufrix vous tapait sur le système. Vous vous sentiez sur une voie de garage. L'impression à 35 ans de ne rien avoir fait de votre vie, à part des déclarations de sinistres. Tout un symbole.

Cet ami qui vous a proposé de diriger une sandwicherie franchisée Pomme de pin est intervenu tel un sauveur. Enfin, vous deveniez manager, à la tête d'une escouade de petits mirlitons en contrats de qualif', qui beurrent des tartines et font décongeler des tartelettes. Seulement voilà, pour que votre petite entreprise ne connaisse pas la crise, il faut mettre les bouchées doubles. Être le premier arrivé, et le dernier parti. Inspecter chaque recoin des toilettes, vous cogner les problèmes de caisse, de respect de la charte graphique de la chaîne, de surveillance des normes d'hygiène et de sécurité. Pas du tout rebuté par ces tâches parfois ingrates, vous jubilez. Vous êtes enfin un Chef.

Sauf que quand vous rentrez au bercail, dans le très bref créneau où vous apercevez encore votre bien aimée, tout ce que vous voulez, c'est décompresser. Et comme vous êtes à fond dedans, c'est quasiment impossible. Alors vous essayez d'intéresser l'autre à vos problèmes d'extincteur qui manque ou de terminal de cuisson qui vous donne deux degrés de trop. S'il est bien élevé, votre conjoint va faire mine une ou deux fois de s'intéresser, puis très vite vous la jouera autiste. Pour lui, non seulement vous avez déserté la maison, mais en plus, vous êtes devenu quelqu'un de fatiguant, obsédé par son travail et ses problèmes inintéressants. Il en viendrait presque à regretter la joyeuse époque où votre job vous poussait à deux doigts de la dépression, mais où au moins, tout ce qui vous intéressait en rentrant à la maison, c'était le bulletin de notes du petit, et le score du match PSG-OM.

Devant ce manque d'intérêt pour vos nouvelles préoccupations, vous êtes déçu, désemparé. Vous ne comprenez pas comment on peut à tel point se moquer de ces enjeux qui sont devenus pour un temps l'alpha et l'oméga de votre existence. Vous tueriez pour que le réparateur de caisse enregistreuse passe demain avant l'ouverture, vous feriez don de votre corps à la science s'il existait un moyen d'avoir un réassort de friands au fromage avant le week-end de la pentecôte. Elle ne participe pas à mes soucis, c'est la trahison vous dites-vous.

Alors que Nadia, la beurette « beurreuse » de tartines, du haut de ses 22 ans, les enjeux de la restauration rapide, elle est en plein dedans, elle. Jolie, ambitieuse, dévouée malgré son maigre salaire, elle est prête à tout pour devenir *shop manager* de la Pomme de pin Inc. Touché par tant d'entrain, vous vous mettez à écouter ses conseils, à la retenir après le service, à partager vos visions philosophiques sur la couleur des pailles ou la taille des gobelets. Vos affinités avec Nadia sont évidentes, et en moins de temps qu'il n'en faut pour le dire, vous voilà en train de la butiner contre le frigo à boissons fraîches. Le rideau de fer descend lentement, vos tabliers uniformes atterrissent délicatement sur le sol luisant d'une toute récente onction de désinfectant industriel.

Mesdames et Messieurs, quand votre conjoint change de job, soyez tolérants, et intéressez-vous à tout. Dans la restauration comme dans tous les domaines, un entrain peut en cacher un autre.

Les frustrés

Lorsqu'ils évoquent leur vie sexuelle actuelle, 29 % des Français souhaiteraient des rapports plus fréquents (35 % des hommes contre seulement 23 % des femmes), 17 % aimeraient davantage de désir de la part de leur partenaire et 15 % apprécieraient des ébats de meilleure qualité.

Source : sondage IPSOS/*Figaro Magazine*, 2000

L'existence d'amis dans des situations identiques

Vous souvenez-vous de l'été 86 ? Certains jouaient de la guitare sur la plage, alors que les gendarmes surgissaient au milieu de la nuit, la torche au poing, emmenés par les parents des intéressés, qui les croyaient disparus à tout jamais, victimes de la traite des blanches. D'autres tiraient sur leur premier joint, avec un sentiment d'interdit, comme si c'était un shoot d'héroïne. D'autres encore, reclus dans leur chambre, recopiaient les paroles de *Sultans of Swing* de Dire Straits, en enregistrant des compils sur des cassettes audio au son approximatif. Il y avait aussi ceux qui regardaient Canal + en crypté, à travers une passoire. Ou ceux qui s'habillaient tout en noir, ongles inclus, pour ressembler à Robert Smith, le chanteur du groupe The Cure.

La droite venait de revenir, ce qui permettra à Louis

Pauwels de s'inquiéter dans les colonnes du *Figaro Magazine* du « sida mental » qui aurait terrassé la jeunesse, aussi efficacement que les voltigeurs motocyclistes terrasseront le jeune Malik Oussekine en marge d'une manifestation d'étudiants. Malheureusement, le sida n'était pas que mental. Ceux qui découvraient les délices de la chair avec cette correspondante espagnole pas farouche découvraient par la même occasion les délices du préservatif. La seconde moitié des années quatre-vingt était venue mettre une bonne couche de latex entre nous et notre avenir.

Mais notre point commun à tous, lors de ces moments qui ont fait de nous ce que nous sommes devenus, c'est que nous étions avec Bruno (ou Caroline ou Eric, ou Marie, appelez-le comme vous voulez). Bruno, c'est le meilleur copain, rencontré au CM², avec lequel vous avez partagé toutes vos premières fois. Copain de collège, de fac, de club de vacances, ou ancien collègue, c'est un ami qui vous ressemble. Vous avez les mêmes goûts, les mêmes aspirations. Ce sont les mêmes choses qui vous font rire et pleurer. Parfois, vous vous dites que vous pourriez presque l'épouser, si vous n'étiez du même sexe. Heureux les gays qui peuvent s'unir avec leur meilleur ami, sans se soucier du qu'en-dira-t-on.

Quand votre femme est tombée enceinte, Bruno s'est vu mettre la pression par sa moitié pour vous rattraper. Quand il a acheté son appartement, vous vous êtes demandé comment vous pourriez faire vous aussi pour acquérir un bien. Lorsqu'il a fini par accepter de se marier, vous vous êtes dit que, bien que fervent militant du « le mariage, moi, jamais », si Bruno le faisait, c'est que ça ne devait pas être si terrible.

Ami-ami

36 % des personnes interrogées reconnaissent avoir fantasmé sur le partenaire de leur meilleur ami.

Source : Durex Sex Survey, 2002

Alors quand Bruno, votre modèle, celui grâce auquel vous fumez des cigarettes légères, vous portez des chaussures bateau et vous êtes finalement devenu fan de Jonasz, vous annonce en catimini qu'il a une liaison, votre monde s'écroule. Comment lui, l'époux parfait, le père hors normes, a-t-il cédé à cette tentation qui nous menace tous ? Dans un premier temps, vous le tancez, vous le jugez. Non seulement il trahit sa femme, mais c'est aussi vous qu'il trahit. La confiance que vous aviez en lui, et surtout l'admiration sans borne.

Mais soyons lucides. Si votre admiration pour sa droiture et son abnégation vis-à-vis des périls extérieurs vous a momentanément quitté, derrière votre rancœur se cache une autre forme d'admiration. Parce que le Bruno, avec ses dorénavant réglementaires quatre orgasmes par jour, c'est pas que vous l'enviez mais presque. Vous avez beau vous dire qu'une femme comme la vôtre, qui accepte vaguement de se coucher nue sous vous une fois par semaine parce que ça se fait, vous met moins la pression qu'une tigresse qui inventorie vos saillies comme un taulard cochant sur le mur de sa cellule les jours avant la « quille », il reste que le sourire banane qu'arbore Bruno depuis quelques semaines ferait le plus grand bien à votre mine décomposée.

Une fois débarrassé de votre jugement moralisateur, et de

vos préjugés sans ambition, vous voilà en quête, vous aussi, de votre part de bagatelle. Finalement, une fois encore, si Bruno l'a fait, ça ne doit pas être insurmontable. Bruno dépoussière votre technique de drague, il vous rencarde sur les trucs à faire pour éviter de se faire prendre la main dans le string, il vous donne ses plans d'hôtels discrets et pas cher, vous partagez vos états d'âme et vos faits d'armes.

Attention, le temps que vous ayez imité Bruno, il sera peut-être déjà en train de brûler dans les flammes de l'enfer. Sa petite histoire parallèle sera redevenue banale. Sa vie officielle se disloquera à cause d'une trop grande implication dans sa vie officieuse. Et vous, vous l'aurez suivi une fois de plus. Votre éclaireur vous aura illuminé ou plongé dans le noir. Dans l'amitié comme dans la mode, suivre un modèle, ce n'est pas forcément faire preuve d'originalité, c'est juste un moyen de se sentir moins seul face au regard des autres.

> « Faire l'amour passe le temps, et le temps fait passer l'amour. »
>
> **Pierre Doris**, humoriste

On pourrait même poursuivre l'analogie (vous aurez compris que nous aimons bien les analogies), en écrivant que l'adultère entre amis, c'est un peu comme un achat d'impulsion. Vous regardez une vitrine de mules fuschia ou de home cinéma. L'un de vous deux dégaine sa carte bleue et, tout à coup, c'est l'escalade. On s'emballe, en oubliant le coût ou le caractère peu discret de l'accessoire que l'on acquiert. Faire des bêtises à deux, c'est s'entraîner, se motiver, se légitimer l'un l'autre. Une démarche jubilatoire bien que risquée. Gare au retour à la maison ! Veillez à ne pas vous retrouver, après cette aventure que vous commencez à deux, seul, tout seul.

L'éloignement

Nos aïeux savaient faire la fête, eux

Il y a vingt ans, quand les femmes portaient des pulls angoras avec des manches chauve-souris et les hommes des T-shirts noirs sous leurs costumes gris anthracite Super-100, dès que les neurones menaçaient d'afficher un encéphalogramme plat, on partait en séminaire.

C'était la joyeuse époque des fêtes à tout bout de champ. On se faisait sauter la tête avec des trucs fous, d'avant l'invention du Mojito et de la Caïpirina, comme un bon vieux Gin'tonic, voire un Bacardi-Coke. La cocaïne privait d'odorat une génération complète de *winners*, et proposer une partie fine à son assistante ne vous envoyait pas encore dix ans derrière les barreaux pour harcèlement.

Maroc, Tunisie, île Maurice, Seychelles, Courchevel... été comme hiver il fallait partir en séminaire. Cohésion du groupe (tout le monde forniquait avec tout le monde), création de valeurs communes (partage de la même paille pour sniffer), découverte de nouveaux horizons (essai de la sodomie ou du sado-masochisme pour certains)... en débridant les énergies de leurs employés, ces séjours devaient permettre aux entreprises d'enfoncer la concurrence.

Les privilégiés qui profitent de séminaires à l'ancienne sont maintenant de plus en plus rares, mais ils existent encore. Juste un exemple issu d'un milieu que nous connaissons bien, pour que nous bavions ensemble : janvier 2002, Case production, la société d'Arthur, l'animateur télé, emmène en séminaire de cinq jours en Guadeloupe ses... 250 employés. Au programme, rien que de la détente, avec fête non-stop, *open bar*, buffets de langoustes et jet ski à gogo.

Mais quelques dérapages notoires ainsi que les crises économiques successives ont mis globalement fin à cette époque bénie. Désormais, quand on part en séminaire, mieux vaut prendre son ordinateur portable que son string fluo, son modem que la boîte familiale de Durex. Plus rare, donc, le séminaire reste un *must* néanmoins en terme d'infidélité.

Alors comment ça se passe exactement ? (c'est pour un ami qui veut savoir...)

La scène se déroule au bar d'un hôtel moderne d'un quartier moderne, d'une ville moderne, spécialement conçu pour accueillir les congrès. Le collègue auquel vous n'aviez jamais vraiment prêté attention est devenu en quatre jours d'ennuyeuses conférences sur les conséquences de la réforme gouvernementale de l'archéologie votre meilleur ami, et vous vous retrouvez comme chaque soir autour d'un cocktail Terminator. Au cinéma, il n'y a que 3 Terminator. Là, c'est votre septième.

Vous vous sentez léger, loin, très loin des vieilles pierres. Vous êtes plutôt dans le trip David Lodge, cet auteur anglais qui décrit dans ses livres des universitaires qui s'adonnent à longueur de congrès à des parties de jambes en l'air avec des partenaires aussi brillantissimes qu'illégitimes.

C'est le dernier jour, demain, chacun rentre chez soi, la bulle spatio-temporelle prend fin, la vie réelle reprend ses droits. À la descente du train, votre mari génial et vos enfants formidables vous feront un accueil d'enfer. Une vie idyllique, avec son cocktail équilibré de grandes envolées et de petits renoncements. Moins grisant que le Terminator.

Alors, malgré les néons et l'environnement insipide, vous sentez monter en vous l'envie de vous abandonner, goûter à un fruit défendu, vous carapacer dans cette bulle qui n'existe que dans votre tête. Les lèvres se frôlent, votre liaison commence. CNRS rime enfin avec fesse. Vous êtes très mal barré.

Dans quelques heures, vous allez goûter aux charmes des rafales de SMS qu'on s'envoie en cachette, des rencontres fugaces, des négociations sordides avec les patrons d'hôtels pour une utilisation à l'après-midi. La distance a fait de vous un couple adultère.

> « Les maris sont comme le feu, ils s'éteignent si on ne s'en occupe pas. »
>
> **Zsa Zsa Gabor**, comédienne

Loin du cœur, loin des yeux

La distance entraîne bien des couples loin du schéma sédentaire qui veut que « quand nous sommes tous les deux, nous n'avons besoin de personne ». Cette distance peut d'abord être intellectuelle, parce que vous avez l'impression que votre conjoint ne vous comprend plus, ou parce que vos centres d'intérêt ont divergé. Vous vous engueulez constamment, ou au contraire, vous n'avez plus rien à vous dire.

Peut-être ne vous reconnaissez-vous pas là, et avez-vous l'impression d'une harmonie parfaite à la maison. Néanmoins, vous vous êtes organisé des activités sociales, artistiques, sportives, culturelles, seul, sans l'autre. Pourquoi en effet passerait-il son brevet de plongée alors qu'il déteste mettre la tête sous l'eau ? Qu'irait-il faire dans un cours d'art lyrique, lui qui n'écoute que du rock hardcore ? Quel intérêt trouverait-il dans les palabres hebdomadaires de votre section sur la rénovation du parti, lui qui n'est plus inscrit sur les listes électorales depuis la parution dans *Paris Match* des photos de l'hôtel de Chirac à l'île Maurice ?

L'acte innocent qui consiste à s'impliquer dans une activité sociale sous couvert d'épanouissement personnel peut en réalité représenter le premier engrenage de la machine adultère. Vous rencontrez des gens nouveaux. Vous créez un centre d'intérêt dans lequel votre conjoint n'est pas impliqué. Très vite, vous découvrez qu'il est plus agréable de débriefer le cours de secourisme avec l'inconnu à qui vous venez de faire du bouche à bouche, qu'avec Bernard, qui ne comprend ni votre côté boy scout, ni l'intérêt d'aller se rouler par terre sur du lino limite cracra un vendredi de 19 heures à minuit, alors que sauver les gens, les pompiers font ça très bien.

L'adultère est un plat qui se mange loin

Second cas de figure : l'éloignement géographique. Le congrès, la foire, la tournée commerciale, le reportage, le colloque, la mission d'exploration ou de conseil. On est hors de portée, et voilà ce qui se passe.

Scénario A : l'enamouré

Vous détestez les colloques, ces pseudo-événements où on parle pour ne rien dire, en annonçant des choses que tout le monde sait déjà. Vous détestez tout dans le colloque, le voyage en groupe façon équipe de rugby, les hôtels sans âme dans lesquels on vous parque, les collègues qui vous prennent pour leurs amis, les animations alors que vous êtes là pour bosser.

Vous appelez votre moitié sans arrêt, parce que vous vous ennuyez, parce qu'elle vous manque, et ce, malgré le coût élevé des communications longue distance. Vous discutez de tout et de rien pour vous échapper et faire comme si vous étiez auprès d'elle. Malheureusement, vous êtes loin, et vous ne pouvez rien faire à propos de cette bouteille de Coca renversée devant le frigo par le petit. Vous ne pouvez pas non plus aller le chercher à la sortie de l'école le jour du cours de danse de sa mère. Vous êtes parti, ce qui est considéré par votre femme à moitié comme une servitude professionnelle, à moitié comme une trahison. Car on a beau dire, ces colloques, c'est un peu des vacances. Qu'ils se déroulent dans une ville thermale ou à la Martinique, difficile d'affirmer sans ciller qu'on ne s'y est pas amusé, entre une descente en rafting et une soirée années 80. Ça doit être de la faute des gens des services communication, obsédés par l'idée de rendre ces occasions festives pour motiver les travailleurs. Madame a l'impression que vous faites la fête pendant qu'elle a les deux pieds collés dans le soda aux extraits végétaux, elle vous fait sentir son courroux, vous trouvez ça injuste, et vous voilà à point.

À point pour la rencontre, avec cette consœur qui est en tous points dans la même situation que vous. Elle aussi s'ennuie à mourir, elle aussi a eu quelques conversations tendues avec sa moitié, que vous avez surprises sans le vouloir. Vous êtes deux êtres mal aimés unis dans leur malheur, qui recherchent un peu d'amour et de chaleur humaine. Vous vous dites que l'autre l'a bien mérité, et qu'offrir de la tendresse en échange de considération, ça ne mérite pas la peine capitale. Vous pensiez que vous étiez la dernière personne à laquelle ce genre de chose pouvait arriver, et pourtant, vous voilà pris dans les filets de l'infidélité.

Scénario B : le cynique

Celui-là a prémédité son coup. Et ce n'est pas la première fois qu'il s'apprête à commettre ce forfait. Habitué des alliances que l'on remise pour quelques jours dans son portefeuille, à côté de la photo de la famille idéale, des préservatifs qu'on se procure dans les toilettes de l'aéroport, des sprays pour l'haleine fraîche et des derniers verres au coin de la piscine.

> « Une alliance ne protège qu'un seul doigt. »
>
> **Groucho Marx**, comédien

Notre individu sait qu'il est là pour jouer. Il sait aussi qu'il ne sera pas seul à rechercher ce type d'aventure. Des hommes et des femmes, qui connaissent la règle du jeu. On est loin de chez soi, le contact est rare et difficile, on est censé être enseveli sous le boulot, et pourtant, entre deux présentations de l'équipe commerciale, au déjeuner, au dîner, et après les séances de travail, un océan de temps libre s'offre à eux pour aller s'envoyer en l'air aux frais de la princesse. Il n'y a pas de question, on fait mine de ne pas s'impliquer émotionnellement. Tout juste se jettera-t-on une petite œillade quand on se recroisera au coin d'une photocopieuse. C'est propre, hygiénique, sans bavure. Tout le monde sait à quoi s'attendre, et on rentre au bercail soulagé par cette bouffée d'air frais qui fait aborder une vie quotidienne plus plan plan d'un meilleur pied. Malheureusement, le cynique est victime d'un phénomène d'accoutumance. Aussi est-il taraudé par une question lancinante : le séminaire, quand est-ce que j'y repars ?

Les hommes aiment les Mars et les femmes aiment les Nuts

Des envies et des besoins

Comme pour les salaires, les créneaux et l'utilisation du fer à repasser, face à l'adultère, les hommes et les femmes ne sont pas égaux. Le sens commun voudrait que les hommes trompent par besoin tandis que les femmes pécheraient par envie.

Les choses ne sont pas si simples que cela et les besoins naturels n'ont pas grand-chose à voir là-dedans.

Pourquoi devient-on infidèle ?

43 % des personnes interrogées invoquent la lassitude dans la vie de couple. 28 %, le manque affectif. 21 %, le goût de l'aventure. 20 %, le besoin de prouver que l'on peut plaire. 20 %, une sexualité non épanouie. 18 %, la passion amoureuse. 17 %, le désir sexuel. 7 %, la volonté d'épater les amis. 6 %, des ambitions professionnelles.

Source : sondage CSA/*L'Événement du jeudi,* 1996

« Chérie, il faut que je te trompe, c'est génétique. »

Pas question donc de vous faire le coup du « c'est normal que les hommes trompent plus les femmes que l'inverse parce que, eux, c'est génétique, ils doivent assurer leur descendance en essaimant à tout va pour féconder le plus de femelles possible ». Nous ne sommes plus à l'âge des cavernes, même si certains mâles ont encore tendance à tirer leur femelle par les cheveux en guise de préliminaires. Si aujourd'hui les hommes ont perdu le manteau pileux qui les protégeait à l'époque de la glaciation, ils ont également un peu évolué vis-à-vis du couple. Pas la peine de s'acharner sur des ancêtres alors que l'on est les seuls responsables…

Nous n'allons pas non plus vous faire le coup des besoins physiologiques qui voudraient que les hommes doivent faire l'amour plus souvent que les femmes. Rassurez-vous Messieurs, la nature étant bien faite, vos testicules ne risquent pas d'exploser si, durant une période donnée, vous ne faites pas l'amour. Même sans avoir recours à la veuve Poignet, le sperme ne s'accumulera pas dans vos bourses jusqu'à éclatement, mais sera régulièrement évacué en même temps que l'urine. Pas la peine donc de tenter le « tu comprends chérie, j'en ai besoin, je n'en peux plus[1] » à votre chère et tendre. Notez que si vous avez acheté ce livre ensemble et qu'il est passé entre ses mains avant les vôtres, vous êtes grillé.

Pourtant, si le sexe reste une activité souvent plus prisée par les hommes que par les femmes, il existe bien une raison à cela. Et la biologie n'y est pas pour grand-chose. Dès leur plus jeune âge, les garçons comprennent qu'en se frottant la verge, ils se donnent du plaisir et surtout réduisent leurs tensions. Maman me laisse seul dans mon parc, hop hop je me fais du bien, Jennifer Lopez en petite tenue sur les posters de ma chambre, hop hop je me donne du plaisir en cinq minutes, je rentre stressé parce que Dugenou a eu une promotion et pas moi, hop hop je lutine Brigitte en arrivant à la maison... C'est simple, efficace, peu onéreux et surtout ça marche toute la vie. Après ça, étonnez-vous qu'ils soient accros au sexe !

> « Si toutes les femmes étaient fidèles, avec qui les hommes tromperaient-ils leurs femmes ? »
>
> **Robert Rocca,** chansonnier

[1] Pour plus d'informations sur ce sujet éminemment intéressant, reportez-vous page 83.

« Chéri, tu sais notre fils, eh bien, c'est pas ton fils »

Les hommes sont infidèles par nature, c'est l'idée dominante. Il faut savoir en revanche que la fidélité a été imposée aux femmes. Qualité recherchée et exigée par les mâles, la fidélité des femelles constitue la garantie de la lignée familiale. L'épouse infidèle est doublement fautive, en tant qu'individu ayant rompu sa promesse mais également en tant que garante de la lignée qu'elle met en péril en offrant son corps à un autre. Ces deux raisons expliquent la virulence avec laquelle les femmes adultères ont été traitées à travers les siècles.

L'infidèle porte le sceau de l'infamie. Dans les États-Unis des Pères Fondateurs, la personne reconnue coupable d'adultère devait porter, brodée sur sa poitrine, la lettre « A » de couleur écarlate afin qu'à chaque instant ce symbole rappelle à ceux qui la croisent l'horreur de son forfait[2].

L'infidèle a été, et peut encore être dans certains pays, mise à mort. L'excision, pratique mutilante heureusement en recul mais toujours en vigueur, a, comme les ceintures de chasteté du Moyen Âge, pour but de juguler le plaisir féminin et ainsi d'empêcher un éventuel nomadisme sexuel.

Dans la mesure où, contrairement aux incartades masculines, l'infidélité féminine peut porter à conséquence, elle terrorise la société. Il semble en effet que l'on ne soit jamais à l'abri d'un accident puisque on estime que 5 % des bébés n'ont pas pour père biologique celui qui, penché sur le berceau, pense l'être[3].

---

[2] À ce propos, nous vous conseillons le roman *La Lettre écarlate* de Nathaniel Hawthorne, paru en 1850.

[3] Selon Jared Diamond, spécialiste de la biologie de l'évolution. Entretien au *Nouvel Observateur.*

Révolutionnaire !

Les montagnes chinoises du Yunnan cachent une société matriarcale unique au monde. Chez les paysannes Na, on ne se marie jamais et les enfants n'ont pas de père. Ils vivent avec leur mère, leurs frères et sœurs, et le clan élève les enfants des seules femmes. La nuit, ces femmes reçoivent des visiteurs furtifs qui ne seront jamais reconnus comme géniteurs ; tandis que les hommes de la famille (fils, frères, oncles...) vont passer la nuit dans d'autres maisons où les attendent d'autres femmes.

Pas si différents que ça

Le castor est l'animal le plus fidèle de la création. Stérilisez le mâle, sa femelle ne procréera jamais. Les singes sont eux extrêmement volages, surtout les gibbons. Entre ces deux extrêmes, il y a nous, les *homo sapiens* occidentaux qui avons décrété que, lorsqu'on vit en couple, il faut savoir se contenter d'un seul mâle et d'une seule femelle, et ce, normalement, jusqu'à ce que mort s'ensuive.

En allant goûter l'herbe du pré du voisin pour voir si, par hasard, elle ne serait pas un peu plus verte, les hommes et les femmes recherchent peu ou prou la même chose : être aimé. Pas forcément « aimé » qui rime avec s'installer, enfanter, s'empâter... Pas non plus uniquement « aimé » qui rime avec besogner, trombiner, butiner... mais surtout « aimé » qui rime avec s'intéresser, exciter, susciter, charmer, désirer.

Que vont-ils chercher ailleurs ?

« Pourquoi tu me trompes ? » La question peut paraître abrupte, mais quand on arpente les chemins de l'adultère, elle finit un jour ou l'autre par s'imposer à vous de façon impérieuse, comme la mort ou les impôts. Peut-être ne saurez-vous pas répondre à cette question, tant il est difficile d'analyser dans un coup de *speed*, surtout si votre chérie vous fait un *remake* de l'Invasion des soucoupes volantes avec le service de mariage de chez Guy Degrenne, les raisons, parfois psychologiquement complexes, qui vous ont poussé à sauter le pas. Néanmoins, on trompe rarement sans raison.

Nous avons classé les raisons qui poussent l'*homo conjugalus* à délaisser sa couche habituelle pour aller arpenter les hôtels bon marché et les coins sombres dans les parkings en sept grandes catégories. À vous de voir si les situations décrites vous rappellent quelque chose ou quelqu'un.

Surpriiiiise !
La surprise est ce qui manque le plus aux Français dans leur vie de couple (34 %), avant l'imagination et la fantaisie (26 %) et les sensations fortes (23 %).

Source : sondage IPSOS/VSD, 1997

Objectif n° 1 : Du sexe avant toute chose

C'est une grande question. Une question qui a fait le tour

du monde. Une question qui unit les hommes et les femmes, quelles que soient leur race, leur religion, leur orientation sexuelle. Une question qui fait de chacun de nous, que nous soyons Hillary Clinton ou juste Madame Michu, des citoyens du monde. Et cette question, c'est « où commence la tromperie ? ». Mentir, c'est tromper ? Embrasser, c'est tromper ? Et administrer une vigoureuse fellation, est-ce tromper ?

Ce qui est sûr, c'est que si certains conjoints sont plus tolérants que d'autres (Hillary, vous avez notre respect éternel), passé 16 ans et demi, l'adultère rime davantage avec string panthère qu'avec « *je vais te montrer un super herbier qui va te plaire* ».

Il y aura bien des chapitres dans ce livre pour vous dire qu'on trompe son conjoint par besoin d'affection ou de considération, mais enfin le signe distinctif des amants n'est-il pas qu'ils s'emboîtent comme des Lego, qu'ils se frottent comme le chiffon d'Aladin sur la lampe du génie, qu'ils se roulent des pelles dont la force giratoire de propulsion aurait pu en leur temps faire parcourir à Saint-Exupéry ou Mermoz la distance Terre-Lune ?

Pour vous le sexe, c'est :

Agréable pour 93 % des Français ; stimulant, 88 % ; réconfortant, 87 % ; vital, 82 % ; risqué, 77 % ; mais également fatigant, 55 % ; frustrant, 39 % ; douloureux, 34 % ; répugnant, 25 % et honteux, 23 % !

Source : Francoscopie, 2003

Quoi qu'en disent les sondages, l'adultère, c'est d'abord une histoire de fesses. Des dures, des molles, des rondes, des velues. La chasse à la demi-lune, c'est ce qui fait tourner la terre. Mais assez joué avec les mots. Parlons peu, parlons bien, parlons cul.

Les folies d'Élodie

Quand Élodie a rencontré Patrick, son mari depuis tant d'années, c'était tous les jours la fête de la braguette. Ils forniquaient comme des lapins, à toute heure du jour et de la nuit. Dans la rue, chez des amis, et même derrière le monument aux morts (ça, ils le regrettent, maintenant qu'on le leur rappelle). On pouvait tout leur pardonner, ils étaient jeunes, fougueux et amoureux. Ils faisaient l'amour même quand l'un des deux n'avait pas très envie. Leur théorie, c'était qu'il ne fallait pas gâcher. Et puis le temps a fait son petit travail de sape. Les contraintes de la vie, les amis, les enfants, les parents, les activités de subsistance et les activités sportives sont devenus autant d'obstacles entre eux et cette satanée braguette. Leur vie sexuelle est peu à peu devenue comme le magicien Garcimore à la grande époque. Beaucoup de bonne volonté, mais rarement de lapin dans le chapeau.

Sucer n'est pas jouer

53 % des Français considèrent que la pénétration est indispensable à la qualification de « rapport sexuel ».

Source : sondage BVA/*Psychologies*, 1999

Quand ce n'est pas le temps qui manque, c'est l'inspiration. Quand ce n'est pas Élodie qui est trop crevée ou stressée, c'est Patrick. « Le soleil a rendez-vous avec la lune, et comme la lune n'est pas là, le soleil l'attend. » Une attente qui dure, en moyenne une semaine. Impact prévisionnel le samedi vers 9 h 15, heure française, sur la rampe de leur lit. Toujours leur lit. Lumière éteinte ou tamisée, dispositif rodé, préliminaires brefs, imbrication rapide, mode opératoire calibré. Ils savent ce qu'il leur faut et ce qu'il faut à l'autre pour atteindre l'état d'apesanteur. Ils y vont à fond la caisse, comme s'ils visitaient un musée en train de fermer. L'atterrissage est en général agréable. Toujours pareil certes, mais au moins, ils se sont acquittés d'une tâche qui les maintient dans la catégorie des couples qui marchent, puisque rapport hebdomadaire il y a. Élodie peut enfin fermer l'œil, et Patrick retourner à son hobby : la construction d'une réplique de la cour carrée du Louvre en allumettes.

Pour ceux qui auraient trouvé la description trop rapide et peu croustillante, repassons-nous la scène au ralenti. Finalement, les choses ne sont peut-être pas si simples que ça.

À ma gauche, Élodie, prof de sémiologie, femme moderne, *superwoman* même, mère de famille sur les rotules. Fan de randonnée, d'Umberto Eco et des petits gâteaux Taillefine (gâteaux + Taillefine, vous ne trouvez pas ça bizarre ?). À ma droite, Patrick, dessinateur industriel chez Renault, papa poule, homme moderne qui aime Léonard de Vinci, Tom Clancy, Platini et le Martini. Tous deux sont toujours très amoureux et veulent bien faire.

Les forçats de l'amour

Mais quand Patrick a envie de sa compagne, bien qu'elle soit d'accord sur le principe, Élodie y va sans enthousiasme. Elle trouve que ce n'est plus du tout spontané. Au début, il était romantique. Il avait des stratagèmes. Tout pouvait arriver, partout, à l'improviste. Maintenant pense-t-elle, ce n'est plus de l'amour mais de la logistique. Patrick organise le sexe comme s'il travaillait chez Chronopost. « C'est bon, les enfants sont chez Mamie, le répondeur est sur ON, stores baissés à 70 %, semi pénombre, Kleenex positionnés à côté du lit. »

L'ennui contre-attaque

Vous voulez savoir si votre mari est spontané quand vous faites l'amour ? Quand c'est terminé, demandez-lui l'heure qu'il est. S'il répond avec une précision de plus ou moins 2 minutes, sans regarder le réveil ni sa montre, félicitations... vous venez de coucher avec R2D2.

Heureusement, Patrick est plus rusé que ça. Par exemple, il se force à ne plus regarder le radio-réveil avant de faire l'amour. Mais il met un CD sur la chaîne. Pour Élodie, naïve, c'est un stimulant mignon, c'est sa manière à lui de faire un effort. On ne va pas non plus lui demander d'écrire des poèmes et de se mettre en toge. C'est l'intention qui compte. Alors qu'en réalité, pour Patrick, mettre un CD, c'est juste un moyen de se dire qu'à raison de 3 minutes environ par titre, après la 8, c'est l'heure de partir chez Casto.

Attention, Patrick n'est pas un mauvais amant. Mais il a son petit côté dilettante. C'est un reproche que les femmes font souvent aux hommes, même si elles ne font, elles non plus, pas beaucoup d'efforts. Une fois qu'on a trouvé la position qui marche, pas question de risquer un claquage en déclinant le *Kama-sutra*. On prend les chemins balisés, on s'économise, on gère ça en professionnel.

Enquête de satisfaction

Dans la plupart des cas, Patrick attend galamment qu'Élodie soit « venue » pour jouir. Il trouve que c'est faire preuve d'un minimum de savoir vivre et de modernité. Élodie, elle, voudrait qu'il se lâche, et qu'il arrête de jouer les robots programmés pour la galanterie sexuelle. Patrick est comme beaucoup d'hommes, victime de son éducation, qui a eu lieu à l'époque du féminisme triomphant.

De temps à autre, Patrick débriefe « C'était ok pour toi, tu voudrais qu'on essaie autre chose ?... et qu'avez-vous pensé de l'accueil, avez-vous d'autres suggestions ? » Service client irréprochable. Le débriefing, nous y reviendrons.

Patrick n'a pas de secret pour Élodie, il lui dit que parfois pour tenir la distance, il se récite la composition de l'équipe de Saint-Étienne en 78, dans les autocollants Panini. Sympa de coucher avec un bonhomme qui pense à Rocheteau et dix autres types en short pendant qu'il vous pilonne comme un Viking.

Et là, stupeur, bien qu'elle soit toute nue enlacée avec son super Patrick, Élodie se demande si leur couple n'a pas dépassé sa date de fraîcheur. Car le sexe est comme une drogue. Au bout d'un moment, même si le plaisir est toujours là, cette extase sympathique mais désormais standard ne vous suffit plus, ce qui signifie que vous allez devoir passer à quelque chose de plus fort. Et plus fort, c'est Denis, l'amant d'Élodie.

United colors of infidélité

30 % des Québécoises reconnaissent avoir déjà eu un amant. Les Espagnoles sont 14 %. Les Françaises, 11 %. Les Anglaises, 10 %. Nos cousines d'outre-Atlantique seraient-elles plus volages, ou tout simplement plus franches ?

Source : sondage IPSOS/Elle, 1993

La première fois que Denis, un ex-camarade de fac linguiste, a gratifié Élodie de sa ronde de préliminaires, elle s'est presque demandée s'il n'y avait pas eu de malentendu et s'il ne lui donnait pas juste un cours de lecture du braille sur la peau. Et pourtant, tout est clair avec Denis. Avec lui, le temps s'arrête. Denis est un taxi sans taximètre, le lapin Duracell de l'amour. On n'est pas dans son lit, on est dans un pré, dans un amphi, dans une bibliothèque, dans une chambre de bonne prêtée par un ami. On prend des heures pour se câliner avant de s'embrocher comme des cosaques. D'ailleurs, il faut presque poser un RTT chaque fois qu'il propose une sexcapade, tellement les étreintes avec lui sont longues et répétées. Élodie est à nouveau une ado, quinze ou vingt-cinq ans de pratique en plus.

No limits

Le phénomène est d'autant plus pervers que Denis va s'autoriser à essayer des choses nouvelles, des choses que Patrick n'aura peut-être jamais imaginé, ou pas su vendre à Élodie. Entre amants, on se lâche, on s'abandonne. Pas de tabous, pas de rapport de force, rien à prouver, juste du plaisir à partager. Les amants savent que leur relation va peut-être durer moins longtemps qu'une cartouche de toner, alors ils mettent le turbo pour tout vivre plus intensément. Permet-on tout à l'autre pour lui donner un gage d'amour sans limite, pour se venger de son conjoint régulier ou tout simplement parce qu'on n'ose pas dire non ? Dans tous les cas de figure, le résultat est là, et l'herbe vous semble vraiment plus verte qu'à la maison. Est-ce vrai pour autant ? Seul le temps et les botanistes de l'Académie peuvent vous le dire.

Il y a aussi un certain nombre de blocages qui existaient avec Patrick qui vont, avec Denis, passés à la trappe. Finie la sécheresse des muqueuses la veille de l'anniv' de Belle-maman. Finie l'éjaculation précoce les soirs de match. Il suffit de voir le nom de Denis s'afficher sur l'écran du téléphone portable, et les tétons d'Élodie se dressent vers le levant, comme d'improbables canons de 35 mm sur une frégate en temps de guerre. Belle-maman ou pas, l'heure est à l'abandon. Denis peut débarquer sans craindre les garde-côtes.

L'amant, donc, prend son temps, et, c'est injuste, avec lui, c'est souvent mieux. Non pas qu'il soit forcément meilleur, mais juste parce qu'il est nouveau, et qu'il bénéficie d'un contexte que nous appelons la « faille spatio-temporelle ». Une bulle qui vous protège, vous apaise et vous fait voir la vie en rose.

Attention, on ne peut pas affirmer pour autant qu'en matière d'infidélité, la déception n'existe pas. Ce qu'on appelle trivialement un « mauvais coup » peut vous faire regretter d'avoir grillé une bonne fois pour toutes l'excuse de la vieille mère de votre meilleure amie en piteux état, au chevet de laquelle vous deviez vous rendre immédiatement, sans savoir à quelle heure vous alliez revenir. Mais, de façon provocante, nous aurions presque envie d'écrire que même le mauvais coup vous fait du bien. Ses armes : la fréquence, la vigueur, la clandestinité. Cette clandestinité qui démultiplie les sensations, faisant de vous des personnages de roman, roman au goût de congé maladie et d'hôtel Ibis certes, que ceux qui veulent se la jouer Docteur Jivago sortent les samovars.

À cet égard, il serait indécent de continuer ce chapitre sans évoquer la règle des trois R.

Connaissez-vous la différence entre un mari et un amant ?

Elle tient en 3 R « Romantique, Raide et Rapide ».

- ✓Romantique, parce que votre amant vous déshabille, alors qu'à la maison, chacun enlève ses vêtements dans son coin.
- ✓Raide, parce que votre amant a une érection dès le seuil de l'hôtel, et que votre mari aurait parfois besoin d'un fakir pour lui mettre à la verticale (surtout les veilles de réunions client).
- ✓Et enfin Rapide, parce qu'avec un mari, pas de préliminaires et une éjaculation rapide, c'est un fiasco, alors qu'avec un amant, c'est « une étreinte fugace et passionnée ».

Honni soit qui mâle y pense

À ce stade de la démonstration, le lecteur assoiffé d'égalité pourrait nous faire remarquer que nous avons mis en avant une femme, Élodie, comme si les femmes étaient les seules à tromper leur mari guidées par le goût de la chair. Pour être tout à fait honnêtes, nous avons également rencontré quelques hommes, qui nous ont avoué, sous la menace, avoir trompé leur femme pour satisfaire leur libido. Loin de nous l'idée d'en tirer des généralités. Penchons-nous juste sur le cas de Mathieu, dans lequel certains se reconnaîtront. S'ils sont trop nombreux, nous louerons le Stade de France.

Mathieu est un conjoint moderne, aimant, en un mot : standard. Il vit depuis trois ans avec Laetitia avec laquelle il a des rapports réguliers (c'est-à-dire hebdomadaires), modernes, aimants, en un mot : standard. Mathieu est un fan de BD, toutes tendances confondues, pourvu qu'au détour d'une page, il y ait des maillots trop petits ou des seins trop gros, des cottes de maille mal taillées, des batailles rangées qui se terminent en batailles de polochons. Mathieu et Laetitia ont installé une partie de leur bibliothèque dans leurs toilettes, tant il est vrai qu'il est agréable de disposer de littérature quand on fait ses offrandes à Dame Nature.

Pénis Elbow

Ce que Laetitia ne sait pas, c'est que quand Mathieu reste un peu longtemps sur son trône, il ne règle pas forcément un problème intestinal, mais plutôt un problème libidinal. Mathieu est comme tous les hommes, il se masturbe fréquemment. Au réveil, sous la douche, devant la télé ou

Internet, dans les toilettes et même au bureau, Mathieu astique son manche comme un pilote japonais de Zéro avant de fondre sur Pearl Harbor.

La masturbation chez les 18-69 ans

84 % des hommes pratiquent la masturbation (13 % « souvent », 47 % « parfois », et 22 % « rarement »). Seulement 42 % des femmes déclarent en revanche s'être déjà masturbées (6 % « souvent », 21 % « parfois » et 16 % « rarement »).

Source : enquête ACSF (analyse des comportements sexuels en France), 1993

Nous entendons d'ici les lectrices s'exclamer que leur homme à elles, ne fait jamais ça. Mesdames, ce n'est pas parce qu'il ne vous le dit pas qu'il ne le fait pas. Peut-être est-il juste un peu menteur sur les bords. L'homme moderne, aimant, standard se masturbe tant et plus. Dès que vous sortez, dès que vous avez le dos tourné, dès qu'il est hors de votre vue. Certaines pensent encore que l'émission de foot de Canal + passe le samedi à minuit. Si c'est le cas, qu'elles ouvrent l'œil, elles vont être surprises par la nature des ballons.

Peut-être votre homme vous cache-t-il qu'il se masturbe car il ne veut pas vous faire de peine, en vous laissant imaginer que vous ne comblez pas tous ses besoins. Peut-être son éducation judéo-chrétienne lui a-t-elle donné honte de se faire tant de bien, seul avec ses cinq doigts. Toujours est-il qu'il y a toutes les chances que Rémi, votre Rémi, soit lui aussi un masturbateur compulsif.

> « Ne te moque pas de la masturbation, c'est faire l'amour avec quelqu'un qu'on aime. »
>
> **Woody Allen**, cinéaste

Or Mathieu aime Laetitia. C'est juste que la nature de sa relation avec sa veuve Poignet (une veuve qui est encore jeune, puisqu'elle n'a que l'âge de sa main) est différente. Quand il se masturbe, Mathieu n'a besoin de penser à personne, à part lui-même. La durée n'est plus corrélée à l'observation du plaisir de l'autre, elle peut obéir à son seul désir. Brut, irréfléchi. Comme une saillie rapide de Laetitia sur la table de la salle à manger, le truc qui arrive de moins en moins souvent, quand on s'est converti à la religion du confort et des préliminaires. Les préliminaires, c'est le truc qui saoule Mathieu. Il voit bien à qui ça sert, mais pas vraiment à quoi.

Rapidité, lenteur, douceur, violence, avec la masturbation, il n'y a plus de menu imposé, tout est à la carte. À la carte également, le type de femme (ou d'homme) sur laquelle il va fantasmer. Élégante ou vulgaire, slave ou asiatique, le pubis forestier ou rasé, seule ou accompagnée : un gigantesque panel de possibilités s'offre à lui. Mathieu trône tel un sultan, au milieu de sa collection de BD sexy, ou de ses revues maladroitement planquées derrière le radiateur. Il couche avec une femme différente tous les jours, et qu'il leur dise « prends-toi ça dans la face, garce, tu l'as bien mérité » ou « maîtresse, mettez-moi au piquet », aucune d'elles ne se plaint.

Votre homme se masturbe : pourquoi il ne faut pas vous inquiéter

1. Des études scientifiques tendent à démontrer que se masturber régulièrement prévient le cancer de la prostate.
2. La masturbation permet aux hommes victimes d'éjaculations prématurées de surmonter ce problème, au prix de petits exercices. Elle apporte une meilleure connaissance de soi. Elle offre également un bon substitut à votre conjoint s'il veut parvenir à l'orgasme sans être disposé à déployer l'énergie nécessaire pour faire l'amour avec vous.
3. Certaines femmes perçoivent la masturbation masculine comme une forme d'infidélité. Énorme erreur : en se masturbant, votre homme assouvit ses fantasmes, sans vous tromper. La masturbation ne diminue pas non plus le désir qu'il éprouve à votre égard (à part si vous l'entreprenez moins de 20 minutes après qu'il se soit « manualisé »).
4. Se masturber lui permet d'apaiser ses tensions, les sexuelles, et les autres. C'est une soupape lorsque vous n'êtes pas disponible. L'éjaculation l'épuise et le rend inoffensif (utile pour les hyperactifs un peu fatigants).
5. La masturbation ne présente aucun danger physique ou mental, à part peut-être une petite dépendance si vous

rompez complètement le dialogue sexuel. C'est une source de plaisir silencieuse, propre et gratuite (à la différence d'un match de rugby ou d'une compétition de tuning).

6. Épatez-le avec votre niveau de latin. Masturbation vient de manus stupratio : se souiller avec les mains.
7. Les principales religions vilipendent ce gâchis de semence. Raison de plus pour affirmer son libre arbitre.
8. Dans l'Antiquité et au Moyen Âge, on craignait qu'une éjaculation chez un homme adulte équivaille à la perte d'un quart de litre de sang, d'où un réel besoin de s'économiser.
9. La masturbation n'a été considérée comme une pathologie par des scientifiques un peu charlatans qu'entre le XVIIIe et le début du XXe siècle. Ils favorisèrent le développement d'un interdit moral : masturbation = plaisir, sans reproduction potentielle à la clef = pas bon.
10. Pour éviter la déliquescence mentale et physique (surdité, syphilis, cancer !), il était conseillé de dormir avec des moufles, voire les mains attachées. On vit même apparaître des appareils pour bloquer les érections nocturnes. Freud et d'autres réhabilitent l'exercice au début du siècle, mais les préjugés sont tenaces.[4]

[4] Sources : étude du Centre d'épidémiologie du cancer de Melbourne conduite de 1994 à 1998 (BJU International 2003 92 (3), 211/New Scientist 19 juillet 2003), www.doctissimo.com/www.servicevie.com, Fondation Charlotte Olivier (www.fcho.ch). *Questions d'Hommes,* par Jean Belaïsch-Anne de Kervasdoué, éditions Odile Jacob, 1996.

Passage à l'acte

Malheureusement, un jour, malgré l'immense choix offert à l'homme moderne en matière de presse, de BD, de sites ou de vidéos, sans parler d'une Laetitia très méritante, deux maux guettent notre Mathieu :

- Les ampoules, qu'il peut traiter par de petits pansements ou en se mettant sur pause pour quelques jours (on blague, en la matière, le pénis s'irrite avant la main).
- L'envie de passer à du sérieux. « Si cette blonde à gros seins du site www.ellesrespirentlintelligence.com me fait tant envie, pourquoi refuserais-je de lier une amitié innocente avec la charmante prof de step du Club Med Gym ? Elle a l'air de penser la bouche ouverte, certes, mais enfin, lui offrir un verre à la fontaine à eau, ce n'est pas encore un péché capital. »

> « De temps en temps, une femme est un substitut convenable à la masturbation. Mais bien sûr, il faut beaucoup d'imagination. »
>
> **Karl Kraus**, écrivain

Ce que Mathieu va expérimenter, dans l'atmosphère moite du club de sport, c'est que des filles de l'acabit de celles qu'il fréquente de façon virtuelle (écervelées et bien gaulées) sont accessibles dans le monde réel. Il aura juste à surmonter son manque de pratique, tant il est vrai qu'en trois ans, ses réflexes de dragueur se sont un peu émoussés. Mais tout comme on peut choisir dans un jeu vidéo le niveau « facile », on peut aussi choisir des filles un peu « faciles ». Les convaincre de passer à la phase B ne devrait pas être plus sorcier que ça.

Par ailleurs, Mathieu se dit que cette prof de sport, peut-être un peu moins cérébrale que sa Laetitia, fan de Rohmer et Mizoguchi, aura ce côté pieds sur terre, brut de fonderie vers lequel ses bas instincts le guident. De la fille qui parle comme un film porno (« prends-moi, mets-la-moi, oublie-moi »), de la fille qui s'abandonne sans rien demander, de la fille qui prend la pose comme elle respire, et qui connaît la position de l'Arc de Triomphe. Dotée d'un promontoire, d'un passage souterrain, d'un sens giratoire, et même d'une flamme pour le soldat inconnu.

Avec Cynthia (elles s'appellent toutes Cynthia), non seulement Mathieu retrouve la cadence de ses vingt ans, mais il vit à fond son fantasme de la femme libérée, un peu facile, qui vous fait la totale en échange d'un gobelet d'eau, d'une conversation sur le dernier *Voici* ou les programmes télé de la veille. Et la Cynthia, ça se collectionne. Si on a déjà la rousse, on est attiré vers la petite, à moins que la métisse ou celle à faux seins vous fasse alors de l'œil.

Le collectionneur

Quand un homme trompe sa femme, il répond non seulement à un besoin d'évasion et de liberté, mais aussi à une tentation de collectionner. Toujours inquiet que son partenaire du moment soit le dernier, il s'autorise, en étant infidèle, à rouvrir le score. Ventre musclé, fesses fermes, peau cuivrée, il les lui faut toutes. Comme les hommes du major Boyington dans les *Têtes brûlées,* à chaque succès, il peut peindre un petit drapeau sur sa carlingue.

Mesdames, jeunes, libérées, entreprenantes, ou tout simplement modernes, aimantes, standard, ces filles représentent la MENACE. Bichonnez votre mari (sans trop lui mettre la pression), faites-lui la totale, et ne le lâchez plus d'une semelle, même dans le vestiaire des garçons, si vous voulez tenter de l'empêcher de laisser se matérialiser son fantasme et de voir se matérialiser, sur votre brushing, des cornes de cinq mètres.

> « Mesdames, un conseil : si vous cherchez un homme beau, riche et intelligent... prenez-en trois. »
>
> **Coluche**, humoriste

Objectif n° 2 : De l'amour

En amour comme en jardinage, ce qui marche pour la croissance, c'est l'attention. Il faut être sur le coup, savoir quand ça monte en bouton, quand la fleur va éclore, quand ça commence à se dessécher puis à se faner. Dans notre monde consumériste, pour être tranquille et ne pas avoir à trop s'occuper du jardin, il est facile d'investir dans l'arrosage automatique. On achète, on pose une bonne fois pour toutes, on recouvre et hop, il n'y a plus qu'à regarder pousser. Dans la plupart des couples, c'est pareil, et voilà tout le monde sur arrosage automatique. Plus d'efforts à faire, plus d'attentions à prodiguer, plus de croissance à surveiller. Juste, de temps en temps, vérifier le débit et voilà votre couple sur des rails pour un bon bout de temps. Sauf qu'avec cette méthode-là, c'est le déraillement assuré à la première jupette qui passe. L'être humain a besoin de surprises, de nouveautés, de rebondissements ; pas uniquement, comme les légumes, de sa ration quotidienne d'eau. Aujourd'hui on veut aussi tous avoir le poil brillant, l'œil vif et la papatte agile. On veut rêver et faire rêver. Et l'arrosage automatique, ça, il sait pas faire.

D'amour et d'eau fraîche

Pour la majorité des gens, être amoureux, c'est vivre dans un rêve. D'accord, le dernier coupé sport de Porsche, l'intégralité de la collection Chanel dans son placard, la villa en bord de mer ou tous les modèles de chez Parallèle en taille 39, c'est pas mal non plus pour planer, mais à moins de gagner régulièrement au Tac-o-tac, il semble plus facile de tomber raide dingue de quelqu'un que tout à coup, crouler sous les millions.

La vie en rose

80 % des Français s'estiment satisfaits de leur vie amoureuse. 16 % pensent qu'une vie réussie correspond à un amour heureux. Et 23 % affirment que l'amour est la chose la plus importante qu'ils aient accompli dans leur vie.

Source : sondage IFOP/Psychologies, 2002

Lorsque Herman est entré dans la vie de Valérie, elle en a perdu l'appétit. Trop occupée à le manger des yeux, à l'envisager, à imaginer comment ils pourraient se sauter dessus. Complice, sympathique mais pas plus entreprenant que cela, elle ne savait pas quoi penser. À la maison, elle avait Olivier qui lui apportait toute la tendresse et la sécurité qu'elle désirait en même temps que la galipette réglementaire du dimanche matin. Mais l'apparente indifférence d'Herman lui donnait envie de continuer le jeu. En entamant une histoire parallèle, elle eut l'impression de devenir une héroïne des livres de la collection Arlequin, dont la vie semble toujours pleine de rebondissements. Elle se sentait vivante, rêvait toute éveillée, éprouvait la violence d'un désir inassouvi. Trop occupée à échafauder des plans afin de dépasser enfin le stade du fantasme – elle et Herman jouant à Tétris avec la partie la plus secrète de leur anatomie – elle ne déjeunait plus et passait son heure de pause à discuter avec sa proie. Après une cour assidue, jalonnée de la perte de quelques kilos pour cause de régime « d'amour et d'eau fraîche » – méthode d'amaigrissement unanimement réprouvée par tous les nutritionnistes au même titre que le régime Mayo ou Ananas –, Valérie et Herman finirent par se retrouver tous les deux à l'horizontale en tenue d'Ève.

Alors que chacun d'eux était engagé par ailleurs dans une histoire stable, leurs parties de jambes en l'air et la complicité qu'ils se découvraient les rendaient si heureux que leurs moitiés officielles profitèrent également de ce nouvel état d'esprit. Pour faire face à la vraie vie doublée de son cortège d'obligations toutes plus folichonnes les unes que les autres – dîners chez d'anciens copains de régiment alcooliques et dépressifs, déjeuners chez tante Augustine spécialiste mondiale de la distillation de nouvelles de ses amies ayant déjà un pied dans la tombe, repérages hebdomadaires au rayon soudure du « Brico Dépôt » de Nouillonpont et contre-visite à la Plate-forme du Bâtiment de Seclin le samedi après-midi – Herman et Valérie vivaient leur adultère comme un jardin secret vers lequel ils pouvaient s'échapper par la pensée, dès que la vie leur semblait trop grise. Ils étaient devenus des drogués, accros à l'amour clandestin.

> « Un mauvais mariage vaut mieux qu'un bon procès. »
>
> **Francis Blanche**, humoriste

Amour = cocaïne

Vous connaissez la phényléthylamine ? Plus commodément rebaptisée PEA, c'est une amphétamine naturelle qui stimule l'activité du cerveau et provoque des sensations d'extase euphorique. Grâce à elle, vous avez l'impression de flotter, vous êtes heureux, et comme sur « L'île aux enfants », vous aimez tout le monde et tout le monde vous aime. Cela ne vous rappelle rien ? Allez, encore un indice. Vous n'avez plus faim, ni soif, trop accaparé par l'objet de votre affection… Ça y est, vous y êtes ?

La PEA, c'est l'hormone du coup de foudre, une drogue naturelle secrétée par notre corps lorsqu'on tombe amoureux. Elle serait à l'origine de l'exaltation, de la joie, du bonheur que nous procure cet état en agissant à la fois sur notre cerveau reptilien, notre cortex cérébral et notre système limbique. Enchaîner une nuit blanche, passée à bavarder avec son amoureuse, à la cajoler, à lui faire l'amour, et une journée de travail, facile grâce à la PEA. Être à la fois distrait, plein de vie, sociable, optimiste et pourtant incapable de se souvenir pour la dixième fois de la semaine où sont les clefs de la maison et la voiture, normal, la faute à la PEA. Lorsqu'on se découvre une folle passion, notre corps commence à libérer des amphétamines naturelles. Comme la cocaïne ou l'héroïne, celles-ci shootent les centres cérébraux qui commandent les émotions. Comme sous l'emprise de drogue, le cerveau devient très vite saturé en informations, en sentiments. La perception du monde est altérée, les sensations sont décuplées. Vous avez l'impression de vivre à 10 000 à l'heure.

Le passionné vit comme si chaque instant devait être le dernier. Sa vie doit être électrique, jubilatoire. Pourtant, même s'il est persuadé d'avoir trouvé l'âme sœur dans sa nouvelle conquête, il n'est pas amoureux de la personne réelle mais des sensations qu'il éprouve. Valérie n'est pas amoureuse d'Herman. Elle n'a jamais réellement envisagé de tout quitter pour refaire sa vie avec lui. Elle est accro à ce qu'ils vivent ensemble, à leur complicité, à leurs coups de téléphone, à l'accélération que l'adultère a donné à sa vie. Grâce à cette passion fulgurante, elle se sent rajeunie, revivifiée, stimulée.

Dans *Le Zubial* d'Alexandre Jardin, un amoureux transi provoque des situations toujours plus rocambolesques afin d'éprouver des sensations de plus en plus fortes. Accro à la PEA, dès qu'il sent diminuer l'intensité de son coup de cœur, il change de partenaire avec le fol espoir de retrouver très vite les sensations fortes des amphétamines de la passion. La PEA, c'est l'hormone de la fuite en avant.

Plus dure sera la chute

Dans la réalité, certains infidèles, ayant découvert ou redécouvert le charme des montagnes russes de la passion, s'embarquent dans une quête éperdue de l'amour parallèle. Comblés par leur vie conjugale, qui leur apporte la stabilité et le confort rassurants dont ils ont besoin, ils ne peuvent s'empêcher de courir en cachette derrière les sensations fortes. Ils se transforment en véritables drogués de l'amour. Des toxicologues ont démontré que les symptômes physiques, psychologiques et émotifs des personnes souffrant d'une peine de cœur, étaient similaires à ceux éprouvés par les toxicomanes lors des périodes de sevrage. Et comme la cocaïne, le crack ou l'héroïne, la passion adultère possède ses overdoses et ses *bad trips*. Votre compagne, qui rentre inopinément à la maison en plein après-midi pour changer son collant filé alors que vous êtes en train de rejouer la scène du beurre du *Dernier Tango à Paris* avec votre prof d'espagnol ? *Bad trip*. Une semaine de vacances crapuleuses grignotée à vos officiels afin de décliner le tome 12 du *Kamasutra illustré* ? Overdose. Le mois réglementaire de congés conjugaux ? Sevrage insoutenable.

Si la quête de l'amour reste, avec le sexe, la raison principale pour laquelle on succombe à la tentation, tous les couples illégitimes ne finissent pas comme Roméo et Juliette, même avec un poignard à portée de main. Difficile de garder la tête froide lorsqu'on est pris par le tourbillon de la passion, mais vous devez faire la part des choses. Êtes-vous épris l'un de l'autre ou êtes-vous tout simplement amoureux de l'amour, de l'euphorie, du nuage sur lequel cette histoire vous a installés ?

> « L'habitude est une forme d'usure, elle efface les contours de nos chères amours, les recouvre d'une poussière sous laquelle nous ne les voyons plus. »
>
> **Marcelle Auclair**, journaliste

Objectif n° 3 : Retrouver la magie des premiers instants

Quand on tombe amoureux, on tremble comme une feuille morte à la moindre sonnerie de téléphone, on n'a plus faim, on saoule ses amis avec la description du nouvel élu de son cœur. Et puis il y a l'Impact, les parties de jambes en l'air, la démultiplication des déodorants sur le rebord du lavabo. Des centaines de plateaux-télé, des milliards de repas chez Belle-Maman, des zilliards de samedis Auchan-Décathlon-Ciné Cité. Celui qui fut un rêve inaccessible est devenu un complice de tous les instants, avec option compagnon pour toujours. Petit à petit, de la relation de séduction homme/femme, on passe à une relation de complicité, d'amitié, de parenté. Plus vous fusionnez avec votre moitié, plus vos relations ressemblent à celles d'un maître et de son épagneul. On se fait plein de papouilles, on n'a plus besoin de se parler pour se dire les choses, on regarde sa boîte de Pal dans le blanc de l'œil, et là, petit coup de blues.

C'est d'autant plus difficile à vivre, que sous vos yeux, à longueur de film et de téléfilm, ça tombe amoureux à tire-larigot. Comme s'il n'y avait que les rencontres qui intéressaient les scénaristes. Tout nouveau tout beau, c'est un thème qui les excite plus que les noces de vermeil. Devant votre télé ou votre écran de cinéma, inlassablement, vous revoyez Julia Roberts tomber amoureuse de Richard Gere, dans ce qu'on pourrait considérer comme LE fléau qui menace la stabilité de votre couple : la comédie romantique américaine.

Hollywood en produit à la tonne. C'est toujours la même histoire, et on se fait prendre à chaque fois. On tombe amoureux de l'acteur ou de l'actrice, on sort de là le cœur léger, et puis on se retourne vers celle à qui on tient la main depuis le début de la séance : Monique. Brave, fiable, trois fois médaillée au championnat de France de sa catégorie. Monique c'est du solide, mais Monique me fait moins vibrer que Julia Roberts. Direction la machine à café, le local CE ou le cours de chant jazz, pour voir s'il n'y aurait pas un ersatz de star américaine à se mettre sous la dent. Mettez-moi de la stagiaire, de l'attachée de presse, et si vous n'en avez plus, sortez-moi donc la nana qui s'occupe des tickets resto à la compta. Grandes jambes, grande bouche, un seul œil certes, mais avec un peu de chance, par temps brumeux, en lui sortant le grand jeu à la Pizza del Arte du centre commercial, je me sentirai un peu le Richard Gere de ma ville, Clermont-Ferrand.

Tout nouveau, tout beau

La recherche de la magie des premiers instants peut avoir un caractère sexuel. Chez le nouveau venu, tout est affriolant. Les caresses, les baisers, les odeurs, la manière d'enlever ses vêtements. Découvrir un nouveau corps, de quoi il a l'air, comment il fonctionne. Avec lui, les étreintes sont plus fréquentes. Il faut dire que si vous êtes calé comme la plupart des couples sur l'ébat hebdomadaire, d'un coup, vous avez besoin d'un sérieux contrôle technique.

Et à force de perdre haleine dans ces moments qui n'existent pas, vous vous dites que vous devriez un peu lever le pied sur les Philip Morris bleues, et que finalement, l'ascenseur, quand on n'habite qu'au deuxième étage, c'est pas forcément obligatoire.

La fréquence des rapports sexuels

64 % des Français font l'amour 1 à 3 fois par semaine, 22 % le font moins d'une fois par semaine, 6 % tous les jours, 3 % moins d'une fois par mois et 1 % le font plus rarement encore !

Source : Francoscopie, 2003

La fréquence de vos rapports augmente donc de façon vertigineuse, à tel point qu'en quelques semaines, vous dépassez le bilan annuel obtenu à la maison avec persévérance, malgré vos quinze ans de vie commune. Embringué dans une vie si trépidante, vous avez parfois l'air d'un zombie, mais le sourire banane ne vous lâche pas.

Et il y a pire, les étreintes vous laissent une impression nouvelle, non seulement parce que vous les accomplissez avec quelqu'un de nouveau, mais aussi grâce au contexte de l'interdit. Vous n'êtes plus dans l'obligation, la servitude du long fleuve tranquille de la vie en commun. Vous voilà dans l'aventure. La grande embardée romantique, où les cœurs battent comme les hauts parleurs d'une *rave party*. Mon cœur bat par amour, par ravissement pour cette toile d'événements inextricables dans laquelle je me laisse prendre...et aussi par peur. Car il y a le risque. Derrière la porte ou au prochain feu rouge, ma femme ou mon mari m'attend peut-être, non pas le couteau entre les dents, mais au moins avec une clef de 12. Le risque engendre la peur et le frisson. Et comme la ligne entre le plaisir et la douleur est ténue, mais que vous êtes plutôt là pour vous faire plaisir, la menace a tendance à vous faire frissonner. Décliner le *Kama-sutra* au milieu de la cuisine Vogica conjugale, c'est mal. Mais se dire qu'à tout moment, Robert peut revenir parce qu'il a tâché sa cravate avec les bolos de midi, voilà qui nous donne la petite décharge d'adrénaline qui manquait à notre vie trop rangée. Vous n'êtes plus Françoise, mais l'aventurière intrépide de la prise contre l'évier, l'Indiana Jones du 69 sur plan de travail.

Vous découvrez combien il est simple de devenir un agent double, quelqu'un qui vit à 10 000 à l'heure, et qui a beaucoup à perdre si l'on découvre sa trahison.

> « Les matins se suivent et se ressemblent, quand l'amour fait place au quotidien. »
>
> **Joe Dassin**, chanteur

Objectif n° 4 : De l'attention

Ce qu'il y a de bien dans la vie de couple, c'est l'habitude. Au début on trouve cela touchant de se réveiller côte à côte, de prendre ses douches ensemble, de se laver les dents de concert. Au bout de huit ans, au réveil, vous embrassez votre cher et tendre du bout des lèvres pour ne pas avoir à respirer son haleine de chacal mort de la peste, vous traquez le cheveu au fond du bac de douche aussi sûrement qu'un orpailleur colombien la pépite dans un torrent boueux, et vous fuyez l'atelier Pepsodent en restant scotchée devant la rediffusion des *Feux de l'amour.*

Pas brillant, brillant, mais après sept années de bons et loyaux services sans même un petit regard en coin vers un autre mâle que le vôtre, vous vous trouvez assez méritante. L'exaltation du début, ça fait longtemps qu'elle a été ensevelie sous des tombereaux de quotidien, par le bulldozer de la vie à deux. Mais le bon côté des engins de terrassement, c'est qu'ils aplanissent tout sur leur passage surtout les situations de conflit et les fâcheries domestiques. Du coup avec Antoine, vous voilà aussi unis que Placid et Muzo, Boule et Bill, Asraël et Gargamel. Tellement unis que souvent, vous avez l'impression de ne plus exister, d'avoir été incrusté dans le décor comme la présentatrice météo sur sa carte de France des températures. Un baiser le matin sur le départ pour le boulot, un autre lors du retour des braves à la tanière et, dans les bons jours, un petit smack rapide avant de s'endormir dos-à-dos.

Question conversation, en dehors des vacances et des week-ends, vous avez l'impression de parler mandarin ancien à un Cantonnais atteint de la pneumopathie atypique. Vous dîtes : « Tu sais, ma réunion de groupe sur l'exonération de la TIPP pour les SARL du secteur 34 bis de demain, eh bien j'hésite pour les transparents. » Et il répond : « De toute façon, moi j'ai pas très faim, on peut juste se faire une salade, si tu veux. » Second essai avec un truc simple que même Gudule, du haut de ses 5 ans et quart, comprendrait : « J'ai déjeuné avec Sandra à midi et elle aussi elle a acheté les mules fuschia » et il répond « Finalement moi, je prendrais plutôt le home cinéma avec le *dolby surround* que le graveur de DVD. » Biiiiiiip, c'est la mauvaise réponse.

Du coup, lorsque Grégory, le nouveau commercial, vient vous voir pour vous féliciter de la pertinence de vos transparents après la réunion tant redoutée, vous voilà toute légère, détendue parce que le stress est derrière vous, mais aussi étonnée que quelqu'un remarque tout le mal que vous vous donnez.

D'ailleurs, lorsque le lendemain matin, en vous offrant un 322 « café long-non sucré-supplément lait », Grégory glisse un regard en douce sur vos fabuleuses mules fuschia avant de dire qu'ils sont quelques-uns dans le service à vous avoir élu la fille la plus élégante de la boîte, c'est plus un Nescafé amélioré que vous buvez mais du petit lait !

> « Dans la vie en général, il ne paraît jamais naturel, ni mérité d'être aimé. C'est un honneur. »
>
> **Daniel Pennac**, écrivain

E-XIS-TER !

En prenant le risque d'aller butiner le pré du voisin, ce qu'on recherche c'est de l'attention et de la considération. E-XIS-TER. Exister en tant qu'individu, et non uniquement en tant que pilier incontournable de la famille Dugontier, que membre indéfectible du binôme Laurence et Philippe, que maman d'Alexandre et Maÿlis. On veut s'affirmer, dépoussiérer ses envies, réviser ses classiques. On a envie que quelqu'un jette un œil neuf sur vous, qu'il ou elle rie à vos blagues Carambar alors que votre officiel, depuis trente ans que vous les lui serinez régulièrement, ne lève même plus un sourcil.

Dans votre famille, on vous voit comme une femme active, méritante, capable de travailler en trouvant encore du temps pour éduquer correctement ses deux enfants sans qu'ils ne passent trop de temps avec des nounous. Votre amant vous voit, lui, comme l'intello du service, la fille qui sait tout faire, la reine de la langue (étrangère surtout mais pas que...), la grande spécialiste de l'équation à trois inconnues dans le plan comptable quinquennal. Ça fait palpiter votre petit cœur de lire un peu d'admiration dans les yeux de votre illégitime. Pour votre mari, vous seriez caissière chez Lidl, ce serait pareil. Avec votre amant, vous êtes de nouveau le centre d'attention, la seule étoile qui brille dans son ciel. Vous voilà transformée en quelqu'un de spécial, d'extraordinaire, de brillant. Il vous donne l'impression de lui être indispensable. À la maison aussi vous êtes indispensable, mais pas de la même manière, juste pour lancer des machines ou réparer le placard à balais.

Terra incognita

Comme les multiplications, ce sentiment de découverte est transitif. Si vous avez tout à coup l'impression que votre maîtresse ou votre amant vous dévore des yeux à chaque rencontre, il y a de fortes chances que vous fassiez de même. Alors que dans votre tanière, au premier froncement de sourcil, vous savez reconnaître si votre régulier a envie d'une galipette ou d'un paquet de chips au vinaigre, avec votre amant vous voilà aveugle. Tromper son conjoint, c'est devenir le Champollion d'une nouvelle pierre de rosette. Le corps et l'esprit de votre nouveau compagnon de jeu se transforment en *terra incognita* que vous devez déchiffrer du bout de doigts. Elle vous plaît, vous en êtes certain, cependant, vous ne la connaissez pas vraiment. Ce bouquet de roses lui fera-t-il plaisir ? Appréciera-t-elle ce restaurant ? Aime-t-il que vous lui passiez la main dans les cheveux ? Les porte-jarretelles, ne va-t-il pas trouver ça un peu trop osé pour un 3e rendez-vous ?

> « On commet l'adultère avec un tiers qui n'est pas sa moitié. »
>
> **Anonyme**

De cette méconnaissance de l'autre naît une incertitude plaisante, le sentiment de connaître des moments extraordinaires. L'impression de vivre dans la lumière, d'exister, de vibrer après des années passées à n'être qu'une moitié de binôme, c'est ça qui est grisant.

Objectif n° 5 : Le changement ou l'attirance des contraires

Quand vous avez rencontré Estelle, ce sont les points communs qui vous ont rapprochés. Mêmes goûts, même éducation, mêmes aspirations. En trois coups de cuiller à pot, on se comprend à demi-mot comme si on se connaissait depuis vingt ans. Vos amis s'émerveillent de cette complicité. Vous êtes à 100 % sur la même longueur d'onde et on peut même dire que vous vous ressemblez chaque jour un peu plus, comme un couple de vieilles perruches. Votre duo est beau comme de l'antique. On en pleurerait presque.

> « Une femme doit être assez cultivée pour séduire les hommes stupides, et assez vulgaire pour plaire aux hommes intelligents. »
>
> **André Guillois**, humoriste

Si on y regarde de plus près, il y a bien quelques différences. Vous êtes bordélique, elle est organisée, mais vous êtes bricoleur et elle a deux mains gauche. Vous ne savez toujours pas s'il faut manger les gambas avec des couverts ou avec les doigts, mais sa délicieuse éducation bourgeoise y a pourvu, et vous n'avez qu'à vous laisser guider par ce double féminin si complémentaire.

La maman et la putain

Seulement, il y a cette fille du service communication. Vous êtes discret, elle est très voyante. À vrai dire, il y a tellement d'air entre le bas de ses petits hauts et le haut de ses petits bas, qu'on dirait la vitrine d'un magasin de lingerie. C'est la fête du string porté comme un gyrophare, tellement voyant, tellement limite vulgaire, que vous ne risquez pas d'y succomber.

Vous, votre truc, c'est Estelle, ses bonnes manières, ses culottes en coton Petit Bateau à 3 euros, façon « élégance, discrétion, courtoisie ». Une sobriété faite pour durer. La Volvo de la sensualité.

Seulement, c'est difficile de la rater, cette fille de la com'. Car quand elle n'est pas en train de gravir les échelons de la hiérarchie en faisant du rappel sur les ficelles de son string, ce sont ses opinions limites vulgaires qu'elle vous colle haut et fort sous le pif. Pas votre genre ça, la fille qui fait du grabuge. Vous, votre mode d'échange, c'est plutôt moine cistercien du XVe. Le ton est cordial, linéaire, le niveau de décibels est toujours sous contrôle. C'est ça qui est formidable chez Estelle, sa façon d'être toujours là sans se faire remarquer.

Seulement il y a cette satanée fille. Qui hurle à demi nue dans les couloirs, qui vous gratifie de ses saillies vexantes

« Oh la, sale tête pour un lundi matin, pas assez de sexe ce week-end ? », qui aime à partager ses contrariétés en faisant voler dans son bureau des classeurs sur de jeunes éphèbes stagiaires surdiplômés qui viennent chez elle se faire humilier avec délice, comme on va en boîte sado-maso.

> « Il est presque impossible de rendre heureux son propre mari. C'est beaucoup plus facile avec le mari d'une autre. »
>
> **Zsa Zsa Gabor**, comédienne

Depuis votre plus tendre enfance, limite catéchisme, cette fille-là on vous a dit : « Restes-en à l'écart. C'est la putain. » La putain est vulgaire, la putain est *too much*, mais Dieu ce que la putain est excitante.

Elle vous met le feu à des endroits condamnés pour absence d'usage, et si d'aventure vous daigniez ne pas vous offusquer lors de votre prochaine conversation autour d'un long sucré (le 336 de la machine), peut-être pourrait-elle vous faire découvrir des terres inexplorées. Elle n'a rien de commun avec Estelle, à part qu'elle ait été brune, avant de passer aux arômes artificiels. Le sol de la cafèt' se dérobe sous vos pieds. Vous riez à ses blagues, vous êtes fait comme un rat.

Chercher son contraire, ce n'est pas seulement essayer le grand noir quand on est avec un petit blanc, c'est pactiser avec le diable. Alors méfiance dans les cafèt', leur lino est pavé de bonnes intentions.

Objectif n° 6 : Besoin de séduire et d'être séduit

Vous souvenez-vous de l'époque où vous avez rencontré votre conjoint ? C'était magique, ça sentait bon le sable chaud. Mais tout était-il spontané ? Pour le premier dîner, vous êtes-vous contenté de démouler une paire d'Irrésistibols de Maggi ? Tous les combien alliez-vous vous faire épiler chez l'esthéticienne ?

Vous voyez bien où nous voulons en venir. À la préhistoire de votre belle histoire, vous faisiez des efforts. Pour séduire la partie adverse, il fallait mettre les petits plats dans les grands, essayer d'anticiper ses envies, le surprendre et ne jamais avouer que ce soir-là, plutôt que de se faire des tagliatelles au pesto dans le blanc de l'œil, vous auriez bien zappé un coup sur la finale de la coupe d'Europe. Vous deviez passer pour quelqu'un d'attentionné, exquis, toujours prêt au sacrifice, parfumé de l'intérieur à la vanille des îles. Un Pouss-mouss humain élevé comme un milord. Quelque chose qui n'existe pas. Un ami qui savait parler des femmes nous a dit un jour « les jolies filles ne font jamais caca ». Je vous accorde qu'on est à deux doigts de l'atroce, néanmoins, cet ami ne pouvait décrire avec plus de justesse la phase de la séduction amoureuse. On se fait passer pour un autre jusqu'à signature d'un bail pour l'éternité, et retour des mollets hirsutes ou des aisselles pas nettes.

Dix ans plus tard, vous en avez traversé des choses avec le conjoint. La complicité s'est renforcée, la discipline s'est relâchée. Petit à petit une scission se crée dans votre esprit. D'un côté, ma petite fleur des îles (avec parfois des aisselles pas nettes), de l'autre côté Laetitia Casta. Toujours à quatre épingles, peut-être retouchée en numérique de partout, mais typiquement la fille qu'on considère comme le summum de la séduction.

Viva Laetitia

Vous pourriez bien faire des efforts à la maison, et demander à votre moitié d'en faire également. On ne vous demande pas de passer le nœud pap' chaque fois que vous vous faites un jambon-purée, juste d'avoir les petites attentions qui font que l'autre sait que vous tenez à le séduire. Malheureusement, en la matière, il est plus facile de construire sur du neuf. Direction la salle de repos de l'hosto, où vous faites rimer nouveauté et haleine veloutée. Vous sortez votre plus belle chemise, et faute de Laetitia Casta, c'est l'anesthésiste qui vous regarde d'un œil neuf. Ça a beau ne pas être un top model, elle est quand même allée une ou deux fois en vacances en Corse, ce qui est déjà un début de point commun avec votre cible idéale. Non seulement vous redécouvrez le plaisir d'essayer d'obtenir quelque chose d'incertain (les faveurs d'un tiers), mais en plus, vous réalisez que des petits regards bienveillants comme le coup de la chemise, cela fait bien longtemps que vous n'en aviez pas eu à la maison, où on vous accuse toujours de vous habiller comme « un homme qui n'a pas de femme ». Flatté, vous vous prendriez presque pour un tombeur, vous volez à 5 mètres du sol. Vous voulez aimer et être aimé avec la force des premiers instants. Vous faites des tentatives de pulvérisation de compliments par-ci par-là. Un « tiens, t'as changé de coupe, ça te va bien comme ça » dans l'ascenseur, un « mais qu'est-ce que tu as minci » au local photocopieuse. Peu importe que ces compliments ne soient que vaguement inspirés de faits réels, ce qui compte, c'est de les faire. Ils sont toujours appréciés, et on se voit complimenté en retour. C'est la première étape du retour de la séduction. Votre officiel n'a plus qu'à bien se tenir.

> « En amour, on est tout d'abord un grand quotidien, puis un petit hebdomadaire, et l'on finit mensuel, quand toutefois le tirage n'est pas complètement épuisé. »
>
> **Marcel Grancher**, écrivain

Objectif n° 7 : La folle course au modèle toutes options

Un couple ne fonctionne pas exactement comme une concession automobile. Il est rare de tomber sur un modèle qui a toutes les options. Vous écoutez la même musique, c'est déjà pas mal, vous aimez tous les deux les napperons bleus, de quoi se plaint-on ? Vous voulez faire des enfants, vivre heureux dans une grande maison avec un chien et une belle voiture garée devant ? Ça n'est pas délirant d'originalité, mais c'est le ciment qui fait tenir la plupart des couples. Jusqu'au jour où vous passe sous le nez un modèle avec une option en plus. « Il est prof de musique. J'ai toujours regretté d'avoir arrêté la flûte à 5 ans. Mon côté artiste ne peut pas s'exprimer avec Jean-Pierre. Vive le prof de musique qui va me jouer du flûtiau au fond des bois. »

Peut-être que Jean-Pierre ne vous brime pas du tout. Peut-être vous êtes-vous toujours fichu de faire de la musique depuis ce sinistre jour d'octobre 75 où vous avez rendu votre ocarina à Mademoiselle Mi, la prof de musique car on vous avait offert un mange-disque, et que vous aviez réalisé qu'en musique comme dans beaucoup de domaines, il vaut mieux laisser faire les professionnels.

Mais tel le fana de voiture ou d'informatique, averti d'une nouveauté sur le marché, il vous la faut dare-dare. Votre ancien ordinateur ou votre cabriolet sont périmés depuis le salon où ont été présentées toutes les nouveautés. Peu importe qu'il y a six mois ou il y a six ans, vous ayez fait le tour de la ville avec un haut-parleur sur le toit pour claironner haut et fort que votre Jules était ce qu'il y a de mieux sur la place de Saint-Étienne et que cette fois-ci, c'est sûr, c'était pour la vie. Un nouveau modèle est disponible, il est mieux paraît-il, comme tout ce qui est nouveau, alors pourquoi ne pas se laisser tenter ?

Monsieur Plus

Il est plus drôle, il est plus à l'écoute de vous, il est plus élégant, il a des plaquettes de chocolat et de petits élastiques là… Avez-vous même demandé à Jean-Pierre de reprendre l'exercice, de se saper un peu, de laisser tomber les blagues de Toto, de mettre le booster sur le *Reader's digest ?* Avez-vous, au moins, fait un audit des compétences réelles de Jean-Pierre ? Pas la peine, vous dites-vous, vu que ce n'est que pour une passade, pas la peine que Jean-Pierre soit vraiment moins bien que le prof de musique. C'est juste que… son côté artiste ne transparaît pas vraiment derrière sa chemisette de représentant en climatiseurs. Il a bien essayé une fois de décorer la niche du chien en y peignant des petits nuages, mais on a dû tout faire refaire par Lulu, notre petit dernier de 3 ans, tant Jean-Pierre n'est pas doué du pinceau.

On trompe pour de la fesse ferme, du ventre plat, de la vanne drôle, de la culture roborative. Cela entraîne une vision parfois délirante de la réalité, où vous mettez en compétition un amant dont vous ne savez rien, à part sa marque de préservatif favorite et qu'il sait souffler dans toutes sortes d'instruments à vent… et un mari fidèle, au poil luisant malgré les années, dont vous occultez les mille qualités pour ne voir de façon mesquine que les défauts qui ne sont pas de sa faute, tant la sudation plantaire, ma bonne dame, on ne choisit pas de naître avec…

> « L'amour c'est comme les voitures, on trouve aussi de belles opportunités sur le marché de l'occasion. »
>
> **Nous**

À moins que vous ne tombiez sur celui ou celle qui a tout mieux, vous réaliserez vite qu'en amour, le mieux est souvent l'ennemi du bien. Soyez équitable dans vos comparaisons, si vous le pouvez, en ayant toujours en tête que les hommes et les femmes ne sont ni des voitures, ni des ordinateurs. Leurs qualités, leurs défauts, et leurs performances, sont rarement résumables par un petit tableau dans une revue spécialisée. Cela étant, si d'aventure vous tombez sur le beau gosse, amant parfait, père sensible, drôle, cultivé et qui fait bien la cuisine, n'hésitez pas : plantez Jean-Pierre sur le champ. Il fera certainement un très bon mari pour quelqu'un d'autre.

CHAPITRE 2

Où va se nicher l'infidélité ?

Comment identifier d'où vient le danger ?

L'amour rend aveugle, c'est bien connu. Mais pas uniquement dans le sens dans lequel l'entend ce vieux dicton populaire. En fait, plus qu'aveugle, l'amour nous pose des œillères. On ne voit plus que son conjoint. Pourtant, un jour, son regard accroche celui d'une personne du sexe opposé et le voilà gai comme un pinson. Il est cuit, il a été tenté.

Le pédiluve de l'adultère

Si nous voulions faire trembler dans les chaumières, nous écririons que le danger rôde dès que votre cher et tendre passe le pas de la porte. L'inconnu dans la rue représente un fantasme universel. Heureusement, dans la rue, on est protégé par la timidité, par la météo, et par les rendez-vous où l'on vous attend.

L'adultère, c'est d'abord une rencontre, et il n'y aurait pas de rencontres sans lieu de socialisation. Les entreprises, les clubs de sport, les boîtes de nuit, les partis politiques, les clubs de vacances sont autant d'espaces privilégiés pour se frotter à d'autres personnalités et imaginer des parenthèses enchantées. Les rencontres y surviennent parce que c'est là que les gens stationnent, par opposition aux halls de gare, où on n'est que de passage. Le lieu de socialisation, c'est le pédiluve de l'adultère.

Le lieu de travail

Le lieu de travail est un des principaux espaces de socialisation, de stationnement, d'échange et, par conséquent, de drague.

Premier élément important, si votre conjoint fait partie de la population active, il y séjourne, pour un plein temps, au moins 35 heures par semaine. Comptez le temps qu'il passe éveillé à la maison, vous verrez, on n'est pas loin.

Vient ensuite le paramètre quantitatif : le lieu de travail donne accès naturellement à un ensemble de personnes plus ou moins vaste, qui sont toutes reliées par leur appartenance au système (société, institution...). Elles œuvrent toutes dans un but commun, il est naturel de se rencontrer, de se parler, et la liste des lignes directes ou des adresses e-mail est accessible à tous.

De plus, les péripéties du monde moderne (*turnover*, fusions, acquisitions, restructurations) contribuent à renouveler ou à étendre la liste de ses collègues. Les moments clés, comme les grèves ou les annonces de plans de restructuration, soudent dans l'adversité des êtres qui ont tous eu le même rêve, avant qu'il ne se brise face à la réalité de l'horreur économique.

Le lieu de travail a ses zones de rencontres. La machine à café où on se détend, la photocopieuse pour l'échange rapide et complice, la cantine ou le restaurant d'entreprise pour le « languedeputage ». Sans parler de l'ordinateur où crépitent les mails plus ou moins chargés en sous-entendus. Messages salaces ou poèmes d'amour, le mail a introduit une nouvelle forme de connivence entre les employés, et mis à égalité les grandes gueules et les timides. Avec un immense avantage : vous pouvez être plongé dans une déclaration fleuve, ou en train de reluquer des photos porno, tout le monde peut croire que vous travaillez, pourvu que votre écran soit orienté dans le bon sens.

La productivité en question

14 % des histoires d'amour débutent sur le lieu de travail.

Source : Francoscopie, 2001

L'adultère format A4

Au travail, on se plaint du travail, bien entendu, mais aussi de la maison. Forcément, ça crée des liens. Ses camarades de bureau finissent parfois par en savoir plus que vous sur votre conjoint, parce qu'ils passent beaucoup de temps avec lui, parce que parler de lui, ça change de parler des résultats de foot de la veille, ou de la nouvelle coupe de Julie Lescaut, et surtout parce que le collègue, tout l'intéresse. Ça l'intéresse parce que c'est croustillant, un peu d'intimité, dans cet endroit si froid et productiviste. Et puis s'intéresser aux autres, c'est aussi un signe de respect, de convivialité, voire d'amitié.

Et quand votre moitié parle à son collègue de boulot, ça l'intéresse forcément plus que vous, parce que ça le concerne. Il ou elle a vite fait de comparer avec ce qui se passe à la maison, et là, il n'y a pas photo. Ses histoires d'objectifs annuels de ventes ou de réforme des programmes de maths, vous vous en moquez comme de votre première visite chez Lidl. Ce qui compte pour vous, c'est « Qu'est-ce qu'on mange ce soir ? » et « T'as pensé à payer le tiers provisionnel ? » Pas étonnant, dès lors que ce soit le collègue qui bénéficie du regard de Chimène. Un jour, votre cher et tendre réalise qu'avec son collègue le courant passe un peu trop bien, comme s'ils étaient beaucoup plus que des camarades de bureau, et l'un des deux finit par proposer à l'autre un ciné ou une escapade à l'hôtel du coin qui, curieusement, fait de la pub sur le panneau en liège du comité d'entreprise pour des tarifs 12 h-17 h. *Game over !* Vous êtes victime une fois de plus du danger omniprésent de l'adultère.

Faire ses gammes dans l'organigramme

Mêmes préoccupations, même localisation, on a vu que le collègue de bureau était une cible de premier choix en matière d'infidélité. Intéressons-nous un instant à son niveau hiérarchique.

Hypothèse A : Ils sont au même niveau. Dans deux branches ou dans deux services différents, peut-être, mais personne n'est chef, ni subordonné de son camarade de jeux. La menace répond dans ce cas aux règles classiques de l'infidélité. Rien à signaler de croustillant que nous n'ayons déjà écrit ailleurs.

Hypothèse B : Le délit est commis par un/une chef et son/sa subordonné(e). Adultes consentants, ils ont chacun des motivations bien particulières. Comme diraient les pompiers au bal du 14 juillet, il y a bien « le prestige de l'uniforme », mais cela ne suffit pas.

Pour changer un peu des stéréotypes phallocrates, intéressons-nous à Mercedes. Directrice d'une grosse boîte de consultants, elle a 45 ans. Marc, un jeune fraîchement émoulu de son école de commerce, a tapé dans l'œil de cette mère de famille modèle et moderne, à force de nuits blanches passées à astiquer sa souris pour le client Machpro. Un soir, alors que Marc est attendu dans sa soupente par Amélie, une jeune dessinatrice, et que Pierrick, le mari de Mercedes, s'occupe une fois de plus seul des enfants (et accessoirement de la nurse, mais c'est une autre histoire), Mercedes se remet une dose de Shalimar et décide de faire passer un bilan de compétences à sa jeune recrue.

Tu fais quoi entre midi et deux ?

25 % des Françaises de moins de 50 ans ont déjà été tentées par une aventure en dehors de leur couple avec un collègue.

Source : sondage BVA, 1998

Cette histoire, bien que partiellement fictive, présente l'immense avantage d'être 100 % paramétrable. Changez les prénoms ou les activités, et se déroulera sous vos yeux la vie quotidienne de votre voisin de pallier, à moins que ce ne soit celle de votre conjoint, ce qui voudrait dire que vous lisez ce livre un peu trop tard.

Pour être prêt à repousser ce type de menace, il faut donc se pencher sur les motivations psychologiques des différents acteurs.

Pourquoi Mercedes se met-elle Marc sous la dent ?

Jeune, naïf, vigoureux, sans contrainte horaire, Marc lui rappelle ses 20 ans tout en lui mettant les genoux derrière les oreilles sur la photocopieuse.

Chevaucher cet innocent jeune homme, c'est en quelque sorte affirmer son pouvoir, sur Marc, mais aussi à travers lui sur tous les employés de la société. Elle en a la maîtrise et la possession absolue.

Mercedes apprécie d'avoir l'impression de séduire Marc, alors que, se dit-elle, Amélie a quand même infiniment moins d'heures de vol au compteur. Sans l'avoir jamais rencontrée, elle imagine qu'à l'âge de Marc, on ne peut vivre qu'avec des beautés de 3,2 kg. Elle affirme la constance de sa féminité tout en exerçant par sa prédation une revanche de génération.

Se faire un jeune élevé au jeu vidéo, qui a de la marijuana dans sa poche, et qui écoute du MP3 en tapant des recommandations pour des sociétés d'affacturage, c'est quand même plus excitant que les parties de bridge avec son congénère de mari, junkie du golf, du Monte Christo et de l'opéra.

Chasse, pêche et traditions

La polygamie, c'est-à-dire un homme ayant plusieurs épouses, est admise dans 83,5 % des ethnies traditionnelles à travers le monde tandis que la polyandrie (plusieurs maris pour la même femme) n'est la règle que pour 4 ethnies sur 1 000 !

Pourquoi Marc accepte-t-il de tromper Amélie ?

Marc est bien élevé. On ne dit pas non à une femme qui pourrait être votre mère, surtout si c'est la patronne, et qu'on est encore en période d'essai.

Marc a du respect pour sa hiérarchie, mais il a aussi de l'admiration. Dans son école de commerce, on l'a formaté pour admirer les dirigeants que l'on aspire à devenir le plus vite possible. Diriger une boîte de consultants, surtout quand on est une femme, c'est presque appartenir à la caste des demi-dieux. Et se faire la *boss*, c'est un peu partager le prestige de la fonction, en oubliant qu'il n'a que trois semaines d'ancienneté. Marc, qui a perdu son pucelage avec une fille de son âge, voudrait vérifier la véracité des légendes qui courent parmi les garçons à propos de la progression exponentielle de la technique sexuelle des femmes avec l'âge.

Marc n'est pas fou. Pour s'assurer une progression rapide dans l'entreprise, il sait qu'il faut faire des sacrifices… qui n'en sont peut-être pas, tant il a de l'énergie à revendre.

Aveuglé par son ambition, il oublie un peu vite qu'il joue avec le feu. Certes, Mercedes est mariée et ne risque pas de le poursuivre de ses ardeurs jusque dans sa chambre de bonne, mais en cas de mésentente ou de nouveau jeune premier qui prendrait sa place à côté du gros bouton vert de la photocopieuse, gare à la sortie de route.

Parole d'expert

À la question « Combien de partenaires sexuels une femme doit-elle avoir connu pour être une bonne partenaire ? », 50 % des personnes interrogées répondent de 1 à 5. 20 % pensent qu'avoir eu des relations sexuelles avec 5 à 10 hommes fait d'une femme une bonne amante.

Source : sondage Sofres/Perso, 2000

Que l'on soit dessus ou dessous, dans l'organigramme, les motivations pour flirter sur le lieu de travail ne manquent pas. Et ce que découvrent les amants, si l'amour vient à s'en mêler, c'est que la hiérarchie peut alors être remise à plat. Car ce n'est pas parce que la personne que vous rencontrez est votre supérieur ou votre subordonné que va forcément s'établir une relation dominant/dominé entre vous. La standardiste peut très bien tenir le PDG par les coucougnettes, tout comme une élève peut parfaitement révéler à son prof de tennis que sorti des raquettes, il s'y prend comme un manche.

Notre conseil, pour votre grande entreprise de désamorçage des mines anti-personnel héritées de la guerre des sexes sur le lieu de travail, est de faire preuve d'empathie. Mettez-vous à la place de votre conjoint, intéressez-vous aux moindres détails de sa vie professionnelle, au moins en ce qui concerne les relations avec ses camarades de bureau, afin d'établir une cartographie approximative des risques que vous encourrez. Et quand il se mettra à parler de façon répétée de collègues de l'autre sexe, ouvrez grand vos oreilles, il est peut-être encore temps d'éviter le carnage.

C'est une des bizarreries de l'adultère sur le lieu de travail, avant de craquer pour un collègue, on a tendance, consciemment ou non, à en parler à tout bout de champ à la maison.

Si Hervé vous parle de Cynthia Messenchwiller du Juridique suffisamment de fois pour que vous mémorisiez non seulement son prénom mais aussi l'orthographe exacte de son nom de famille, il est temps d'enfiler votre imper de détective.

Le lieu de « travail » délocalisé

Nous avons vu la place de choix que le lieu de travail occupait sur le podium des lieux de tentation. Et quand le bureau, sous couvert de motivation, de formation ou d'échange de connaissances, s'expatrie en séminaire, en colloque, en marché, en foire ou en festival, c'est l'express pour la Fête du slip qui prend son départ en laissant tous les Pierrick et les Amélie de la Terre, qui à sa table à dessin, qui aux seins de la nurse sur la table. Si d'aventure, certains d'entre vous s'estimaient insuffisamment informés sur cette loi d'airain de la vie professionnelle, nous leur conseillerions vivement la relecture du chapitre « L'éloignement ».[5]

[5] Voir dans chapitre 1, les changements périphériques

Le lieu de loisirs

Nous avons par ailleurs évoqué les activités sociales, culturelles, sportives ou politiques qui créaient de la distance dans un couple. Plongé dans un environnement nouveau, articulé autour d'un centre d'intérêt nouveau, l'homme ou la femme qui entreprend cette activité seul(e) est susceptible de ressentir des affinités à l'égard de ses nouveaux amis, et de succomber à la tentation.

Histoire d'Ô

27 % des personnes interrogées aimeraient faire l'amour sur une plage, 24 % dans un jacuzzi ou une baignoire et 11 % dans les bois. Le sexe dans une voiture reste un fantasme pour 8 % des sondés, juste devant faire l'amour dans une piscine (7 %).

Source : Durex Global Survey, 2001

Ce que nous n'avons pas encore évoqué en revanche, ce sont les lieux de loisirs spécialement imaginés autour des rencontres, comme les boîtes de nuit ou les clubs de vacances.

Y a du soleil, y a des nanas

Il est certes plus naturel de se rendre dans un club de vacances avec son conjoint, mais les hasards du calendrier, des coups de bourre au boulot et des congés payés font qu'il n'est pas rare d'y croiser des célibataires qui n'en sont pas. Imaginons par exemple que l'un d'entre vous vienne de changer de job au printemps, et se retrouve donc sans congés payés accumulés de mai à mai. L'autre, en revanche, est obligé de prendre ses cinq semaines, dont au moins deux en juillet-août. Une solution simple et pas chère, même avec des enfants : le club. Rien à faire qu'à écarter les orteils sur un transat pendant quinze jours. Une perspective alléchante pour votre épouse.

« Tu ne vas pas quand même pas aller au Club !, lui lancez-vous. Maman sera ravie de vous accueillir, toi et les enfants, dans la maison familiale à Bordeaux. »

D'un côté, votre demi-suspicion, de l'autre, la perspective de se taper votre mère pendant quinze jours, sans parler des vacances en ville. Pas d'hésitation, votre femme fonce prendre un billet pour une formule club.

Quelque temps plus tard, la voilà sur une plage de Hammamet, épilée et huilée de près, face à la Mecque et dos au soleil, en rang d'oignons avec d'autres vacanciers « clubbers ». Les enfants sont au Mini Club, le Chef des Sports est de sortie, et bien qu'elle ait répondu un peu sèchement à sa proposition d'initiation au catamaran, il fait le beau autour de son matelas. Votre femme vit un moment agréable, et, si vous aviez autant d'intuition qu'elle, vous sentiriez venir la cata pas marrante.

Sea, sex and sun

Amis de la morale, sus à la famille Trigano, inventrice de ces lieux de débauche, fourmillant de chevaliers du mal en slip de bain : les Gentils Organisateurs. Plutôt bien faits de leur personne, toujours bronzés, au contact FACILE, ils sont là pour vous servir. Et bien que les clubs de vacances tentent de plus en plus de segmenter leur offre entre les villages « *famille* » d'un côté et les villages « *si tu dors, t'es mort !* » de l'autre, il n'en reste pas moins que le GO, c'est un beau célibataire, souvent disponible. Si on ajoute à cela le VRAI célibataire gentil membre, venu chasser au paradis de la convivialité et des jeux apéritifs, on obtient un cocktail explosif qui devrait dissuader quiconque tenant un peu à son partenaire de vie de l'envoyer seul une semaine là-bas.

À moins que…

À moins que vous n'agissiez à dessein… Que ce surcroît de boulot en juillet-août soit en réalité une bonne excuse pour aller frimer dès 18 heures à la terrasse des cafés, afin de ramener à la maison de la touriste hongroise et expérimenter enfin la position du trépaneur Magyar. Diabolique, vous avez laissé Manman partir avec la marmaille en vous disant que dans le meilleur des cas, elle reviendrait intacte et que vous aurez pris du bon temps, et dans le pire, elle aurait reçu des cours particuliers qui ne peuvent pas lui faire de mal, en provenance de professionnels tellement amoureux des voyages, qu'elle ne risque pas de les ramener dans ses bagages.

« Certains hommes attendent l'infidélité de leur femme avec la même tension qu'au cirque lorsqu'ils attendent la chute d'un danseur de corde. »

Henry Miller, écrivain

Voilà un scénario idéal, car tout le monde y trouve son compte. Mais rare, très rare, tant il est vrai que l'amour libre est un oxymoron, c'est-à-dire un mot dont les deux composantes ont des sens radicalement opposés.

Vendredi, c'est boîte de nuit

A priori, quand on vit en couple, plus besoin d'aller en boîte de nuit. En écrivant ces lignes, l'auteur sent bien que l'assertion manque de précision, mais il ne sait pas encore pourquoi. Poussons plus loin le raisonnement : la boîte de nuit, son environnement de nuisance sonore, son atmosphère saturée en fumée de cigarette (dans le meilleur des cas), ses consommations à plus de 20 euros, ses rixes et ses videurs mal aimables… Cet endroit où, théoriquement, seul le Mime Marceau peut draguer, puisqu'on ne s'y entend pas. Que diable aller faire là dedans quand on est en couple, qu'on dispose d'une chaîne hi-fi, d'un lecteur de CD décent, d'un appartement bien aéré, et de spiritueux au tarif de la grande distribution ? Personnellement, je l'ignore, mais ma camarade m'indique que beaucoup de gens vont aussi en boîte de nuit pour danser, pour s'amuser, et qu'il n'y a donc pas de raison pour que ça s'arrête une fois qu'ils sont en couple.

> « Il n'y a pas de danse sans que le diable y mette sa queue. »
>
> **Proverbe suédois**

En boîte de nuit, la menace est partout. Ni la bêtise des

prétendants (couverte par la musique), ni leur mauvaise odeur (couverte par l'atmosphère fétide), ni même la présence de votre officiel (noyé dans la masse, et doté d'un grammage d'alcool élevé) ne peuvent protéger contre le risque de se retrouver en train de danser le collé-serré, voire carrément de se faire coller au mur.

La salsa du démon

Ça a son petit côté Vatican II d'écrire ça, mais personne ne niera que la boîte de nuit est un lieu de séduction, où on vient parfumé comme pour une autopsie, où on prend des poses lascives, où on s'habille sexy. En bref : où on en veut, et où on trouve ce qu'on veut. La discothèque, c'est bien trop risqué, et pour les seniors, le thé dansant, ça n'est pas mieux. D'ailleurs, ne vous a-t-on jamais dit que faire bouger son corps, c'était satanique ? Si vous n'êtes pas convaincu par notre prêche, allez donc en boîte avec votre moitié, ou mieux, laissez-la y aller seule avec des ami(e)s. Vous pouvez aussi rouler sur l'autoroute à contre-sens (ce qui arrive souvent après un passage en discothèque, semble-t-il) ou gambader aux heures de pointe sur les rails du métro. Si vous ne voyez pas où nous voulons en venir, et si vous pensez que la boîte de nuit est le lieu le moins risqué qui soit, fréquenté par les individus dotés des meilleures intentions, il est possible que nous ne puissions plus rien faire pour vous.

La maison

Il serait indécent de terminer ce chapitre sur les lieux où rôde le danger sans parler de celui dans lequel tout le monde vit, mais auquel personne ne pense quand on parle d'infidélité : chez vous, tout simplement.

Ils ne pensent qu'à ça !
8 % des hommes disent avoir pensé plus de 6 fois à quelque chose ayant trait au sexe lors des dernières 24 heures. 6 % y ont pensé 4 ou 5 fois, 10 % environ 3 fois, 15 % au moins 2 fois.
Les femmes sont, elles, 53 % à déclarer ne pas y avoir pensé un seul instant !
Source : sondage IPSOS/*Figaro Magazine*, 2000

La menace est chez vous, car l'adultère, avant de prendre vie entre les draps d'un lit ou à l'arrière d'une Kangoo, éclot d'abord dans les têtes. Il est le fruit de vos relations conjugales et domestiques. Votre conjoint ou vous-même pouvez aller très loin dans un adultère mental avant de passer à l'adultère physique.

Partagez-vous vos fantasmes ?
68 % des personnes interrogées se disent prêtes à raconter leurs fantasmes à leur partenaire.
Source : Durex Sex Survey, 2002

Combien d'entre nous peuvent affirmer n'avoir jamais pensé à un autre en faisant l'amour avec leur partenaire ? De prime abord, la proposition vous semble incongrue tant il est vrai que l'acte d'amour est un acte sacré (plus on parle de sexe, plus on utilise des termes religieux, penser à écrire un prochain bouquin là-dessus). Mais quand les langues se délient, on en découvre des vertes et des pas mûres. Que ce monsieur pense à un top-model avec un maillot de bain de la taille d'une pièce de 2 euros, pour rendre plus productive la fellation administrée par sa femme de façon néanmoins très méritante, ça donne déjà froid dans le dos à plus d'une. Mais quand plusieurs femmes nous déclarent que parfois elles rêvent que leur mari soit carrément victime d'un accident d'avion, pour pouvoir vivre avec un autre, on se dit qu'il y en a vraiment qui confondent la vie en couple et une boîte sado-maso.

Mesdames, la société consumériste moderne vous enjoint, si vous le voulez, de changer d'homme comme on changeait jadis de montre Kelton. Faites-nous plaisir, envisagez sérieusement cette option avant de rejoindre les rangs d'Al Qaïda.

Questions à domicile

Ça paraît bête à dire, mais la première raison pour laquelle vous ou votre moitié risquez de tomber dans les bras d'un proche, c'est qu'il n'est pas loin. Avant de jeter de rage l'ouvrage que vous tenez entre les mains en vous exclamant « et ils sont payés pour écrire ça ? ! », lisez plutôt la suite.

Le voisin de pallier, votre meilleur ami, le meilleur ami de votre mari, le fils ou la fille d'amis, un membre de votre famille (déjà) recomposée : une ribambelle de proches qu'on a sous la main et qui nous veulent tous (théoriquement) du bien. Regardez-les dans les yeux. Derrière la lueur complice de l'amitié, non, un peu plus au fond, voilà, ça, c'est la connivence, et juste derrière, la concupiscence, et au fond à gauche… des emmerdes, beaucoup d'emmerdes.

Jamais sans son ami(e)

4 personnes sur 10 reconnaissent avoir déjà eu envie de faire l'amour avec le/la meilleur(e) ami(e) de leur conjoint.
Les hommes sont moins loyaux que les femmes dans ce domaine, puisqu'ils sont 42 % à fantasmer sur la meilleure amie de leur femme, contre seulement 25 % des femmes, qui s'oublieraient volontiers dans les bras du meilleur copain de leur Jules.

Source : Durex Sex Survey, 2002

La vulgarité, c'est bien, la lucidité, c'est mieux

Explication : tout le monde ne se livre pas à une analyse approfondie avant de devenir infidèle. Souvent, cela vous tombe dessus sans que vous sachiez vraiment ni d'où ça vient, ni où ça va. Mais paradoxalement, ceux qui commencent des histoires avec des proches ont plutôt tendance à penser que ce choix va minimiser leurs problèmes futurs. On ne se risque pas dans l'inconnu. Avec Hervé, Stéphanie, une assistante maternelle de 27 ans, croit savoir où elle va.

Pratique

En réalité, elle ne sait rien du tout. Par sa proximité relationnelle et géographique, le fameux Hervé, instituteur de 33 ans fraîchement divorcé, a eu l'immense mérite de lui épargner la fastidieuse recherche d'un deuxième partenaire dans tous les lieux préalablement cités, et c'est déjà pas mal.

Discret

Par ailleurs, Hervé la connaît bien. Il connaît aussi Rodolphe, son mari depuis trois ans. Et pour cause : c'est son meilleur ami. Stéphanie se dit qu'Hervé ne risque pas de tout faire exploser, et qu'elle peut compter sur son silence et sa discrétion, puisque rien n'a pour lui plus de prix que son amitié avec Rodolphe.

Efficace

En commettant l'irréparable avec Hervé, Stéphanie utilise un proche pour régler un problème qu'elle a avec Rodolphe. Outre le fait qu'elle avait Hervé sous la main et qu'elle imagine qu'une liaison avec lui sera forcément discrète, Stéphanie aurait presque tendance à croire, en plus, qu'Hervé s'y connaît en problèmes de couple, puisqu'il vient de divorcer. S'il n'a pas su éviter les écueils de la vie à deux, se dit-elle, il doit avoir bien réfléchi à la question et en posséder maintenant une conscience aiguë. Hervé, c'est un peu le conseiller conjugal avec option missionnaire.

À ce point de la démonstration, permettez-nous de vous faire remarquer que rien ne rebute plus les hommes que de discuter sans fin de l'état de leur couple... jusqu'au jour où celui-ci explose en mille morceaux, et qu'ils se mettent à évoquer le sujet en boucle.

Vicieux

Stéphanie veut-elle réellement ménager Rodolphe, en le trompant de façon discrète, ou au contraire le punir en se faisant souiller par son meilleur ami ? Toujours est-il qu'elle s'épanche auprès d'Hervé à propos de la petite crise « des trois ans et toujours pas d'enfant » que traverse son couple. Hervé écoute, console et consomme.

Primitifs mais pas fous !

Les anthropologues diront que Stéphanie est peut-être comme les Canela, en Amazonie. Ces indiens estiment que mettre une femme enceinte est une tâche trop difficile et trop importante pour être l'affaire d'un seul homme.

À moins que son comportement ne corresponde à celui des indiens Ache du Paraguay. Là-bas, les femmes sont libres de prendre plusieurs amants. Les Ache considèrent cela comme un gage de survie, puisque chaque père putatif pourra prendre soin de la mère et de sa progéniture en cas de malheur. Un phénomène paraît-il en pleine expansion dans les sociétés les plus pauvres du monde.

À des degrés divers, nous sommes tous des Stéphanie en puissance et c'est pour cela que la menace est dans la place. Nous sommes complices à l'égard de proches vers lesquels nous nous épanchons à propos des petites aventures heureuses et malheureuses de la vie. Aussi est-il facile d'avoir la faiblesse de considérer que ces êtres, avec lesquels le courant passe si merveilleusement, sauront combler notre besoin de tendresse, et par là même régler ce que nous estimons être un problème, en toute amitié et discrétion.

Cette analyse, bien qu'en général inconsciente, est issue de la mentalité productiviste de notre société. Nous sommes en permanence à la recherche de la façon la plus rapide, la plus simple et la plus efficace de satisfaire nos besoins dans tous les domaines.

Prend-on vraiment moins de risques « en interne » ?

Pourtant, si l'on en croit les grandes entreprises, expertes du concept de productivité, il vaut toujours mieux se fier à quelqu'un d'extérieur quand on a un problème interne à régler ou à faire analyser.

Ainsi, les sociétés les plus importantes de la planète dépensent-elles des millions chaque année pour que des consultants extérieurs, *a priori* bien moins au fait de leur activité que leurs propres employés, viennent leur dire ce qu'ils doivent faire et comment s'organiser.

L'herbe est-elle toujours plus verte dans le pré du voisin ?

62 % des hommes reconnaissent éprouver du désir pour des amies ou des proches, contre seulement 38 % des femmes.

Source : sondage IPSOS/*Figaro Magazine*, 2000

Tonton Maurice est peut-être expert en mécanique, mais quand on a besoin d'un contrôle technique complet, avec certificat officiel et macaron pour le pare-brise à la clef, on va faire examiner sa voiture dans un centre agréé. Côté infidélité, quitte à prendre l'air, mieux vaut faire les choses en grand, en chassant loin de chez soi.

Ce n'est pas forcément plus risqué, au contraire, et quand vous ferez le sale boulot de mettre fin à ce petit écart, votre aventure aura l'avantage de ne pas vous exploser à la figure au milieu de votre salon.

Car Hervé est comme Tonton Maurice, sympathique, disponible et porté sur le calembour, mais il n'en représente pas moins une menace pour la stabilité à long terme du couple Stéphanie-Rodolphe.

Une menace fondée sur trois crises qui peuvent se superposer :

Stéphanie a trompé Rodolphe = crise A.

Pas insurmontable car l'infidélité, dans le cas où elle est découverte, peut se pardonner, ou s'égaliser le cas échéant en remettant la balle au centre après un rétablissement du score à 1 partout par Rodolphe un soir de cuite. Et cela se pardonnerait d'autant mieux si le délit était intervenu avec un inconnu que Rodolphe aurait du mal à visualiser ou imaginer.

À défaut d'avoir fait l'effort d'aller trouver un quidam dans le froid et la nuit, Stéphanie pourra toujours tenter de mentir sur l'identité de son amant, afin que la pilule soit un peu moins dure à avaler.

> « Si l'herbe est plus verte dans le jardin de ton voisin, laisse-le s'emmerder à la tondre. »
>
> **Fred Allen**, humoriste

Hervé a trahi son meilleur ami = crise B.

Beaucoup plus difficile à pardonner, à moins que les deux garçons ne finissent par s'unir dans un ressentiment anti-Stéphanie, après que cette dernière sera partie pour un troisième garçon, auxiliaire de puériculture, voire conducteur de Convoi Exceptionnel.

Hervé a-t-il agi par compassion à l'égard de Stéphanie ? Ou a-t-il au contraire réglé un vieux problème de jalousie vis-à-vis de Rodolphe ? Ce tombeur de Rodolphe, qui a toujours séduit plus de filles que lui, des plus jolies aussi. Et surtout, qui était arrivé, jusqu'à l'incident Stéphanie-Hervé, à maintenir son couple à flot pendant que celui d'Hervé sombrait dans les abîmes de la séparation des acquêts.

Peut-être Hervé est-il, sans le savoir, resté ami toutes ces années avec Rodolphe pour pouvoir un jour se glisser dans ses charentaises, comme Gary Sinise venant faire la cour à Demi Moore après la mort de Patrick Swayze dans *Ghost*. Peut-être Hervé s'est-il toujours senti menacé par son ami, rivalité entre garçons, question de taille de pénis, à trancher par la seule qui puisse avoir autorité en la matière, l'usagère des deux engins : Stéphanie.

Toujours est-il que nous avons, avec la crise B, un bon petit terreau pour un étripage en règle, avec scalpage et enterrement du cœur de l'ennemi dans un sous-bois un soir de pleine lune.

Stéphanie a trompé Rodolphe avec Hervé = crise C.

S'il tombe amoureux, Hervé voudra la perte de Rodolphe. Dans le cas contraire, il ne pourra plus regarder ni Rodolphe ni Stéphanie dans les yeux. Il semble difficile d'être l'ami véritable d'une personne ayant fait jouir votre conjoint, ou qui connaît son sexe par cœur.

Et même s'il continue à les fréquenter, il régnera toujours une atmosphère étrange dans le trio. Hervé, qui vient de perdre sa femme, risque de perdre maintenant ses amis.

L'ennemi de l'intérieur est invisible, ou plutôt, on est tellement habitué à sa présence qu'on ne le remarque plus. Pourtant, la menace est bien réelle. Alors à la prochaine soirée karaoké ou au prochain barbecue, ouvrez grand les yeux, la bête immonde est peut-être assise juste en face de vous.

Autour de la maison

Commerces, jardins d'enfants, cafés : les lieux de tentation ne manquent pas autour de la maison. S'il n'y avait qu'une chose à retenir, c'est que le facteur de risque est proportionnel au temps de stationnement des individus dans ce lieu, et au potentiel d'échanges croisés induits par la fonction du lieu.

En clair, cela veut dire que si votre femme passe beaucoup de temps au jardin d'enfants, où elle est susceptible de parler avec des inconnus de tout et de rien, sur le thème du maternage, il y a un risque. D'autant plus que, le mâle se faisant rare dans ces lieux, et que les hommes qui se passionnent pour les questions de suites de couches ou de couches tout court se comptent, en général, sur les doigts de la main, quand l'un d'entre eux se présente, la harponne du regard et lui assène une tirade sur les avantages comparés des petits pots Nestlé « épinards-saumon » et des Blédichef « étuvée de haricots verts et dinde », il se peut que la situation ripe à un moment ou à un autre.

Vous qui passez sans me voir…
72 % des hommes reconnaissent avoir du désir pour des inconnues ou des gens croisés au hasard, alors que seulement 30 % des femmes sont dans ce cas.

Source : sondage IPSOS/*Figaro Magazine,* 2000

Choper pendant le shopping

A contrario, la boulangerie nous semble un lieu peu risqué, à moins que vous ne considériez qu'acheter les mêmes pains au chocolat, c'est déjà une première manœuvre d'approche. Lieu exigu, interruption violente par la boulangère (« On s'occupe de vous Madame ? »), circulation orientée vers la sortie par la queue et le passage en caisse… Vous ne devriez pas avoir à vous méfier à outrance des boulangeries.

Les supermarchés, en revanche, ne sont pas dénués de risques. Parce qu'on y reste plus longtemps (20 minutes en moyenne), parce que le contenu de notre caddy en dit beaucoup sur qui nous sommes ainsi que sur nos habitudes de vie, et, surtout, parce que certains dragueurs se sont spécialisés dans les grandes surfaces. À tel point que le concept de « *date-shopping*[6] » a été repris et adapté en France par les Galeries Lafayette, épaulées par le site Yahoo Rencontres. Le principe est simple, les clients s'identifient à l'entrée du supermarché avec par exemple un panier d'une couleur particulière, et tout le monde peut ainsi savoir qu'ils sont célibataires. Il ne reste plus, aux plus entreprenants d'entre eux, qu'à se rapprocher des plus timides, afin de tenter d'extirper un numéro de téléphone avant le passage en caisse.

A priori, si vous êtes en couple, ça ne vous concerne pas, à moins que votre conjoint ne soit particulièrement distrait, vicieux ou simplement daltonien. Une fois de plus, vous ne pourrez pas dire qu'on ne vous aura pas prévenu.

> « J'essaye d'initier mon épouse au shopping tantra, pour qu'elle puisse faire les magasins pendant cinq heures sans rien acheter. »
>
> **Sting,** chanteur

Pas tout blanc, le petit noir

Bars, salons de thé, cafés, avec leur terrasse ensoleillée l'été et leur atmosphère rassurante l'hiver, le danger y rôde à chaque coin de table. Lieu de drague par excellence, si votre

6 Littéralement « la drague en faisant ses courses ».

moitié est maladivement timide ou n'a aucun charme particulier, vous avez de la chance dans votre malheur. À moins qu'il ou elle ne tombe sur des dragueurs affamés, voire tout juste sortis de prison, il se peut qu'on lui laisse terminer son petit noir et les pages « Faits divers » du quotidien régional sans être importuné.

Si votre conjoint, en revanche, possède, comme nous tous, un soupçon de charme, même s'il est bien caché, ainsi que des aptitudes à communiquer qui ne demandent qu'à être sollicitées, il se peut qu'il vaille mieux que vous lui interdisiez formellement l'accès aux cafés en votre absence. Dites-lui n'importe quoi, que le mélange demi-cacahuètes est cancérigène, que la moleskine donne de l'érythème fessier, mais gardez-le éloigné de ces lieux interlopes.

On veut bien vous aider, mais il faut quand même que chacun y mette un peu du sien.

Internet

À l'âge d'or du 36 15, les rencontres sur Minitel pâtissaient de l'image glauque des messageries roses. En revanche, bien qu'Internet soit en passe de remplacer tous les autres médias en matière d'acheminement de l'érotisme au cœur du foyer, les rencontres sur le web possèdent un caractère technologique, léger, pointu, en un mot : branché.

Outil hybride, de travail et de divertissement, l'ordinateur atténue le côté « on achève bien les célibataires » des agences matrimoniales. C'est, d'une part, un lieu d'échange où l'on peut garder le contrôle de la situation, sans jamais être forcé de dévoiler son identité ou rencontrer son interlocuteur. Mais c'est également un lieu de lâchage intégral, où la barrière du clavier et de l'écran aidant, les langues et les âmes se délient à vitesse grand V.

Malgré de longues heures passées à « chatter »[7], on ignore parfois si son partenaire habite au coin de la rue ou au bout du monde. Un indice toutefois, s'il écrit « Tu veux-tu donc que je t'emmène à une party dans mon char ? », il se peut que vous n'ayez pas exactement le même code postal.

En revanche, grâce au miracle des appareils photos numériques et des webcams, on peut, si on le désire, finir par avoir une idée assez précise de ce à quoi ressemble son correspondant, pourvu qu'il ne triche pas en vous mailant des photos de Miss ou Mister Poitou-Charentes.

Des avantages qui sont autant de risques dans les couples modernes où, en rentrant à la maison, on ne trouve rien de mieux que de se scotcher derrière l'ordinateur, comme au bureau.

Le bureau qui héberge d'ailleurs de nombreux adeptes compulsifs des sites de rencontres, qui tapotent à tout va en faisant croire qu'ils rédigent des mémos sur le positionnement stratégique de leur ligne de chaussettes haute-couture.

Au coin de la rue, comme au bout du monde

L'avantage majeur du site de rencontres, c'est qu'il fait une grande partie du boulot à votre place :

- Il trouve des personnes d'accord pour flirter avec vous.
- Il réunit une communauté attachée à l'échange direct, à la discrétion, et si possible à une conclusion charnelle.

---

[7] Dialoguer par clavier interposé.

- Il vous permet de clarifier noir sur blanc vos intentions à court (sexe), moyen (émulation pseudo-amoureuse) et long (sans avenir) terme.

Vous pouvez chercher le grand amour ou une étreinte d'un soir, sur la toile, c'est vous qui faites le menu.

L'amour à portée de souris

✓64 % des internautes pensent pouvoir rencontrer le grand amour sur le net.

✓Les Français dépensent 7 millions d'euros par an en annonces de rencontres dans des journaux ou sur Internet.

Source : www.casediscute.com

De la toile et de la chair

Au début, pour Maxime, le site de rencontres n'était qu'une façon de se titiller, sans même imaginer conclure. Sa petite amie, Daphné, le laissait rester des heures sur son écran, persuadée qu'il était accro à un jeu de rôles en ligne. Quand Daphné part voir ses parents en Normandie, Maxime met le turbo sur Meetic.fr et consorts. Il fait un blocage sur une dénommée « Xena », blocage qui devient une fixation. Le frisson de la virtualité ne lui suffit pas, il faut qu'il rencontre Xena. Manque de bol, Xena habite à New York. Grisé, Maxime casse sa tirelire, et s'envole pour New York, prétextant un surréaliste entretien d'embauche dans une succursale locale d'une banque française.

Arrivé sur place, manque de bol, Xena fait 120 kg et sa cousine, Illona, celle dont Maxime a vu la photo, sort déjà avec un chauffeur de camion syndiqué, visiblement peu enclin au partage.

C'est alors que Daphné tente de joindre Maxime pour lui dire qu'il a oublié sa Ventoline, et qu'elle tombe sur un hôtelier borgne qui lui dit que son petit ami vient de sortir avec ses amies filles (en anglais « *he went out with some girlfriends* », très ambigu). Daphné est une fille sensée, pas un lapin de six semaines, elle réserve un chien de sa chienne à Maxime pour son retour et lui retire sa confiance.

En trois coups de clavier, Maxime aura donc pulvérisé ses économies, ses fantasmes, voire peut-être son couple, et surtout une certaine idée de l'Amérique.

Tout cela a un arrière-goût de propagande moraliste, et nous voyons d'ici les propriétaires de sites de rencontres bombarder celui notre éditeur d'e-mails de protestation, tout comme leurs nombreux clients, qui ont vécu grâce à Internet des histoires extraordinaires.Nous en connaissons nous aussi, qui ont connu des aventures torrides ou des petits coups rapides.

Internet est en effet un outil fabuleux pour les célibataires qui cherchent l'âme sœur. Permettez-nous en revanche de douter de son apport bénéfique à la stabilité des couples installés, à part pour se faire livrer vingt-sept packs d'eau d'un coup ou consulter la météo du week-end au cas où on l'aurait loupée à la télé.

Cet apport est comme l'existence des ovnis, il reste encore à démontrer.

Votre couple est-il en danger ?

Après l'analyse des personnalités à risque, c'est le moment des travaux pratiques. Voici quelques pages « boîte à outils », utiles pour faire le point sur votre couple et découvrir si vous êtes plus harpie que mégère, égoïste que macho, créatif ou passif. Et si vous ne vous reconnaissez pas dans tout ça, c'est peut-être que vous vivez sur une autre planète.

L'état des lieux de votre couple

Vous n'êtes plus sur la même longueur d'onde ? Il passe tellement de temps loin de la maison que lors de votre dernier câlin les pulls en mohair étaient encore à la mode ? Elle semble si absorbée par sa double vie de maman parfaite et de *business-woman* qu'elle n'a plus un seul instant pour vous deux ? Vous êtes devenus les parents de vos enfants mais aussi des parents l'un pour l'autre ? Faut-il passer votre amour à la machine pour voir si les couleurs d'origine peuvent revenir ? Pour faire l'état des lieux de votre couple, prenez quelques instants afin de faire ce petit quiz.

Quiz

À chaque fois que vous vous sentez concerné par une des propositions, additionnez ou retranchez les points correspondants.

- Nous essayons de tout faire à deux, surtout les sorties contraignantes comme les courses ou Ikea. -1
- Pour être épanouis, nous avons chacun notre jardin

secret. +2

- Question corvées, nous nous séparons le boulot pour expédier tout le plus vite possible et se retrouver ensemble dans des activités qui nous font plaisir à tous les deux. +3
- Mon couple me permet de m'épanouir pleinement. +3
- Il y a plein de choses qui m'intéresseraient à titre personnel mais que le manque de temps m'interdit de faire. -1
- Il ou elle est plus grand fan. +3
- Mon conjoint ne me soutient pas assez dans mes projets personnels. -2
- Quand j'ai voulu reprendre les études, me mettre à l'écriture ou m'inscrire au séminaire d'archéologie, il a été le premier à me soutenir. +2
- Ma moitié ne comprend pas que j'ai besoin d'exister par moi-même en me réalisant dans d'autres domaines que mon job. -2
- Il/Elle n'aime pas que j'ai l'air absent alors que je suis « dans mon monde ». -1
- Il/elle me laisse vivre mes passions tant que cela ne m'accapare pas trop. +1
- Nous sommes pareils. Nous aimons les mêmes blagues, les mêmes films et les mêmes disques. +2
- Ma moitié n'aime pas les mêmes choses que moi, mais elle respecte mes goûts. +1
- Nous n'avons rien en commun avec mon conjoint, mais nous essayons de nous faire découvrir des trucs chacun notre tour. +1

- Au lit, c'est toujours pareil. -1
- Pour moi « galipette » rime toujours avec « c'est chouette ». +3
- Je n'ai jamais envie de faire l'amour, surtout avec ma moitié. -3
- Je fais encore l'amour avec mon conjoint avec envie, jamais parce que je m'y sens obligé. +2
- Je préfère me masturber plutôt que de faire l'amour, au moins je suis sûr d'y trouver mon compte à chaque fois. -2
- Nous ne faisons pas assez l'amour. -2
- Le sexe, ce n'est plus vraiment mon truc, mais je sais que ça lui fait plaisir de temps en temps. +1
- Dans la rue ou à la maison, il m'arrive de fantasmer sur d'autres personnes. -1
- Au lit, j'aimerais bien essayer de nouveaux trucs. +3
- Question sexe, il y a des pratiques que je ne pourrais jamais essayer à cause de mon conjoint. -2
- Nous nous tenons souvent la main et nous embrassons en public. +3
- Je n'aime pas les effusions en public, surtout au bout de tant d'années. -2
- Entre nous, plus besoin de se parler, nous nous comprenons d'un regard. +1
- Dans notre relation, j'ai l'impression d'avoir toujours le même rôle. -2
- À l'extérieur, j'ai l'impression de ne plus être Bertrand ou Anne mais seulement l'un des composants du binôme « Monsieur et Madame X ». -1

- En public, mon conjoint semble prendre plaisir à me ridiculiser ou à me critiquer. -2
- Il ou elle parle souvent à nos amis de mes initiatives professionnelles ou personnelles. +2
- Je l'admire. +3
- Je sais qu'il est fier de moi mais il ne me le dit jamais. +1
- Nous voyons nos proches (familles, amis, relations…) trop souvent alors que nous pourrions rester seuls « en amoureux ». -2
- J'aimerais avoir plus de temps à consacrer à ma famille, à mes amis. -2
- Je me force souvent à me rendre à des événements qui m'ennuient (repas de famille, mariages, fêtes religieuses…), histoire de lui faire plaisir. -2
- Avec elle/lui, j'ai le sentiment de tout faire mal. -2
- Mon conjoint ne me considère plus. -3
- Avec ma moitié, j'ai l'impression que tout est toujours possible. Je ne sais jamais à quoi m'attendre. +1
- Je ne la/le comprends pas. -1
- Nos engueulades nous rapprochent. +2
- Même après tout ce temps passé ensemble, je découvre encore des choses sur elle/lui. +2
- Nous nous chamaillons souvent, la plupart du temps pour des broutilles. -1
- Lorsque nous nous disputons, j'ai le sentiment que je ne le/la comprendrai jamais. -2
- Notre couple repose sur un rapport de force. -2
- Les cris et les grands mots, c'est notre mode de communication. Pourtant, nous finissons toujours par rire

de nos disputes, même des plus graves. +1

- Dans notre couple, j'ai l'impression de l'aimer plus qu'il/elle ne m'aime. -2
- Nous fonctionnons sur une relation de dominant/dominé. -1
- Avec le temps, j'ai l'impression d'être davantage son parent que son amoureux. -1
- Je n'imagine pas vivre sans elle/lui. +1
- J'ai menti à plusieurs questions pour ne pas me faire engueuler par mon conjoint. -10 !

Faites le total de vos points et voici le verdict :

Moins de 9 points : « Mauvais état général, travaux importants à prévoir de toute urgence »

Trop de tensions, trop de frustrations, trop de mesquineries... Votre couple est au bord de l'éclatement et vous en êtes conscient.

Pourtant, vous ne semblez pas très pressé de vous pencher au chevet du malade. Lassitude, ras le bol, vous êtes à point pour l'infidélité, si ce n'est déjà fait... Alors que se passe-t-il ? L'attachement et les habitudes ont-ils remplacé l'amour ? Tenez-vous votre moitié pour acquise au point de l'avoir transformée en parent ? Pourquoi ne prenez-vous plus de plaisir à être en sa compagnie ? Qu'est-ce qui vous pousse à vouloir vous épanouir sans lui/elle ? Pour quelles raisons avez-vous mis le sexe de côté ? Comment avez-vous laissé votre couple se lézarder à ce point ? Il est important que vous trouviez des réponses à ces questions pour essayer de rétablir le dialogue, sous peine d'aller droit dans le mur. En amour comme en mécanique, tout est toujours bricolable. Pensez-y, et retroussez vos manches !

De 9 à 17 points : « Ravalement à voter »

Vous n'êtes pas passé loin de la catastrophe, donc pas de quoi triompher. Si, à la maison, le dialogue ne semble pas inexistant, ce n'est pas folichon non plus. Vous paraissez souvent agacé par votre conjoint, enclin à le houspiller pour mille et un détails, prompt à lui trouver tous les défauts du monde. Pourtant après une petite semaine de vacances ensemble, les difficultés s'aplanissent et vous retrouvez votre bonne vieille complicité. Ce ne sont donc pas vos sentiments qui sont en cause, mais plutôt votre manière de vivre ensemble. Il est urgent de modifier en profondeur vos bonnes vieilles habitudes. Recentrez votre vie sur votre couple, sur votre amour. Changez de point de vue sur votre conjoint en repensant à ce qui vous plaît chez lui sans vous arrêter systématiquement sur ce qui vous chiffonne au quotidien. Mettez le turbo sur la séduction afin de le faire rêver, de l'étonner. Il est urgent de secouer votre couple si vous ne voulez pas que l'un d'entre vous aille voir ailleurs, lassé de vos sempiternelles remarques et de la guérilla domestique.

De 18 à 22 points : « État d'usage. Habitable en l'état »

Pour vous, ça va plutôt bien. Vous semblez savoir slalomé entre les écueils du quotidien et les pièges du lit conjugal. Comme la plupart des couples, vous traversez des crises et essuyez des tempêtes, mais, conscient des sentiments que vous portez à l'autre, vous essayez de limiter la casse lors de ces périodes agitées. Question sexe, vous savez que cela aussi s'entretient et qu'une mauvaise entente sur l'oreiller a mené plus d'un couple dans le fossé. Pourtant, l'usure du quotidien poursuit chez vous aussi son travail de sape. Et l'autre ne vous fait plus rêver comme au premier jour. Du coup, chacun de votre côté, vous avez envie de respirer, de vous échapper. Vous avez le sentiment de le/la connaître sous toutes les coutures et vous lui faites souvent sentir que vous le/la tenez pour acquis(e). Méfiez-vous de ne pas trop lui répéter, cela pourrait lui donner de mauvaises idées.

Plus de 23 points : « En rénovation permanente. »

Ensemble depuis deux semaines, dix mois ou vingt ans, vous savez comment faire durer la magie des premiers instants. Vous regardez votre conjoint avec bienveillance, de manière à privilégier ses bons côtés sans être irrité par les petites mesquineries du quotidien. La vie de couple constitue un domaine de recherches permanentes dans lequel vous voulez devenir expert. Toujours sur le qui-vive, vous savez entourer l'autre d'amour sans pour autant l'étouffer. Vous n'avez pas renoncé à vos désirs, à vos plaisirs et n'attendez pas que votre conjoint agisse autrement. Pour en arriver là, il vous a fallu une énorme dose de patience, d'abnégation mais également un amour solide qui transcende les différences et les difficultés. Un amour que vous avez toujours su privilégier afin qu'il demeure au cœur de votre vie quotidienne. Bravo mais ne vous endormez pas sur vos lauriers. En football, on remet son étoile en jeu tous les quatre ans. En amour, c'est tous les jours.

Le Top 10 des ennemis du couple

Les slips kangourou blancs avec la poche qui baille et les culottes « Petit Bateau » à rayures roses, on savait que ça risquait de casser un peu le personnage. Se vautrer sur le canapé, la zappette à la main dès le retour au foyer, là aussi on se doutait bien que ce n'était pas bon pour le karma de notre couple. Des tue-l'amour comme ça, il en existe à la pelle. Voici le Top 10 des trucs qui détruisent la vie à deux. Faites le ménage au plus vite pour protéger… votre ménage.

1. **La télévision.** Depuis quatre-vingts ans, elle illumine nos soirées… et mine nos nuits. Meilleure amie de l'homme, la télé est également le pire ennemi de la femme. Comme les *playmates* en bikini et la visseuse-dévisseuse sans fil, c'est un truc de mecs. Il suffit de l'allumer pour qu'ils deviennent aveugles et sourds. Même la danse des sept voiles avec le string à dénouer sur les côtés n'a plus de prise sur eux lorsqu'ils sont en train d'assister à une séance de buts en or. Sûr que s'il avait pu prévoir que le plateau télé viendrait réduire à néant la vie sexuelle de la moitié de la planète pour cause de lobotomie télévisuelle, il y a fort à parier que John Logie Baird, le papa de ce satané poste se serait tourné vers un truc utile, comme le peigne à girafe ou les ciseaux pour chauves. Mention spéciale à la télé dans la chambre, l'assurance anti-sexe, plus efficace encore qu'une ceinture de chasteté.
2. **La routine sexuelle.** Au début d'une histoire, on passe ses nuits à lécher des kilomètres de peau et à tripoter un nombre incalculable de muqueuses pour trouver ce qui

fait grimper l'autre au rideau. En général, une fois qu'on connaît le mode d'emploi sur le bout des doigts, on rejoue sans cesse la même scène, celle où 100 % des gagnants ont tenté leur chance. Pourtant dans un lit comme sur un champ de bataille, on ne devrait jamais s'endormir sur ses lauriers et tenter de recycler la même tactique, sous peine de voir l'ennemi retourner traîtreusement vos armes contre vous et vous lancer un terrible « OK c'est bien, mais c'est toujours pareil. » Le sexe conjugal, toujours au même endroit, toujours dans la même position, c'est comme le foie de veau au vinaigre, les tomates farcies, le bœuf miroton ou n'importe lequel de vos plats préférés. On a beau adorer ça, si on vous en sert tous les jours, on ne vous donne pas longtemps avant de craquer pour une saucisse frites.

3. **Le manque de dialogue.** Le dialogue, c'est ce qu'il y a de plus important dans un couple. Enfin, surtout au début. Des tonnes de textos, de mails, d'appels, de fax, de lettres, de pigeons voyageurs – c'est une question de génération – vous ont été nécessaires pour tomber enfin dans les bras l'un de l'autre. Puis vous avez continué sur votre lancée, en submergeant votre amoureux de mots doux, en lui susurrant des choses torrides à l'oreille, en passant des nuits entières à refaire le monde. Ensuite est arrivé le quotidien, ses problèmes incontournables et ses occasions en or de discussions-débats passionnantes sur le thème de qui doit faire les courses, de comment gère-t-on le compte commun, ou de « Et ta mère, pourquoi elle passe son temps à la maison ? »

Peu à peu vous ne vous parlez plus, vous vous informez : du stock de bières, des horaires de la nounou, des dîners prévus… Côté sentiments, vous êtes persuadés de vous comprendre à demi-mot, qu'un simple regard suffit à savoir ce que pense l'autre, un peu comme un maître et son fidèle compagnon canin. Vous avez fini par vous dire que c'est ça la vie de couple et, à notre avis, c'est une vision un peu flippante.

4. **Les enfants.** Plus tard, elle sera infirmière, il sera pompier. Enfin pour l'instant ils vous pompent l'air et vous n'avez plus une seule minute à vous. Désirés, adorés, cajolés bien sûr, mais aussi envahissants et stressants. Dès la sortie de la maternité, ils vous ont enchaîné au pied de leur berceau aussi définitivement qu'un gardien des Baumettes au poignet du Grand Bébert, le roi du fric-frac. Et comme lui vous en avez pris pour au moins vingt ans, en espérant que vos enfants ne tombent pas un jour sur une rediffusion de « Tanguy », sous peine de les voir s'accrocher une dizaine d'années de plus. Ils dévorent votre temps et épuisent votre énergie aussi sûrement qu'ils descendent les packs de couches et, plus tard, les pots de Nutella. Privés de temps, d'intimité, de dialogue et de sexe, vous devenez une mère et un père méritants qui attendent tous les soirs que la couvée soit enfin endormie pour se retrouver. Entre la rubéole de Junior et la quatrième dent de la petite, ça vous laisse à tout casser six heures de tranquillité avant que les petits monstres ne se réveillent. Juste le temps de dormir pour oublier tout le reste…

5. **La disparition de la séduction.** Quand vous vous êtes rencontrés, une seule personne au monde était encore plus heureuse que vous : votre esthéticienne. Grâce à votre assiduité, elle a pu se payer une collection de sacs à main digne de celle d'une Première Dame de France. Et puis vous vous êtes dit que l'épilation, vous pouviez la faire toute seule, que le vernis n'était pas indispensable hors des grandes occasions, que les poils l'hiver, ça tenait chaud, et que quelques petits points noirs avaient cela de sympa qu'ils vous faisaient rajeunir de quinze ou vingt ans. Même tarif pour Monsieur, jadis rasé de près 7 jours sur 7, qui vous la joue dorénavant cactus humain en dehors des jours ouvrés. Lui qui, à une certaine époque, semblait croire que le déodorant était le meilleur ami de l'homme, et qu'on ne termine jamais mieux une journée qu'en se douchant, se couche dorénavant dans son brouet de la journée, demandant comme le Mont Blanc, à quiconque veut l'escalader, une certaine détermination. La séduction, ce sont tous les efforts que nous faisons pour attirer l'attention de l'autre quand il n'est pas encore totalement acquis, et dont nous nous passons de plus en plus quand notre couple paraît coulé dans le bronze. Les cadeaux, les petites attentions, les grandes déclarations et costumes de prince charmant ne devraient jamais finir leur vie au rayon des accessoires.
6. **Les obligations.** Si on met bout à bout le mariage d'untel, le dîner chez tel autre, le pot chez un troisième, sans oublier le déjeuner chez les beaux-parents, votre vie

est devenue un cortège ininterrompu d'obligations. Il y a celles où vous vous forcez à aller parce que vous êtes un couple, même si les amis de votre ami ne sont pas forcément vos amis. Il y a celles où vous allez en traînant les pieds parce que ça se fait, comme le baptême d'un arrière-petit-cousin que vous ne voyez jamais. Il y a celles où vous allez comme un zombie parce que sinon le frigo sera vide toute la semaine. Il y a celles où vous allez en croyant que c'est un divertissement, comme le sacro-saint Ikéa, en oubliant que le diabolique principe de l'escargot (les rayons enroulés les uns autour des autres), long comme un GR de montagne, couplé au soin que votre épouse porte à l'examen minutieux de chaque rayon, vous feront péter les plombs avant d'atteindre la zone de l'entrepôt en libre-service. Souvent, on se fait croire qu'on est obligé de faire les choses, pour « s'auto-victimiser » ensuite. Alors qu'avec un peu de bonne volonté et de sang-froid, il serait possible de dire STOP, pour avoir enfin le temps de s'occuper un peu de soi.

7. **La mise sur pause de l'amour et du couple.** Qui n'a jamais écouté Lara Fabian (ou Céline Dion ou Donna Summer ou n'importe quelle chanteuse à coffre) à fond sur sa sono, le cas échéant en hurlant ou en mimant les paroles ? Vous êtes seul(e) en voiture ou au milieu du salon, et vous avez l'impression de vivre un moment intense. Subitement, le téléphone sonne, c'est votre mère, et il vous faut malheureusement baisser le son ou mettre sur pause, pour prêter toute l'attention qu'el-

les méritent aux histoires de cours du soir, de rosiers nains ou de Papa qui est encore au café à c't'heure. Votre plaisir a été brisé en plein vol, comme un projectile de ball-trap. Dans votre couple, c'est pareil. À une époque, vous viviez tout avec intensité. Votre harmonie fusionnelle était au centre de vos préoccupations. Vos nuits, vos week-ends, vos lettres, vos déclarations, vos sorties, tout était enflammé comme du Zip lancé sur des braises encore chaudes. Puis la « vraie vie » a repris ses droits. Désormais, les seules déclarations que vous faites encore sont destinées à l'administration fiscale. Boulot, famille, amis, enfants, logistique et ravitaillement : autant de domaines qui se disputent dorénavant le centre de votre vie, sans que plus jamais vous ne trouviez le moyen de les mettre à leur tour sur pause, pour pouvoir à nouveau crier "JE T'AIIIIME !"

8. **L'absence de plaisir ensemble.** Première évidence, si vous ne prenez plus votre pied au lit, ou que vous ne l'avez jamais pris, ça risque de sentir vite le sapin côté fidélité, pour l'un ou l'autre d'entre vous. Si aucun des deux n'a jamais pris son pied, vous êtes de sacrés autistes et nous vous conseillons de foncer dare-dare chez le thérapeute de votre choix. Il ne s'agit pas de vous juger, juste de vous aider à élargir considérablement votre vision de l'existence. Que celui qui n'a jamais joui nous lance la première pierre, et nous verrons ce que nous pouvons faire pour lui. Mais prendre du plaisir ensemble, c'est aussi trouver le temps de se retrouver à deux, et rien qu'à deux, sans but précis autre que de s'aimer,

de regarder les trains ou le temps passer. Paresser au lit, dans un champ, dans un musée, se perdre dans le regard de l'autre en se disant que vous n'avez rien à faire, ni personne à voir ensuite. Le temps gratuit est la vraie richesse d'aujourd'hui. Vous passez votre temps à vous organiser pour survivre à un planning de dingue, où se superposent vos sphères professionnelle et personnelle. Si vous laissez votre agenda devenir Fort Boyard, il y a fort à parier que le père Fourasse ne vous laisse jamais retourner à terre, et que vous finirez vos jours à faire des réussites avec Passe-Partout.

9. **Le quotidien.** C'est la répétition incessante d'événements identiques (les vacances à la Baule, les dîners chez les Duschmoll, les migraines et les PV). C'est aussi l'invasion des tâches ménagères, et des activités obligatoires en tout genre. Faire les courses, amener les enfants au cours de judo, être crevé le soir, cuisiner le vingtième rosbif de l'année. Un quotidien que vous subissez, sans vraiment vouloir vous en éloigner, tant il est devenu un élément structurant de votre vie de famille, de votre vie de couple, et de votre vie tout court. Pourtant, seule la déstructuration, l'événement extraordinaire ou imprévu peut vous sauver, à un certain stade, de l'impression d'être mort avant l'heure. Métro, boulot, dodo, nous avons tous eu envie un jour de dire *bye bye* au train-train quotidien. De partir faire chambre d'hôte à Marrakech ou de mener une opération humanitaire en Côte d'Ivoire. Et puis, si nous ne tenons pas à notre quotidien, le quotidien, lui, nous tient. Les gîtes et les chambres

d'hôtes, on voit ça du côté client, et l'humanitaire, il ne sort pas de la lucarne du JT. En réalité, il est injuste de se lasser du quotidien, car quelle que soit votre vie, elle en aura toujours un. Plus ou moins varié, plus ou moins ensoleillé, qu'on s'appelle Mme Michu, médiathècaire à Issy-les-Moulineaux, ou Antoine, chanteur qui fait les îles en bateau. Ce qu'il faut retenir, c'est que même les êtres qui ont le quotidien le plus glamour finissent un jour ou l'autre par le trouver rasoir. Commandant de bord dans *Trois hommes et un couffin,* André Dussolier disait « Les *duty free shop* me donnent la nausée », alors que pour vous, le *duty free* fait, peut-être, partie des à côtés un peu magiques du voyage. Le quotidien, vous pouvez le subir, en attendant d'être tenté par l'infidélité, ou d'en être victime. Vous pouvez aussi prendre les choses en main pour que ce soit votre couple qui en bénéficie. Comment ? Vous le saurez dans quelques pages.

10. **Les proches.** *A priori,* vous avez l'impression d'être entouré par une famille aimante, et des amis (omni)présents. Ça n'est pas vraiment les invasions barbares. Il ne nous appartient pas de juger vos proches, mais sans être barbares, il y a fort à parier que, subrepticement, ils vous envahissent quelque peu. Qu'avez-vous fait la semaine dernière ? Et surtout, qui avez-vous vu ? Lundi pot avec les collègues, mardi, soirée télé avec les enfants, mercredi, soirée foot avec les copains de Monsieur, jeudi, téléfilm policier de TF1 toujours en famille, vendredi, sortie avec des amis communs, samedi, fête de la poussette en forêt avec vos copains jeunes parents,

samedi soir copains, dimanche midi, beaux-parents, dimanche après-midi, sport avec des potes, dimanche soir, *deux films sinon rien* avec vos parents. Agenda de famille lamba, à peine caricatural. Pas les invasions barbares, dites-vous ? C'est sûr qu'avec ce genre de défilé, vous ne risquez pas de vous sentir seuls, et c'est bien là le problème. Non content de ressasser en boucle les mêmes histoires à douze personnes différentes toute la semaine (parce qu'il ne vous arrive pas assez de trucs pour que vous puissiez faire du sur-mesure à destination de chacun), vous êtes devenu une entité appartenant à un large groupe, et vous avez de plus en plus de mal à être une entité à vous tout seul. Il y aurait bien cette grasse matinée de dimanche, crapuleuse sur les bords, si le chien et le petit de 4 ans ne venaient mener un raid sous votre couette, à la recherche, qui de la télécommande, qui d'une vieille balle de tennis à boulotter, atterrie dans le secteur à la suite d'une regrettable bataille de polochons. Qu'il soit chien ou homme, le proche peut être votre meilleur ami, à condition que vous sachiez parfois le renvoyer dans sa niche en marquant le territoire de votre couple. Vous redécouvrirez cette jolie lapalissade : c'est pas parce qu'on n'est que deux qu'on risque de se sentir seul.

Les 10 reproches injustes que les femmes font aux hommes

1. Il ne s'occupe pas assez des enfants, sauf pour leur

apprendre des jeux idiots sur l'ordinateur ou se rouler avec eux dans la boue en jouant au ballon.

2. Il ne me montre pas assez qu'il m'aime. D'ailleurs, il refuse toujours de me tenir la main ou de m'embrasser en public.
3. Il est É-G-O-Ï-S-T-E et ne pense qu'à lui. Tandis que moi, j'ai fait don de mon corps et de mon temps à notre couple et à notre famille.
4. Il n'est intéressé que par le sexe et ne pense qu'avec son thermomètre à moustaches, son Mont-chauve, son rat sans pattes, son robinet d'amour, son service-trois-pièces…
5. Il me néglige et préfère passer une soirée bière-chips-bière à refaire le match avec ses copains plutôt que de discuter avec moi.
6. Il s'habille mal et néglige son apparence physique, même si je lui répète tout le temps que les rides cela n'a vraiment de charme que sur Sean Connery, les cheveux blancs sur Richard Gere et la calvité précoce sur Zinedine Zidane.
7. Il ne me soutient pas lorsqu'il y a débat avec des amis. J'ai toujours l'impression qu'il fait exprès de s'opposer à moi juste pour m'embêter.
8. Il semble avoir raté le cours de biologie sur les préliminaires. Celui sur l'emplacement du clitoris et celui sur le point G aussi, d'ailleurs.
9. Il ne me regarde jamais, tandis que la fille des voisins, celle qui s'habille tellement court que l'on ne sait même pas si elle porte une grosse ceinture ou une petite jupe,

il la zieute à tout va.

10. Il parle juste après l'amour quand moi je rêve de câlins. De toute façon, ça ne dure jamais longtemps puisqu'il s'endort tout de suite.

Les 10 reproches injustes que les hommes font aux femmes

1. Elle a perdu sa ligne de jeune fille. La seule chose qu'elle soit encore capable de glisser dans un 40, ce sont ses orteils et surtout plus ses hanches. D'ailleurs, elle ne ressemble pas vraiment à un top modèle et cela ne risque pas de s'arranger avec les années.
2. Elle n'hésite pas à se moquer de moi en public, en particulier devant mes amis et ma famille.
3. Elle ne prend pas assez d'initiatives sexuelles. Au lit si la température monte en sa compagnie, c'est parce qu'elle s'est glissée entre les draps avec une bouillotte, pas parce qu'elle a décidé d'essayer la position de la chauve-souris.
4. Elle est obnubilée par la maison et son fonctionnement, et accorde trop d'importance aux détails. À croire qu'une équipe de photographes de *Elle Déco* risque de débarquer à tout instant.
5. Elle ne s'habille pas assez sexy et croit encore qu'une guêpière est le terme technique qui désigne un piège à guêpes.
6. Elle est incapable de comprendre la moindre règle, que ce soit celle du foot ou du poker.

7. Elle me met la pression sur tout : « Change de file, sinon la Mercedes va te doubler ! », « Pas question que ce soit Paul-André qui devienne manager, c'est toi qui mérites ce poste ! », « Et pourquoi tu ne te présentes pas pour les élections des parents d'élèves ? », « Charles, le mari de Barbara, lui, il gagne plus de 5 000 euros par mois. Et toi, tu gagnes combien déjà ? »
8. Elle passe son temps avec ses copines au téléphone ou à faire du shopping.
9. Elle reste toute la journée à la maison à s'occuper des enfants et ne fait rien pendant que, moi, je sue sang et eau au bureau.
10. Elle n'aime pas parler de sexe ouvertement mais n'hésite pas à révéler des détails concernant notre vie intime à ses copines, quitte à ce que Marika, sa meilleure amie, me regarde bizarrement à la moindre panne.

Les questions qui fâchent

Maintenant que vous savez à peu près où en est votre couple, il est temps d'essayer d'analyser si vous êtes arrivé aux portes de l'adultère. Pour succomber ou résister.

Pourquoi laissez-vous le train-train vous passer dessus ?

Le premier matin où vous vous êtes réveillé à ses côtés, vous l'avez regardée dormir. Ému par son sourire dans le sommeil, par sa mèche de cheveux sur son front, par ses courbes à peine dissimulées par les draps. Vous vous étiez finalement glissé hors du lit pour aller dévaliser la boulangerie du coin avant de revenir, tel Marc-Antoine entrant dans Rome après la campagne d'Égypte, brandissant haut le sac de croissants. Vous l'aviez trouvée toujours enroulée dans les draps, belle comme un cœur et craquante à souhaits. Et vos croissants avaient dû attendre...

Désormais le dimanche matin, été comme hiver, c'est, dans l'ordre : réveil, douche, footing avec Julien puis re-douche, lecture complète de l'*Équipe* avant d'enchaîner sur *Téléfoot,* ce qui vous amène sur le coup de 12 h 30, juste à temps pour entasser toute la famille dans le 806 familial et partir déjeuner chez vos parents. Un matin comme vous les aimez.

Habitude, lassitude, Quaalude[8]

Cette description vous ressemble ? Pas de panique. Nous n'avons rien contre vous en particulier. Vous n'êtes pas pire que les autres. Juste une victime du syndrome « Habitude, lassitude, Quaalude » qui, une fois la proie piégée et adaptée à son nouvel environnement, pousse les mâles et les femelles à considérer la situation comme sous contrôle et, par conséquent, à passer à autre chose.

Aujourd'hui, votre couple est sur des rails, et c'est rassurant. Vous avez remarqué comme, lorsque l'on connaît bien sa maison ou son appartement, on est capable de retrouver les objets et d'allumer la lumière du premier coup, même dans le noir le plus complet. Dans un couple, c'est très rapi-

[8] Le Quaalude, médicament vendu sur le marché américain, fabriqué à partir d'une molécule sédative et hypnotique puissante. Souvent consommé par des jeunes afin de planer, le Quaalude est devenu synonyme de torpeur agréable.

dement pareil. Vous connaissez l'emplacement des interrupteurs par cœur et vous ne risquez plus de vous esbigner un petit orteil contre un meuble. Au lit, vous savez où appuyer pour obtenir l'effet maximal en échange de l'effort minimal. En cas de crise, vous savez dégainer le bouquet, le dîner en tête-à-tête un peu classe, le bijou qui fera tout oublier voire la panoplie guêpière-bottes-string pour remettre votre couple en selle. Mais au quotidien, tout ça doit rouler pour que vous puissiez enfin avoir du temps pour vous consacrer à l'essentiel : le classement de vos timbres Cérès par coloris ou la rédaction de votre livre *Le Tour du monde en 80 crumbles.*

> « La fidélité n'est pas plus naturelle à l'Homme que la cage au tigre. »
>
> **Bernard Shaw,** écrivain

Pourtant, vous êtes conscients que vous pourriez travailler un peu la séduction à domicile, lever un chouille le pied sur la télé le soir, faire l'amour plus fréquemment, refiler plus souvent les gosses aux grands-parents, histoire de privilégier votre vie de couple. Si, si. Vous savez ce qu'il faudrait faire pour que votre bonheur conjugal s'améliore, mais bon, gagné par la lassitude et encroûté dans vos habitudes, vous préférez ne rien faire, en vous disant que, le jour où il y aura un vrai problème, il sera toujours temps de redresser la barre.

Vous préférez faire l'amour ou...
22 % des personnes interrogées déclarent préférer sortir avec des amis plutôt que de faire l'amour. 10 % préfèrent faire du shopping ou du sport. Si les Australiens et les Italiens préfèrent le sexe à toute autre activité, les Indiens et les Mexicains aiment davantage travailler, les Thaïlandais dormir et les Chinois, regarder la télévision !

Source : Durex Sex Survey, 2002

Pourquoi ne pas faire tous ces efforts à la maison ?

Des problèmes justement, il peut y en avoir. Et plus vite que prévu même, car l'adultère ne tape pas trois fois à la porte comme au théâtre avant de lever le rideau. Une jupette qui frétille, un beau gosse romantique qui passe, et vous voilà embarqué dans une histoire parallèle. Tout à coup, gagné par la nouveauté de votre vie d'à côté, vous mettez le booster sur les pompes et les abdos fessiers, vous fertilisez vos cheveux à grands coups de Propecia ou vous replongez dans votre tiroir à sous-vêtements pour redevenir une adepte forcenée de la combinaison slip-soutien-gorge coordonnés et jeter enfin ces vilaines culottes blanc sale dans lesquelles vous vous prélassiez depuis des années au grand dam de votre régulier. Grâce au nouvel entrant, vous trouvez la force de faire, enfin, des efforts et vous vous apercevez de tout le boulot qu'il faudrait abattre à la maison après des années de laisser-aller pour cause de couple sur des rails. Pourtant, c'est sur ces rails que vous avez envie de le laisser votre couple. Cette bonne vieille routine est rassurante, c'est elle qui vous tient chaud les longues soirées d'hiver, c'est elle vers laquelle vous aurez envie de rentrer pour vous pelotonner.

Les intermittents de l'adultère

Aux îles Trobiand, en Papouasie – Nouvelle-Guinée, à l'issue du tournoi sportif qui marque la récolte des patates douces, maris et femmes choisissent chacun un partenaire avec lequel ils passeront une seule nuit d'amour dans la jungle.

Ne rien changer d'un iota

L'être humain est lâche et adepte du moindre effort. Peu d'entre nous choisiraient par plaisir de gravir l'Éverest à pied s'il existait un téléphérique capable de vous emmener là-haut avec chauffage intégré et vue panoramique. En dehors des collectionneurs de sommets, des chasseurs alpins et de quelques sherpas bien sûr. Quand on est pris d'une envie de passer sa vie à la peau de chamois, on évite soigneusement de gratter dans les coins et de soulever les meubles. On n'astique pas vraiment, histoire de ne pas soulever la poussière, et de conserver la patine que l'on a mis tant de temps à obtenir. Du coup, on fait des efforts certes, mais dans la nouvelle vie, la clandestine, dans laquelle il est toujours plus facile de briller à moindre frais, vu que la secrétaire du DG avec qui vous vous envoyez en l'air à la séance de 14 heures du Ciné-Cité du coin tous les vendredis, c'est pas demain la veille qu'elle vous verra traîner tous les soirs en sortant du boulot en vieux jogging. À ses yeux, votre costume Zara copie Paul Smith et vos chaussures imitation Weston vous transforment en dandy en provenance directe de Saville Row, vos remarques judicieuses sur le plan d'épargne d'entreprise vous posent en égal de Jean-Pierre Gaillard, tandis que votre goût immodéré pour les films de kung-fu version *Tigre et Dragon* lui donne le sentiment que vous évoluez dans les sommets de la branchitude. Vous êtes un être brillant, séduisant, attractif, à 100 000 années lumières du mec ramolo qui rentre épuisé tous les soirs du boulot pour se balader en caleçon et T-shirt orange, chaussettes fluo.

> « Faire l'amour passe le temps. Et le temps fait passer l'amour. »
>
> **Pierre Doris**, humoriste

Tout est une question de taille

Lorsqu'on rencontre quelqu'un, on est ébloui par tout. Ses yeux en amande, ses grandes mains viriles, sa crinière de lionne, ses lunettes de tombeur, son port de reine, sa carrure de basketteur. On ne le/la connaît pas, ou si peu. Quatre années passées à travailler dans le même *open-space* mis bout à bout, c'est tout au plus 72 heures et 48 minutes de conversations franchement banales. Du coup, comme Marco Polo, vous vous lancez à l'assaut de terres inconnues, en ayant souvent peur de vous perdre, tant la personnalité de votre nouveau compagnon de jeu vous paraît riche et fascinante. D'un côté, la maison avec votre conjoint déjà exploré et cartographié sous toutes les coutures. De l'autre votre amant(e) vierge, enfin pour vous, entièrement à explorer, déchiffrer, inventorier. Vous vous sentez l'égal de Lewis et Clarke[9] et ne rêvez plus que d'investir dans le casque colonial et la machette. Attention toutefois, la prudence s'impose. Chaque secrétaire concupiscente ne cache pas une Matahari et derrière chaque *golden boy* ne sommeille pas un James Bond. On est bien souvent forcé de reconnaître que, parti à l'assaut d'un territoire grand comme deux fois l'Australie, on se retrouve à avoir vite fait le tour d'une personnalité aussi étriquée que la salle de bains de son F2 du centre de Lausanne.

Pourquoi êtes-vous atteint du mal du XXIe siècle : être heureux tout de suite et à tout prix ?

Club Meeeeeed !

Dans les années 90, une publicité pour le Club Med proclamait : « Le bonheur, si je veux. » Dix ans plus tard, le slogan changea et ce fut « Être heu-re » qui s'afficha en 4 par 3 sur les murs de nos villes. L'accroche avait évolué mais l'idée était restée la même, être heureux tout de suite et à tout prix.

[9] Explorateurs américains ayant cartographié une partie des États-Unis entre 1804 et 1806. À ne pas confondre avec Loïs et Clark, les héros de la série télé éponyme.

Il y a vingt ans, le bonheur, nous n'y pensions pas aussi souvent qu'aujourd'hui, trop occupés que nous étions, moulés dans nos vêtements gris souris à épaulettes démesurées, à suivre les courbes du CAC 40 et à imaginer des *remakes* des scènes torrides de *9 semaines et demie.* Puis vinrent les années 90, beaucoup plus nombrilistes. Elles furent la décennie de l'épanouissement personnel, des quêtes intérieures. On est devenu kabbaliste, bouddhiste, agnostique. On s'est ouvert au monde. On a découvert ou redécouvert le yoga et on s'est entiché de la salsa, la samba, la caïpirinha, la capoeira... On s'est cherché, beaucoup, et trouvé, parfois, enfin seulement quelques-uns.

Cette décennie-ci, la première du troisième millénaire flambant neuf, a la couleur du bonheur et l'odeur du bonheur, mais pas sûr que c'en soit du vrai, de l'authentique, du massif. Il brille un peu trop pour être honnête. D'abord on le veut tout de suite, comme ça en claquant des doigts. Un peu comme le sale gosse à qui sa maman refuse une glace et qui se roule par terre de colère devant la boulangerie.

Ensuite, il faut qu'il soit parfait immédiatement, sans travail, ni effort. Du coup, à moins de connaître la combine pour devenir un habitué des cagnottes records des Super Loto, le seul moyen simple, rapide, efficace et ne nécessitant aucun travail pour être heureux, c'est de tomber raide dingue de quelqu'un. Et même si les mauvaises langues vous diront que le coup de foudre ne se trouve pas comme ça au rayon frais du Cocci Marché du coin, il est sans conteste plus facile de tomber amoureux que de ruiner la Française des Jeux. La preuve, il y a chaque année en France 800 000 mariages pour moins de 100 000 gagnants de plus de 15 000 euros. CQFD.

Du coup, l'amour, le pauvre, on lui colle tout sur le dos. On attend tout du couple. L'épanouissement personnel, les 2,6 bébés blonds, l'aventure, la découverte, le tourbillon singalais tous les soirs sous la couette... La pression est énorme et à la première déception, comme pour un DVD survendu par le loueur, on n'hésite plus à ramener son conjoint chez le marchand, sans essayer de comprendre un tant soit peu le film, pour voir si un échange marchandise ne serait pas envisageable.

> « L'amour du prochain consiste à ne pas s'attacher à son conjoint actuel, mais aimer déjà le suivant ! »
>
> **Vincent Rocca**, humoriste

Votre conjoint est-il un produit jetable ?

Si en Afrique on trouve encore des 504 flambant neuves affichant près de 500 000 kilomètres au compteur, c'est grâce à la patience et à l'inventivité des mécanos locaux. En Europe, on change quasiment de voiture à chaque fois que le cendrier est plein. Pourtant, permettez-nous d'insister sur ce point, en amour comme en mécanique, tout est toujours bricolable. Nos grands-parents, grands spécialistes du reprisage de chaussettes, du lavage de langes, du remaillage de bas et des sauvetages de ménage, l'avaient bien compris puisque, nous avons tous autour de nous des couples ayant traversé ensemble quatre ou cinq décennies. Pourtant, désormais, si tout l'hémisphère Sud a foi dans les mécaniques anciennes dont la fiabilité a été longuement éprouvée, nous, au Nord, préférons jeter et racheter. Plus besoin de l'extension de la garantie pièces et mains d'œuvre du Contrat de Confiance, c'est le triomphe du consumérisme relationnel.

Dans le domaine du jetable, ce sont les couches qui ont ouvert la voie. Les briquets, les stylos, les rasoirs, les appareils photos, les lingettes... n'en jetez plus, jusqu'à ce qu'on aboutisse plus récemment à la dernière grande nouveauté : le conjoint. En fait, en matière de bi-lame ou d'époux, ce n'est pas le fait de jeter qui nous empli de joie, mais l'acte d'achat du nouveau modèle. Nous sommes des drogués du changement, des accros du dernier cri, des mordus de la nouveauté. Une voiture n'est jamais aussi belle que lorsqu'elle sort du garage. Une histoire d'amour ne vous met jamais autant de papillons dans le cœur que lorsque vous tombez amoureux. Question adrénaline, acheter et aimer, c'est pareil. Demandez donc à une femme qui vient d'investir la totalité de son salaire dans cinq paires de mules. Trêve de plaisanterie, notre vœu le plus cher est, bien entendu, que votre amour dure plus longtemps qu'une sortie au distributeur de billets. Mais, Messieurs, force est de constater que si les femmes aimaient plus et se sentaient davantage aimées, elles dépenseraient moins.

Les enfants gâtés de l'Amour

En amour, l'acte d'achat est donc beaucoup plus amusant que

la suite. D'abord, on peut enfin profiter de toutes les nouveautés technologiques. Vous qui vous étiez casé depuis plus de cinq ans, vous ne pouviez qu'admirer les nouveaux gadgets chez les couples plus récents, comme sur la nouvelle compagne de Gildas, votre copain de fac. Airbags démesurés, piercing, tatouages, Gildas venait de mettre la main sur un modèle au tuning dernier cri, alors que tout cela vous était interdit, vous qui aviez opté pour la familiale passe-partout.

> « Les femmes qui nous aiment pour notre argent sont bien agréables : on sait au moins ce qu'il faut faire pour les garder. »
>
> **Francis Blanche**, humoriste

En changeant de conjoint, on n'est plus obligés de choisir entre différentes options comme cela avait été le cas la dernière fois, par faute de moyens ou de disponibilité. Désormais « blonde à forte poitrine » et « Q.I. de 160 » deviennent compatibles, tout comme « papa parfait » et « *golden boy* débordé ». On veut toujours plus. Et quoi de plus satisfaisant dans ce domaine que l'adultère. On a deux histoires, deux fois plus de plaisir, on vit deux fois plus intensément.

Comme les petits bavant d'avance sous l'arbre à Noël devant la montagne de paquets multicolores, ce que nous aimons le plus, c'est le papier qui brille et le joli nœud à frisette sur le dessus. En bons enfants gâtés de l'Amour, nous sommes désormais prêts à faire primer notre plaisir personnel sur la souffrance que nous infligeons à celui que nous mettons au rebut, momentanément ou pour la vie. Nous sommes prêts à lâcher la proie pour l'ombre, à jeter le connu sans même savoir si l'inconnu tiendra la route, s'il partagera notre lit pour une nuit ou pour la vie.

Peut-on survivre aux ravages du féminisme ?

À chaque fois que je regarde mon compagnon, je suis stupéfaite de constater à quel point nous sommes différents. D'abord, il est effroyablement plus poilu que moi. Cela dit, voilà un point que je ne lui envie guère, n'ayant pas envie de passer la journée complète chez l'esthéticienne chaque fois que je me lance dans un maillot brésilien. Ensuite, ses épaules, ses bras, son dos et même ses pieds sont beaucoup plus développés que les miens. Là encore, je préfère que ce soit lui qui ressemble à une nageuse est-allemande que moi car, dans le cas contraire, je serais obligée de brûler intégralement mon stock de petits hauts sexy et de faire une croix définitive sur les mules fuschia – extrêmement difficiles à trouver en 43 – ce qui serait fort dommageable à ma santé psychique. Le matin, il passe 10 minutes devant la glace à se raser et à observer si ce qu'il lui reste de cheveux n'aurait pas décidé de se faire la malle pendant la nuit. Et lorsque nous sommes séparés, pour cause de voyage professionnel ou d'obligations familiales, alors que, chaque soir, j'attends de grandes déclarations d'amour de notre coup de téléphone quotidien, lui son truc ce serait plutôt 99 % d'informations sur sa journée de boulot et seulement 1 % de sentiments !

Mais ce sont nos différences de goûts qui ne lassent pas de m'étonner. Il aime le calme, les sorties au ciné, regarder la télé ou des DVD, ainsi que les soirées tranquilles, quitte à s'endormir après le dîner alors que la maison est encore pleine de ses copains. Dans la vie, il est plus posé que moi, plus réfléchi également. Au niveau des tâches ménagères, son truc, ce serait plutôt le remplissage et le vidage de lave-vaisselle, sans oublier, bien sûr, un grand classique masculin, la descente de poubelle. Il fuit les disputes comme la peste, déteste que nous haussions le ton, et lorsqu'il ne peut plus y couper, il essaie de faire face à la situation avec un calme digne d'un chirurgien cardiovasculaire en plein quadruple pontage coronarien, le sourcil froncé et les gants stériles en moins.

Les Françaises championnes du SM

Pour 57 % des Françaises, le plus grand amour, c'est celui qui fait le plus souffrir.

Source : sondage IPSOS/*Vital*, 1998

Moi, je suis beaucoup plus théâtrale, avec cris, larmes et départs en trombe à la moindre broutille. Je n'aime rien plus que sortir dans des endroits où il y a plein de bruit et de fumée, où l'on peut danser jusqu'au bout de la nuit, où la musique est assourdissante au point qu'il soit rigoureusement impossible de s'endormir, même si vous venez de vous faire piétiner par une équipe de rugby. J'aime aussi m'occuper de la maison, quitte à passer deux heures en rentrant du bureau à me prendre pour Conchita, le tablier et le plumeau dans la main en prime.

J'ai le sentiment que nous formons un couple normal, classique, comme il en existe des milliers d'autres dans les pays occidentaux. Nous partageons les joies et les peines, les plaisirs et les problèmes, les tâches ménagères et les factures. Il assume sa part de féminité, et je sais très bien être une femme forte. En fait, je suis extrêmement contente que nous soyons différents. Je ne voudrais pour rien au monde qu'il me ressemble, qu'il soit plus féminin, comme je pense qu'il ne voudrait pas que je sois plus masculine.

Ça, c'était le côté un peu idyllique de ce chapitre. Des propos convenus, qui ne choquent plus personne sur la nouvelle égalité de l'homme et de la femme dans le couple. De quoi caresser les lecteurs dans le sens du poil et faire plaisir à nos lectrices. Mais maintenant, ça va faire saigner. Nous allons appuyer là où ça fait « mâle ». Âmes sensibles et chiennes de garde, passez donc votre chemin.

Mesdames, depuis trente ans, et chaque jour un peu plus, nous émasculons les hommes. Nous attaquons leur virilité à la hache, nous les privons, petit à petit, de toutes leurs prérogatives. Enfin, surtout celui avec lequel nous vivons. Je vous imagine déjà, du fond de votre lit, notre livre à la main, pousser des hauts cris. Ne vous emportez pas et essayez donc de les garder pour la fin du chapitre.

Cela fait cinquante ans que nous nous battons, Mesdames, pour être reconnues comme les égales des hommes, et ce, dans de multiples domaines. Depuis le droit de vote jusqu'au nombre de biberons administrés au petit dernier, en passant par l'équité salariale, nous rêvons d'égalité dans tous les domaines, et nous y sommes presque arrivées. Désormais imbattables sur la technique pour endormir Junior, pros du programme « Délicat » du lave-linge pour vos pulls en mohair, incollables sur le remplissage du caddie à l'hyper du coin en moins de 45 minutes même sur le coup de 16 heures un samedi après-midi, tout en restant les maîtres incontestables et incontestés du changement d'ampoule de l'halogène, du réglage de l'antenne de télé, sans oublier de la révision annuelle de votre voiture. De plus, ils continuent à participer de bonne grâce aux recettes de l'entreprise familiale en y versant près de 99 % de leur salaire. En bref, ils sont devenus presque parfaits, comme nous, les problèmes d'épilation en moins.

> « Je ne choisis pas des amants, mais des femmes avec un pénis. »
>
> **Sharon Stone**, comédienne

Toujours plus

À y regarder plus attentivement, il semble en fait que ce derrière quoi nous courrons depuis des années, ce n'est pas l'égalité homme/femme mais la transformation des hommes en femmes. Nous les voulons plus attentifs, plus caressants, plus aimants, qu'ils acceptent leur côté féminin, qu'ils prennent soin de leur apparence, qu'ils mettent de la crème hydratante, couvent les enfants, qu'ils passent des heures au téléphone avec leurs copains comme nous, qu'ils comprennent enfin les subtilités du shopping et apprennent les dates des soldes par cœur... À croire que depuis quelques années, au quotidien, nous ne voulons plus vivre avec un compagnon mais plus avec une bonne copine. Effrayant, non ?

Les Françaises parlent aux Français
71 % des femmes reprochent aux hommes d'être brillants en société, mais de faire la gueule à la maison. 21 %, de manquer de romantisme et 41 %, d'être moins attentionnés qu'au début.

Source : sondage *BVA/Quo*, 2000

Et encore, si nos demandes étaient formulées aussi clairement, il y aurait peut-être moyen de trouver un terrain d'entente entre nos *desiderata* et ce qu'ils acceptent d'abandonner au nom de l'égalité. Mais nous sommes plus compliquées que cela. Nous voulons à la fois qu'ils se féminisent au point de verser une petite larme à chaque visite de bébé chez le pédiatre, mais également qu'ils soient ces rocs de force virile et brute vers lesquels nous rêvons de nous tourner dès que les méchants de toute sorte nous attaquent. Nous voulons qu'ils nous tiennent la porte et s'occupent du dîner parce que nous sommes bloquées avec un dernier rapport à taper, et qu'ils nous accueillent sur le coup de

23 heures, le sourire aux lèvres, même si on avait promis d'être là à 19 heures tapantes. Qu'ils soient pleins d'attentions à notre égard, alors que nous passons notre temps à leur faire mille et une remontrances à propos de cette couette mal bordée ou de cette machine au résultat étrange qu'ils ont faite tourner en mélangeant notre chemisier blanc et leur T-shirt de tennis rose fluo.

Du coup, à force de ne plus s'y retrouver dans nos désirs contradictoires, les voilà bloqués, perdus, ne sachant plus où ils en sont. Pourtant, un homme, en terme de fonctionnement, c'est assez simple. Beaucoup plus facile à manipuler qu'une centrale vapeur ou que de trouver la sixième vitesse sur une Smart[10].

De leurs années d'école primaire – où ils étaient déjà meilleurs en maths que nous –, ils ont gardé le goût de l'énoncé. Donc, pour faire écouter ou agir un homme, il faut ÉNONCER clairement l'exercice. Mais attention, le cerveau de l'homme, contrairement à celui de sa compagne, est mono tâche. Il ne peut faire ou comprendre qu'une seule chose à la fois. Cette remarque peut paraître méchante, fondamentalo-féministe ou extrêmiste, pourtant elle n'est que le reflet d'une réalité qu'il est nécessaire de garder constamment à l'esprit afin d'apprendre à parler à un homme.

Évitez donc les formules verbeuses ou abstraites et tenez-vous-en à la demande basique comme dans les exemples suivants :

- « Tiens-moi la porte. »
- « Offre-moi des fleurs. »

---

[10] Et oui, il y a vraiment une sixième vitesse sur les Smart !

- « Sors le linge de la machine. »
- « Mets ton pantalon blanc avec ta chemise à rayures bleues. »

Voilà des phrases que les hommes comprennent. Et il y a fort à parier qu'elles seront davantage suivies d'effet que les phrases suivantes qui reprennent les mêmes idées mais sans énoncé précis.

- « Je voudrais que tu sois plus galant. »
- « Je désirerais que tu penses plus souvent à moi. »
- « Je souhaiterais que tu t'impliques plus dans les tâches ménagères. »
- « Arrête de t'habiller comme un l'as de pique. »

Vous voyez ce que je veux dire ? Pas de demande précise, mais un concept vague avec lequel les hommes doivent se débrouiller. Face à de telles situations, ils sont perdus, ne savent pas comment réagir, se sentent menacés car incapables de répondre exactement à notre attente. Ne la comprenant pas vraiment, ils deviennent muets et se ferment comme des huîtres.

Là où nous sommes encore plus perverses, c'est que, non seulement nous ne demandons jamais précisément ce que nous désirons qu'ils : a) fassent, b) soient, c) deviennent… mais qu'en plus, nous avons une capacité incroyable à nous transformer en harpies, toujours avides de leur tomber sur le poil à la moindre broutille.

Je suis un homme, je suis un homme, quoi de plus naturel en somme…

À cet instant, si vous êtes un homme, vous savez parfaitement ce que je veux dire, si vous êtes une femme et que vous ne voyez pas de quoi nous sommes en train de parler, c'est que vous êtes de mauvaise foi. Mesdames, reconnaissez-le, en votre âme et conscience, nous traitons nos hommes extrêmement mal. Nous les infantilisons, les rabaissons, les brimons, les castrons, les empêchons de s'exprimer. « Mais non, tu ne dois pas faire ça comme ça », « Tu n'y connais rien », « Laisse-moi faire, au moins on ira beaucoup plus vite »… Ça vous rappelle quelque chose ? Vaguement ?

Étonnez-vous donc Mesdames que, fatigués de se faire remonter les bretelles en permanence par leur matonne personnelle en bigoudis, ils n'osent plus rien et, du coup, nous agacent encore plus. Et oui, notre mauvaise foi n'ayant aucune limite, nous sommes capables de les engueuler parce qu'ils font tout mal, mais également parce qu'ils ne font rien et que, du coup, c'est mal aussi ! Mesdames, soyez honnêtes quelques instants et mettez-vous à leur place. Si à chaque fois que vous sortiez la vaisselle de la machine vous aviez droit à une remarque désobligeante, si à chaque retour à la maison tardif pour cause de surcharge de travail on vous faisait la tête, si à chaque départ en vacances on critiquait votre conduite, combien de temps resteriez-vous ? Combien de temps supporteriez-vous cette guerilla permanente, ces sempiternelles salves de piques désobligeantes ? Étonnez-vous donc que ces hommes, un peu déboussolés par nos désirs contradictoires, dénigrés en permanence, humiliés par nos remontrances quotidiennes, aient besoin d'être rassurés. Et comment mieux se rassurer qu'en allant plaire ailleurs ?

> « Les maris des femmes qui nous plaisent sont toujours des imbéciles. »
>
> **Georges Feydeau**, dramaturge

Le degré zéro de la séduction

Plaire. C'est étonnant comme ce mot est rapidement rayé du vocabulaire conjugal, une fois développées les photos du mariage, du PACS, ou de la pendaison de crémaillère. Conquise par un beau mâle rugissant, toutes dents et crinière dehors, notre seule envie, une fois le gibier bien au chaud dans la tanière, c'est de lui limer les dents et les griffes pour le transformer en chaton inoffensif. Et pour cela, quoi de plus confortable qu'un jogging ? Vous savez, le truc informe dans lequel vous aimez traîner, ce bon vieux pantalon rose offert par votre père quand vous aviez 18 ans ? L'élastique a bien craqué il y a une dizaine d'années mais, au moins, comme ça, vous êtes à l'aise.

Aussi à l'aise que dans votre vie quotidienne avec votre amoureux que vous travaillez à customiser en bonne copine. Celle avec laquelle on traîne emmitouflé dans du molleton tout le week-end, celle avec laquelle on englouti des pots entiers de glace américaine devant un DVD, celle à laquelle on peut parler de tout, même des trucs très personnels, comme de vos problèmes d'épilation du maillot, voire de votre complexe dû à vos vergetures. Avec elle, pas besoin de se maquiller, de s'habiller, de se faire belle, elle vous connaît par cœur.

Sauf que ce n'est pas avec Sandra ou Aurélia que, depuis des années, vous traînez à la maison en survêtement rose. C'est avec votre homme. Celui que vous avez séduit avec vos cuisses de nymphe et vos dessous affriolants, celui à qui votre élégance avait tapé dans l'œil, celui qui vous trouvait si distinguée qu'il a tenu à vous épouser en grandes pompes afin que la cérémonie soit digne de vous.

Et son quotidien à lui, c'est avec un baleineau habillé en Gap et échoué sur le canapé du salon qu'il le passe plutôt qu'avec Cindy Crawford, ses dessous fantastiques et ses jambes de 2,10 m ! Vous pensez vraiment qu'il avait ça en tête lorsqu'il a signé ?

> « Ne vous fiez pas aux couples qui se tiennent par la main. S'ils ne se lâchent pas, c'est parce qu'ils ont peur de s'entretuer. »
>
> **Groucho Marx,** comédien

Mais attention, il y a encore pire. Et oui, parce que Messieurs, nous n'avons décidément aucune limite et nous ne vous épargnons pas grand-chose. Ça commence avec la date de nos règles. Pas très ragoûtant, mais bon, c'est la nature. Ensuite viennent les petits désagréments dus à l'activité sexuelle, des petites maladies passagères aux problèmes structurels de suintements pré ou post-coïtaux. Puis viennent les détails sur la contraception ou sur son absence. Et un jour la grossesse et ses envies, ses vomissements, ses gonflements, ses échographies faites en présence du futur papa alors que l'échographe semble prendre un malin plaisir à enfiler des sondes impressionnantes dans les partie intimes de la future maman. Apothéose de cette série 0 % glamour, 100 % remède contre l'amour, l'accouchement ou comment le plaisir de donner la vie peut bien souvent emmener votre couple au degré zéro de la séduction. La séduction et le désir sont des notions qui doivent être et demeurer à tout instant au cœur du couple.

Féminisme + copinage + absence de séduction = zone rouge

Ça y est, vous avez compris où je voulais en venir ? En votre âme et conscience, vous n'êtes pas, au moins, un peu d'accord ? Vous n'avez plus envie de hurler ?

Donc, je récapitule : Homme émasculé à la maison + besoin de se rassurer + baisse de désir physique dû à trop de promiscuité = proie facile pour jeune femme sexy aimante et câline. Je sais c'est injuste, mais, depuis la nuit des temps, c'est comme ça. Mesdames, si vous transformez votre homme en gentil toutou d'intérieur sans faire aucun effort pour faire vivre le désir, celui que vous avez aimé pour sa crinière de fauve et ses canines acérées se jettera sur la première gazelle venue, surtout si, contrairement à vous, au quotidien, elle le flatte, le bichonne, le rassure et se pomponne pour lui.

Vous pensiez avoir presque tout gagné sur le plan de l'égalité, mais finalement, non. La vie de couple reste un domaine où les choses n'ont pas évolué depuis la dernière période glaciaire. Comme nos grands-mères, nos arrièregrands-mères, avant elles, et tout ce qui ne possède pas de petit robinet entre les jambes depuis la nuit des temps, si nous ne nous surveillons pas pour les séduire à chaque instant, nous risquons toutes de perdre nos hommes. Mais que le monde est donc cruel !

Test : « Faites-vous tout ce qu'il faut pour sauvegarder votre couple ? »

L'usure du quotidien, l'absence de nouveauté, le stress, le poids des contraintes, le manque de temps… Pas facile de préserver son couple face à tout ce qui le menace. Si toutes les relations du monde sont en sursis, faites-vous tout ce qu'il faut ? Le petit test suivant vous permettra de le découvrir.

1. Combien de temps par jour consacrez-vous à votre couple ?

- **a.** À peu près 2 heures, si on compte le matin avant de partir travailler et le soir après le dîner des enfants et la télé.
- **b.** Je n'ai pas vraiment de case « couple » dans mon emploi du temps. Être à la maison, c'est consacrer du temps à l'autre.
- **c.** Pas assez à mon goût. D'ailleurs le matin et le soir ne me suffissent pas et nous nous arrangeons souvent pour déjeuner ensemble.

2. Vous aimez faire l'amour avec votre partenaire :

- **a.** Plus vraiment. C'est plus par habitude que par véritable envie.

b. Oh oui parce qu'ensemble, c'est formidable à chaque fois.
c. C'est toujours pareil mais au moins on n'est jamais surpris du résultat.

3. À vos yeux, il/elle reste :
a. Votre meilleur ami.
b. Votre jumeau.
c. Votre partenaire.
d. Votre plus belle rencontre.

4. Vous êtes le dernier à rentrer à la maison après une journée harassante :
a. Vous savez que tout le monde vous attend. Vous aggravez votre cas en passant chercher un gâteau dans une pâtisserie, histoire de vous faire pardonner et de passer un bon moment en famille.
b. Vous jetez un coup d'œil rapide à votre look dans le miroir de l'ascenseur et décidez de faire un petit ravalement de façade, histoire d'effacer les traces de cette journée horrible. Marche aussi avec un petit ré-ajustage de cravate rapide et une main passée dans les cheveux, histoire d'être plus beau.
c. Votre credo, arriver le plus vite possible, embrasser tout le monde et oublier cette journée au plus vite.

5. Que faites-vous encore par amour ?
a. Je soigne mon apparence le week-end, pour lui plaire. Et je me rase/m'épile/me maquille !

b. De la raie au beurre noir et d'autres plats que vous n'aimez pas mais qu'il ou elle apprécie.
c. Je me suis mis au même sport que mon conjoint afin que nous puissions partager cela en plus de tout le reste.

6. Avec votre moitié, vous vivez :
a. Une relation de rivalité.
b. Une relation de dominant/dominé.
c. Entre nous, c'est la balance des pouvoirs.

7. Une semaine de séparation pour cause de déplacement professionnel.
a. Vous appelez tous les deux jours, histoire de savoir si tout le monde va bien et pour donner quelques nouvelles rapides.
b. Ouf, une semaine de liberté sans personne à qui rendre des comptes, même par téléphone. Une carte postale envoyée depuis l'aéroport suffira.
c. Vous téléphonez tous les jours, même avec huit heures de décalage horaire et un prix à la minute exorbitant, afin de parler longuement de tout, de rien, de vous...

8. Votre conjoint, c'est :
a. Votre idole et votre premier fan.
b. Votre associé dans l'entreprise familiale, vous êtes aussi indissociables que H & M ou Rivoire et Carret.
c. Votre partenaire pour la vie.
d. Celui/Celle que vous deviez épouser.

9. En société, vous et lui c'est :

a. La voix de son maître, vous ne vous exprimez qu'en reprenant ses paroles : « Ma femme n'aime pas ceci... », « Mon ami pense que... ».

b. Vous n'êtes jamais d'accord et prenez très souvent parti contre lui.

c. Tout dépend du sujet de conversation. Et si vous vous opposez, votre seul but sera de le/la convaincre.

10. Estimez-vous qu'il ou elle vous manque ?

a. Très fréquemment. Il faut dire qu'entre vos activités professionnelles et vos passions diverses et variées, vous vous croisez davantage que vous ne vous voyez et ne passez plus assez de temps ensemble.

b. Jamais puisque vous vous êtes arrangés afin d'avoir suffisamment d'activités communes pour passer le plus de temps possible ensemble.

c. Quelquefois. Surtout lorsque vous êtes éloignés pour raisons familiales ou professionnelles.

11. Le mythe fondateur de votre couple, c'est :

a. La naissance de vos enfants. La chose la plus forte que vous ayez vécu ensemble.

b. Votre mariage. Une journée parfaite que vous avez passé une année à préparer ensemble.

c. Votre premier baiser, échangé en plein ciel au cours d'un vol transatlantique. Une sensation que vous n'oublierez jamais.

12. Vous adorez vos enfants, pourtant, ils vous prennent un temps fou. Quels sont vos secrets pour faire face ?

a. Votre truc, ce sont les grandes sorties familiales. Tout le monde profite de tout le monde, les parents des enfants et les enfants des parents.

b. Tout le monde au lit à 20 heures, histoire d'avoir de vraies soirées à vous. Hors de question qu'ils vous envahissent complètement. De toute façon, il leur faut beaucoup de sommeil.

c. Entre les horaires de bureau élastiques et les contraintes du quotidien, vous essayez de passer le plus de temps possible avec eux. Déjà qu'ils voient leur nounou plus que vous...

d. Après vous être laissé déborder pendant quelque temps, vous avez mis en place le dîner du mardi soir, un soir par semaine, pour vous retrouver enfin à deux.

13. Si jamais votre compagnon devait vous tromper, ce serait avec :

a. Quelqu'un qu'il ou elle admirerait, un homme ou une femme de pouvoir qui lui apprendrait plein de choses.

b. Vous ne vous êtes jamais posé la question, de toute façon vous refusez de penser à cela.

c. Une personne plus sexy et plus portée sur la chose, quelqu'un qui lui ferait des trucs excitants en plein air ou sur la banquette arrière.

d. Une femme ou un homme qui le ou la ferait rêver, comme un grand reporter ou une hôtesse de l'air.

14. Votre histoire d'amour, c'est :

a. Un élément indispensable à votre équilibre.

b. Quelque chose qui vous a apporté autant de bonheur que de souffrance.

c. Une affaire qui roule.

d. Ce qu'il y a de plus important dans votre vie.

15. À propos de votre couple, vous diriez :

a. C'est votre sujet de conversation favori, d'ailleurs vous saoulez un peu votre conjoint avec ça à force de vouloir toujours tout débriefer et expliquer.

b. En parler de temps en temps pour régler quelques petits différends oui, mais pas plus.

c. Je déteste ce nombrilisme qui voudrait qu'il faille en parler tout le temps. Pour moi, une fois que les choses roulent, pas la peine de refaire le match toutes les semaines.

d. Pas la peine d'en parler puisqu'on se comprend à demi mot !

Réponses	1	2	3	4	5	6	7	8	9	10	11	12	13	14	15	Total
A	X	X	X	O	O	XX	O	ΔΔ	O	A	O	O	ΔΔ	OO	Δ	
B	O	Δ	OO	Δ	X	O	X	X	X	X	X	Δ	O	X	O	
C	Δ	O	O	X	Δ	Δ	ΔΔ	Δ	Δ	O	Δ	X	X	O	X	
D			Δ					O	O			OO	Δ	Δ	XX	

Pour découvrir si vous faites tout ce qu'il faut pour sauvegarder votre couple, comptabilisez les triangles, les ronds et les croix que vous avez obtenus et référez-vous aux catégories ci-dessous.

Une majorité de Δ. Tendance « Fusion-acquisition »

Clairvoyant, pour vous la vie de couple est semée d'embûches et vous vous êtes donné pour mission d'éviter au maximum les pièges du quotidien. Depuis le temps, les week-ends surprises avec invitation envoyée par fax à son bureau n'ont plus de secrets pour vous. Vous avez toujours un paquet de Post-it sur la table de nuit pour lui laisser des mots doux sur l'oreiller. Vous connaissez par cœur les numéros de téléphone des fleuristes ouverts tard en cas de besoin urgent et il n'y a pas si longtemps, vous êtes allé chercher votre moitié à la gare nu sous votre imperméable et vous lui avez fait l'amour dans le parking avant de rentrer à la maison. Comme aux premiers jours de votre idylle, vous voulez rester l'ami, le confident, le conjoint et l'amant. Vous essayez en permanence de le surprendre, de l'étonner afin que votre couple ne ronronne pas trop.

Votre vie ensemble ressemble à une fusion acquisition, tant vous semblez collés l'un à l'autre, inséparables, un vrai couple de perruches. Chez vous, pas besoin d'entretenir la flamme, à croire que, compte tenu de l'énergie que vous avez à revendre, c'est vous qui êtes chargé de vous occuper de celle du soldat inconnu. Si dans l'absolu votre attitude est la bonne pour sauvegarder votre couple, attention de ne pas en faire trop.

Avez-vous déjà réfléchi à ce qui se cache derrière cette boulimie d'attentions ? Avez-vous peur de ne pas être assez aimé, d'être abandonné ? Prenez du recul et gare à ne pas lasser votre conjoint simplement par peur qu'il ne disparaisse. En amour aussi, le mieux est l'ennemi du bien.

Une majorité de O : Tendance « Ma petite entreprise ne connaît pas la crise »

Au début, vous ne voyiez que lui, qu'elle. Vous ne viviez que pour votre amour, assoiffé de ses regards, de ses caresses, de sa peau. À un moment pourtant, il a bien fallu vous décramponner l'un de l'autre, parce qu'à force de vivre d'amour et d'eau fraîche, vous frisiez l'inanition. Vous vous êtes installés ensemble, en réussissant encore à alterner visites chez Ikea et franches rigolades sous la couette. Puis le quotidien est arrivé, ses côtés sympas comme se réveiller ensemble tous les jours, les douches à deux, les dimanches matin au lit ; et ses trucs moins drôles, comme l'invasion des amis, des parents ou les soirées en tête-à-tête avec votre Bolino pour cause de réunion tardive. Comme tout le monde, vous avez fini par être rattrapé par la vraie vie, celle dans laquelle il faut travailler, ranger les assiettes dans la machine, payer des impôts et aller déjeuner avec Mémé un dimanche par mois. Peu à peu, votre belle histoire rouge passion a perdu ses couleurs pour virer rose layette et le temps que vous pouviez passer ensemble avec votre amoureux s'est trouvé encore rétréci.

D'ailleurs, maintenant que l'on en parle, vous aimeriez bien avoir davantage de temps pour vous. Parce que entre les enfants, la maison et votre conjoint, vous voudriez bien pouvoir respirer loin de tout ce petit monde. Si le côté un peu plan-plan de votre histoire vous rassure, prenez donc garde à ne pas devenir accro aux charentaises en pilou-pilou. Votre moitié et vous-même risqueriez fort d'avoir envie d'aller butiner ailleurs, tant la félicité conjugale la plus étale peut rapidement se révéler insipide et morne lorsqu'on commence à s'ennuyer à deux.

Une majorité de X. Tendance « Association loi 1901 »

Pour vous, le couple doit être une affaire qui roule. Vous avez beaucoup travaillé au début pour que ça marche, vous voilà désormais installés, plus question de regarder tout le temps en arrière. Pas envie de rabâcher en permanence vos petites différences ou les problèmes de couple, chacun est comme il est, c'est comme ça. Il y a plein de sujets de conversation plus intéressants que votre histoire et, de toute façon, lorsque le sujet est mis sur le tapis, c'est toujours vous l'accusé ! Votre vie à deux ressemble à une association loi 1901, les membres ont chacun un rôle bien défini, on n'espère pas de profit et tout le monde serre les fesses en espérant que cela durera le plus longtemps possible. Avec le temps, vous avez, chacun, acquis des automatismes l'un par rapport à l'autre, autant de repères nécessaires à votre équilibre. La vie de famille et les enfants occupent la majorité de votre temps éveillé, en dehors, bien sûr, de votre travail. Du coup, tout ça vous tape un peu sur le système. Vous voilà sur une pente glissante, celle de l'agacement conjugal, des désirs refoulés pour raisons familiales, du manque de plaisir à deux, des petites piques acerbes que l'on se balance entre conjoints. Vous avez parfois l'impression d'être enchaîné à l'autre comme la chèvre de Monsieur Seguin à son piquet. Et comme elle, souvent vous avez envie de sauter la barrière pour voir si ailleurs l'herbe n'est pas plus verte et les caresses plus douces. Souvenez-vous que dans la fable, ça finit mal...

CHAPITRE 3

Quand l'infidélité pointe le bout de son nez

> « Le seul moyen de se délivrer d'une tentation, c'est d'y céder. »
>
> **Oscar Wilde,** écrivain

Finalement, faut-il vraiment une raison pour débuter ?

Paul a mûri son forfait pendant des années. D'abord un fantasme, c'est, petit à petit, devenu un rêve réalisable. Il a passé des heures à imaginer où rencontrer une maîtresse, comment la fréquenter en toute discrétion, comment aller au bout de son envie, sans mettre en danger la stabilité de son cocon familial. Un jour, amoureux de sa femme mais néanmoins lassé de leurs ébats dont chacun ressemblait à une photocopie du précédent, avec de moins en moins de toner à chaque passage, il prit la décision de la tromper. Il identifia des cibles accessibles de façon réaliste dans son environnement professionnel, il fit un peu plus attention à son look, et jeta notamment toutes ses chemises au col usé qui avaient été à la mode il y a trop longtemps. Il surmonta sa timidité, invitant ses différentes cibles à prendre qui un café, qui une entrecôte-frites, afin, d'une part, de faire état de ses états d'âme, synonymes de « bien que je sois marié à une femme formidable, avec moi, il y a moyen de moyenner si ça te dit », et d'autre part d'évaluer le taux d'implication des demoiselles en cas de passage à l'acte. Son objectif : une forte implication physique, mais une absence totale d'attachement psychologique. Une relation Téfal, sans risque, qui n'attache pas, quoi qu'il arrive. Paul cherchait en quelque sorte une femme qui pensait comme un homme.

L'as du carreau

Anita, elle, son rêve, c'était George Clooney. Et comme George Clooney était momentanément indisponible, elle s'était rabattue sur David. Pas aussi beau, pas aussi romantique, mais doté de plusieurs dizaines de dents blanches à 70 % (donc 20 % de jaune, et 10 % de plombages, mais n'en sommes-nous tous pas là ?), d'un regard qui pouvait être de braise, surtout s'il était assis en face d'une cheminée en activité, et d'une température intérieure d'environ 37,2°

permettant avantageusement de remplacer une bouillotte sous la couette, les soirs de pluie et de cafard. David était un type généreux : un cadeau à l'anniversaire, un cadeau à Noël, des fleurs à la Saint-Valentin, une bise pour sa fête, et une gaufre de temps en temps sur la promenade qui longe la plage. Un type ouvert, dès lors que la conversation portait sur les lecteurs DVD, la mémoire vive de son ordinateur ou les filles qui font l'amour avec des filles. Un peu plus réservé dans le registre projets d'avenir, sensibilité, évocation de ses sentiments, mais doté somme toute d'une hygiène correcte et d'un débit régulier de semence permettant d'envisager une continuation heureuse de la relation. Anita aurait bien aimé un homme plus ambitieux, plus sensible, plus beau, plus Georges Clooney quoi, mais elle coulait des jours heureux avec David, conseiller de clientèle à la BNP, un truc concret et solide. D'autant qu'avec sa passion pour le changement, Anita, intérimaire hautement intermittente, ne pouvait pas trop la ramener question stabilité. Jusqu'au jour où, à son agence Adecco, elle fut abordé par Dragan, un George Clooney de carnaval, carreleur de son état. Consciente de la fracture sociale qui séparait l'acteur de l'installateur de salles de bains, ce ne fut qu'au bout d'un nombre incalculable de collages de fesses sur des petites dalles à peine posées qu'elle réalisa qu'elle s'était laissée embarquer, bon gré, mal gré, dans une aventure véritable aussi palpitante qu'extra-conjugale. Anita s'était laissée faire, tout simplement.

Le plaisir se fait rare (de nos jours)

Le basculement dans l'adultère n'est donc pas forcément

conscient et calculé. Certains ont besoin de franchir le pas pour se sentir vivants ; pour d'autres, il s'agit d'un abandon, sous les assauts répétés de solliciteurs pleins de charme. D'autres encore reproduisent consciemment ou non le schéma de leurs parents, chez qui ils ont deviné, ou subi une façon très libre de respecter le vœu de fidélité.

On aura vu dans le premier chapitre que les raisons liées au fonctionnement de votre couple et aux relations avec votre conjoint ne manquent pas. Bien souvent, rien ne sert d'accuser l'autre, car le passage à l'acte est avant tout un face-à-face avec soi-même. Volonté de changement, de défi, peur de vieillir ou de mourir... Certains tentent d'échapper à leur conjoint en le trompant, d'autres se payent cela comme un extra. Tout va bien dans leur couple, mais s'en offrir un deuxième, cette petite folie totalement somptuaire, leur fait penser qu'ils sont comblés, et que plus rien dans ce monde ne peut désormais leur résister.

> « Prendre une maîtresse quand on est marié, c'est avoir une résidence secondaire. »
>
> **André Birabeau**, écrivain

Attrait de l'abondance, peur de manquer, goût du risque, lassitude par rapport à la routine domestique, voire impression d'être follement moderne en étant structurellement monogame mais conjoncturellement multipartenaire : les raisons pour justifier l'infidélité abondent, mais il ne faut pas oublier que bien souvent, quel que soit votre niveau d'attente, de fantasme et de préparation en amont, vous vous retrouvez embringué dans une histoire dans laquelle vous glissez sans vraiment contrôler les choses.

Changement d'herbage réjouit les veaux

Ce qui est incontournable c'est la phase de démarrage, lors de laquelle le sujet tenté va se sentir extraordinairement bien. Bouleversé par les émotions, la sensualité et l'énergie. On perd un peu la boule, avec l'impression de vivre à l'intérieur d'un tambour de machine à laver. Il est extrêmement rare de ne pas se laisser submerger par la puissance de l'action. Ensuite, dans un délai plus ou moins bref viendront les remords, la lucidité, les « finalement, ce n'est pas si dingue que ça ». Pourtant, dans notre société du risque zéro, où tout est contrôlé, calibré, politiquement correct, pouvoir transgresser une règle d'or tout en se faisant du bien est extrêmement séduisant. Il ne s'agit ni de poser une bombe dans le métro, ni même de frauder la redevance télé, juste de donner des baisers et des caresses. C'est à la portée de tout le monde, et comme transgression, on a vu pire.

L'adultère comme remède à la crise du couple

On peut, dès lors, se demander si finalement cet exercice si agréable, cet excès si révélateur, ne serait pas à recommander à tous les couples en crise. Une grande descente des rapides pour vous convaincre que, même si vous vous plaignez tous les jours que ça ne pulse pas assez dans votre rocking-chair, la vie à 10 000 à l'heure, vous ne pourriez pas supporter ça très longtemps.

Néamoins, se remettre « sur le marché », l'espace de quelques semaines ou de quelques mois, ça a le mérite de booster votre look, votre sexualité, l'attention que vous prêtez non seulement à vous mais aussi aux autres. Pour un peu, vous tombez sur un bon coup, vous expérimentez des choses nouvelles qui vous ouvriront, peut-être, des horizons nouveaux à la maison. Préalablement blasé, vous redevenez comme un ado qui découvre avec autant de curiosité le sexe opposé que la navette spatiale ou les accords de guitare pour jouer l'intro des tubes de Nirvana.

> « Les femmes sont comme les girouettes : quand elles se fixent, elles se rouillent. »
>
> **Beaumarchais,** dramaturge

Bien entendu, si votre couple ronronne sur le plan affectif et sexuel, il y a plein d'autres méthodes pour le remettre sur les rails (*cf.* chapitre 4). Mais notre idée est que l'adultère, un comportement assez radical, permet bien souvent d'obtenir le bol d'air et la prise de distance qui vous manquaient. Il s'agit en quelque sorte d'une remise des compteurs à zéro, qui peut bien entendu très mal se terminer, en cas de coup de foudre ou de révélation mal acceptée par votre conjoint, mais aussi vous donner l'énergie positive de continuer votre chemin à deux comme prévu jusqu'à ce que mort s'ensuive.

Demosthène prétendait que s'entraîner à parler avec des cailloux dans la bouche était bon pour son élocution. Certains diront que pour atteindre dans leur couple la même longévité que lui dans le domaine de l'éloquence, il leur faut tromper leur conjoint. Une idée un peu biscornue, à méditer.

Échangisme, sexe à plusieurs : est-ce de l'adultère ?

Les ayatollahs du couple et de la longévité, voulant éviter le pire, avanceront que, quand on a tout essayé à la maison, la partie fine représente un moyen acceptable de remettre un peu de sel sur votre plat qui fleure bon le réchauffé au micro-ondes 900 watts.

Chacun déterminera sa conduite en fonction de ses valeurs et de ses envies. Notons juste que le « mélangisme », qui consiste à faire l'amour à côté d'autres couples, peut vous mettre la tête à l'envers, sans toutefois attenter sérieusement à votre santé mentale. Souvenez-vous, dans un appart' Pierre et Vacances ou au camping, il vous est déjà bien arrivé de faire des câlins accolés à vos voisins… Avec pudeur et discrétion, vous vous étiez aimés en silence, alors qu'Hélène et Jean-Yves à côté de vous n'avaient pas pu s'empêcher de faire des bruits bizarres et de susurrer des petits « Oh oui ».

Le seul inconvénient notable du « mélangisme », c'est que vous avez le choix entre aller faire ça dans un établissement spécialisé, en général ultra-glauque, ou à la maison avec des amis, voire des voisins. Et là, alerte rouge, c'est le meilleur moyen de ne plus pouvoir se regarder dans les yeux, ou de faire exploser votre groupe. On ne mélange pas les torchons et les serviettes.

> « L'échangisme ne me choque pas. Après tout, quitte à être cocu, autant l'organiser soi-même. »
>
> **Frédéric Beigbeder,** écrivain

Quand à l'échangisme pur et dur qui s'adresse à un public courageux et jusqu'au-boutiste, disons juste qu'en plus des remarques précédemment énoncées sur le côté glauque et le risque de perdre ses amis, il faut vraiment avoir une mentalité de prêteur hypertrophiée pour accepter de regarder Camilla se faire trombonner par monsieur X que vous ne connaissiez pas il y a 20 minutes, et Jean-Pierre lécher avec l'énergie d'un berger allemand sur sa gamelle, une pauvre dame échouée sur un canapé en tissu panthère. Que ceux qui sentent que c'est leur trip y aillent, ce n'est pas le nôtre.

Enfin, le sexe à plusieurs n'est pas forcément synonyme d'adultère. La notion de clandestinité et de dissimulation n'y est pas automatiquement présente. Soit il n'y a que des couples, et on se retrouve dans une situation proche de l'échangisme, soit des groupes se forment avec un nombre impair de participants.

Dans ce cas, il s'agit plus d'un méli-mélo voulu et consenti que d'un adultère proprement dit. Dès lors que Carole a fini par céder aux supplications de Régis en invitant sa cousine de Mont-de-Marsan un peu délurée à réaliser avec elle le fantasme masculin par excellence, on ne peut pas vraiment parler d'adultère.

Il est à vous ce pied ?

- ✓41 % des hommes s'estiment capables de faire l'amour avec plusieurs femmes en même temps. Les femmes, en revanche, estiment seulement à 14 % le nombre de leurs compagnons à la hauteur de l'exercice.
- ✓Ces chiffres tombent respectivement à 10 et 3 % quand on propose aux hommes de faire l'amour avec plusieurs femmes et plusieurs hommes en même temps.
- ✓9 % des hommes s'estiment capables d'échanger leur femme avec celle d'un autre homme pour faire l'amour. Seulement 4 % des femmes pensent que c'est possible.
- ✓4 % des hommes se sentent capables de regarder un autre homme faire l'amour à leur femme. 3 % des femmes les en croient capables.

Source : sondage : IPSOS/*Max*, 1992 (échantillon de moins de 35 ans)

Dans le cas, encore plus inouï, où c'est Régis, dans un moment de folie et de tolérance, qui aurait accepté que le prof de stretching de Carole vienne l'accompagner, afin que ce qu'ils ont tous les deux de plus précieux s'entrechoque aux portes du ventre de sa femme, là encore, nous ne serions pas dans l'adultère, juste dans la stratosphère.

Les signes précurseurs

En général, quand on vous annonce qu'on vous trompe ou que vous le découvrez, vous tombez de haut. Il y avait bien des signes précurseurs, mais vous n'avez pas su ou voulu les détecter. Votre couple a atteint un point de blocage, et du coup, votre sens de l'observation et votre esprit critique se sont également trouvés bloqués.

Voici une liste non exhaustive de critères et de situations qui, observés avec attention, pourront vous éviter bien des catastrophes.

> « Si le sommeil ne séparait pas les couples, il y aurait deux fois plus de divorces. »
>
> **Philippe Bouvard,** journaliste

Plus de contraintes et d'habitudes

Ces activités, on ne les fait plus vraiment par envie mais par devoir, ou juste parce que c'est comme ça. Quand on ne sait plus pourquoi on fait ce que l'on fait, et surtout qu'on ne sait plus ce que ça nous apporte de bon, le risque est grand de se sentir perdu, et de prendre la charmante proposition d'un quelconque "tentateur", comme on dit dans les émissions de télé-réalité, pour la lumière qui va nous faire retrouver notre chemin dans la jungle luxuriante de notre vie conjugale.

« On y va parce qu'on est obligés »
Le mariage du collègue de bureau de votre femme, êtes-vous obligé d'y aller ou pas ? Le repas du dimanche chez sa mère est-il lui aussi absolument obligatoire ? La quatrième visite du mois à la Fnac, vous en passer mettrait-il en péril votre vie ? Accompagner votre femme dans sa tournée d'achat de chaussures, vital ou pas vital.

« On y va parce qu'on est collés »
La première explication de ce phénomène est noble. Vous êtes bien tous les deux, et vous faites donc tout ensemble. Peu importe qu'il serait plus productif de vous partager certaines courses et autres corvées, peu importe qu'au fond vous ne soyez pas du tout passionné par le Pop Art ou les tailleurs Cacharel, quand il se passe quelque chose dans la vie de votre moitié, un événement aussi minime soit-il, vous voulez être là. Ce comportement, de prime abord noble et romantique, vous prive l'un et l'autre d'une quantité considérable de temps libre, voire de moments que vous pourriez passer à deux, en ayant plus vite fait le reste. Par ailleurs, même si vous avez l'impression que c'est toujours sympa de vous balader avec l'autre, au bout d'un moment, votre aversion pour les sérigraphies de boîtes de soupe Campbell ou les jupes à fleurs, en cela qu'elle est un renoncement à vos goûts et vos valeurs, finira peut-être par vous donner envie de goûter à autre chose.

« On y va parce que ça se fait »
Que dirait Maman si vous veniez déguster sa blanquette non

accompagné ? Vous ensevelirait-elle sous les questions sur l'état de votre couple ? Vous ferait-elle des remarques désobligeantes sur ce conjoint qui snobbe son veau élevé sous la mère ?

Vous ne préférez pas savoir. Les relations avec vos parents sont bonnes quand elles sont calmes comme une mer d'huile. Et le prix de cette sérénité, c'est de faire l'impasse sur les discussions et les comportement qui fâchent.

Chez les parents, chez les amis, chez les collègues, vous allez à deux « Parce que ça se fait. » Vous ne voulez vexer personne, et le pire, c'est que si l'événement soûle l'un d'entre vous, il se peut très bien aussi qu'il soûle aussi l'autre, qui souhaite absolument vous y entraîner afin d'être moins soûlé. C'est la théorie du « On s'emmerdera moins si on est plusieurs à s'emmerder. » Théorie contre-productive, car la vie n'est pas faite pour qu'on s'y ennuie.

> « Être marié ! Ça, ça doit être terrible. Je me suis toujours demandé ce qu'on pouvait faire avec une femme en dehors de l'amour. »
>
> **Sacha Guitry**, dramaturge

La solution serait peut-être de savoir dire non poliment de temps en temps, en se demandant ce qui est le plus important au fond, entre les convenances et votre bien être. Mais pour l'instant, vous y allez et, ce faisant, vous vous mettez sans le savoir en danger.

L'asphixie du quotidien

Vous êtes-vous déjà amusé à calculer la part d'imprévu dans votre vie ? Les activités, les rencontres, les événements qui n'étaient pas inscrits dans votre plan quinquennal, ou plus simplement dans votre agenda ?

En général, le dimanche après-midi, Philippe est stressé. Stressé en plein week-end, nous direz-vous ? Oui, stressé parce qu'il retravaille demain, parce qu'il n'est pas arrivé à faire tout ce qu'il voulait faire durant ces deux jours de break, parce qu'il sait qu'il n'arrivera pas à faire entrer dans les quelques heures de repos qui lui restent le thé chez les amis de sa femme, sa partie de tennis, le bain de bébé, son dîner ou la relecture de la présentation Powerpoint de demain. Sans compter *Piège de Cristal 3,* son film d'action préféré, qui passe à 20 h 50 sur TF1 et… sa femme. Mais oui, c'est vrai, avec tout ce stress du week-end, ils n'ont pas eu l'occasion de faire l'amour. L'amour, ça se fait, le week-end, quand même. On peut toujours remettre ça à un soir de la semaine, mais Philippe sait très bien que le prochain créneau réaliste, en fonction du stress et des activités des uns et des autres, n'interviendra que le week-end prochain, à moins qu'une fois encore, la folle course au temps prenne le dessus.

Comme Philippe est un garçon raisonnable, il tente de se calmer en faisant dérouler le planning prévisionnel de la semaine. Il y aura bien un soir pour ses parents ou ceux de sa femme, un soir où l'un ou l'autre rentrera tard du bureau, le soir où on a promis aux enfants de regarder pour la 87e fois le DVD du *Roi Lion* en se « couchant tard, comme les grands », le soir de l'entraînement de foot. N'en jetez plus, Philippe est victime de la thrombose du couple. Les rencontres, les visites, les réceptions, le sport, le sexe, tout est devenu programmé. L'habitude a structuré sa vie et celle de sa femme, surchargé leurs agendas, à tel point qu'ils sont devenus incapables de se passer d'un de leurs points de passage obligés, fut-il la location hebdomadaire d'une cassette vidéo.

Remettre en cause ces habitudes, c'est s'attaquer pensent-ils au fondement de leur couple et de leur équilibre. En réalité, il serait temps de faire un peu de ménage. Les habitudes sont comme tous les papiers que l'on garde. Impôts, cartes postales, mots d'amour, relevés de banque, offres promotionnelles, carnets de notes, polycopiés de cours, liste de téléphone de vos anciennes boîtes... Parmi tout ça, il y a de l'obligatoire, de l'utile et de l'agréable. Mais est-il vraiment indispensable de tout garder ? Vouloir à tout prix superposer chaque semaine les parents, les enfants, les amis, le bureau, le sport, la télé, etc... c'est provoquer l'asphyxie de votre temps à vous.

Papivole

Prenez un papier et un crayon, notez votre planning de la semaine. Cochez tout ce qui est prévu depuis longtemps, habituel, théoriquement indécalable.

S'il vous reste encore des plages non cochées, bravo. Si votre feuille est barbouillée de petites croix, méfiance, et surtout, analysez dare-dare ce que vous pouvez supprimer ou étaler dans le temps, afin de remettre votre couple au centre de votre vie.

Du coup, son environnement est devenu tellement surchargé que Philippe va essayer par tous les moyens d'aller prendre l'air ailleurs. Sous couvert de plus longues soirées au bureau ou de missions en province, il va s'aménager une vie parallèle sans parent, sans ami, sans enfant, où seuls lui et sa maîtresse compteront. La détente près de chez soi, les Maldives à portée de Clio.

Moins d'intimité, moins de temps seuls à deux

Au commencement, il y a avait vous deux. Votre programme, c'était de vous séduire l'un l'autre, de vous faire plaisir. Puis il y a eu le temps des projets. L'appartement ou la maison achetés et retapés ensemble, le premier bébé, puis le second, les rêves de maison de campagne, de voiture plus grosse, pour trimballer votre smala, de cuisinière « La Cornue » et de vieux flipper dans la grange.

En quelques années, vous êtes passés de vous deux à vous trois, vous quatre ou vous cinq. Vous n'êtes presque plus jamais seuls. Vous avez bien essayé de laisser les enfants chez leurs grands-parents, avant de constater que ces derniers avaient sérieusement perdu la main depuis les années 60-70. Vous vous êtes résolus à passer tous vos week-ends et toutes vos vacances en tribu, avec enfants et amis, amis d'enfants et enfants d'amis.

Résultat : vous n'êtes presque plus jamais seuls. Vous ne faites plus rien qui ait pour seule motivation de vous faire plaisir à vous deux. Vous allez voir des films pour enfants, vous dormez dans des chambres d'hôtel à trois ou quatre lits, vous ne criez plus en faisant l'amour. Il n'y a pas de doute possible, vous n'avez plus aucune intimité.

Reste dans ta chambre !
Pour des grasses matinées à deux même quand on est quatre, certains parents n'hésitent à disposer, la nuit précédente, dans la chambre des enfants, de quoi petit déjeuner seuls (biscuits, biberon de chocolat, friandises...) ainsi que des jouets, allant même parfois jusqu'à enclencher une cassette vidéo dans le magnétoscope afin que les petits anges puissent être autonomes. Autre possibilité, à appliquer avec des enfants plus petits, coudre un grelot sur chacun de leurs pyjamas. Dans certaines positions, c'est toujours mieux d'entendre le danger approcher.

Une fois de plus, curieusement, au lieu de faire un peu place nette grâce aux grands-parents, aux nounous ou aux colos, afin d'organiser leur tranquillité, de nombreux adultes pensent qu'il est plus simple de continuer à vivre en couple, mais jamais seuls, et de s'embringuer par ailleurs dans une histoire parallèle.

Une histoire où on est vraiment que deux, et où l'on redécouvre l'intimité avec un grand I. La pudeur, la gêne, la sensualité, la liberté de crier son amour ou son plaisir, de se balader nu comme un ver et de penser qu'on est seuls et libres comme des cow-boys traversant le Grand Ouest en chevauchant leurs fidèles destriers.

> « Adultère : pour ne pas rester à deux, se mettre en quatre pour faire ménage à trois. »
>
> **Decoly,** écrivain

Moins de complicité et de dialogue

Quand Emmanuel et Clotilde se sont rencontrés, ils ont très vite réalisé qu'ils n'avaient pas forcément besoin de se parler pour communiquer. Ils se comprenaient à demi-mot. Mêmes goûts, mêmes aspirations, mêmes phases de joie et de peine, c'était l'entente parfaite.

Aujourd'hui, il faudrait plutôt parler d'entente cordiale. La quasi-totalité de leurs conversations concerne l'organisation logistique de leur vie. Horaires de la nounou, destination des vacances, jour de la visite chez les grands-parents, pédiatre, cours de piano, livraison de Ooshop... Le matériel a pris le pas sur l'immatériel, et leur bel amour fusionnel est rentré se terrer dans sa tanière, à tel point qu'on ne sait s'il en ressortira un jour.

Il serait injuste de notre part de ne pas mentionner les conversations de Clotilde et Emmanuel sur leurs opinions. Partager des opinions, c'est s'intéresser à l'autre. Reste encore à voir sur quoi portent ces opinions. Qualité du DVD loué, du plat surgelé réchauffé, vote aux prochaines élections, choix entre Cadaqués et Agadir, tout y passe, sauf l'essentiel.

Car il y a un sujet qu'ils n'abordent plus jamais, ni à demi-mot, ni même ouvertement, c'est leur couple. Habitués à l'impression qu'ils sont tellement complémentaires que cela fonctionne tout seul, Emmanuel et Clotilde ont totalement sous-estimé l'effet du temps et des transformations structurelles de leur cellule familiale. Alors, s'ils ne parlent pas d'« eux deux », cela veut-il dire pour autant que leur mécanique est réglée comme un coucou suisse, ou alors qu'ils craignent d'ouvrir la boite de Pandore de l'usure, qui menace tous les couples ?

Ils ne parlent pas d'« eux d'eux » parce qu'ils ont l'impression que tout va bien, et que le fait que ça aille bien entre eux est une donnée de base de leur couple. Une donnée tellement fondatrice que la remettre en cause pourrait ébranler l'édifice tout entier qu'ils ont construit année après année. En parler, faire un bilan, voire le cas échéant se fâcher, ce serait un aveu d'échec trop lourd à porter. Donc nos amoureux évitent désormais le dialogue. Et en dialoguant de moins en moins, ils ont parfois l'impression de ne plus être tout à fait sur la même longueur d'onde. Comme si leur complicité inaltérable s'était malgré tout émoussée.

Un jour de fatigue et de stress, une petite crise éclate. L'origine est grotesquement bénigne. Clotilde ne retrouve plus un bon de réduction du catalogue de La Redoute, pour une offre exceptionnelle qui expire le lendemain. Vous l'aurez compris, ce coupon n'est qu'un prétexte pour se confronter maladroitement, se dire que tout ne va plus vraiment bien sans se l'avouer.

Surpris, dérouté, hors de ses gonds tant la situation est stupide, Emmanuel est traversé par une idée encore plus insensée : il a ce soir-là l'impression d'avoir plus de complicité avec la fille du service compta de sa boîte, qui distribue les tickets restos, qu'avec son amoureuse de toujours. Le ver est dans le fruit. C'est le début de l'engrenage infernal.

> « La violence qu'on se fait pour demeurer fidèle à ce qu'on aime ne vaut guère mieux qu'une infidélité. »
>
> **La Rochefoucauld**, moraliste

Plus de tension

On ne va pas vous faire un dessin, si vos relations ressemblent à celles qu'entretiennent l'Inde et le Pakistan, il se pourrait bien que l'infidélité vous pende au nez, à moins que ce ne soit déjà fait. Il y a bien des couples qui se complaisent dans la crise permanente, mais ce n'est ni le modèle dominant, ni notre tasse de thé.

La tension révèle que vous n'êtes pas d'accord, ou que le comportement de l'un d'entre vous crispe l'autre. Il est tout à fait naturel que vous ne puissiez être à l'unisson 24 heures sur 24, 7 jours sur 7. Ce qui est alarmant, en revanche, c'est quand les uns et les autres se mettent à arrêter de faire des efforts.

« As-tu vraiment besoin de trois réunions de section par semaine au Parti ? J'en ai marre, c'est toujours moi qui vais chercher Chloé à l'école ! »

« Ce qu'on fait au Parti est vraiment important, et puis, si on gagne, on fera du monde dans lequel grandira Chloé en endroit meilleur. »

Qu'est-ce que vous voulez répondre à ça ? Ce n'est même pas de l'égoïsme, puisque son refus de participer à la vie quotidienne de votre fille trois fois par semaine se drape dans les habits des valeurs supérieures de l'amélioration de la planète. Sauf que, qu'il s'agisse d'améliorer la planète ou son dribble, votre conjoint peut aussi faire des efforts pour vous ménager vous. S'il n'en fait plus, il rejette l'un des fondements de votre couple, et il se pourrait bien qu'il ait décidé d'aller s'épanouir ailleurs. Sur le plan philosophique bien sûr, mais peut-être pas seulement…

Moins de libido

Vous venez de retrouver l'étui du premier préservatif de votre première nuit avec lui. Pendant quinze ans, vous l'avez gardé religieusement, comme une relique, dans votre boîte à trésors, avec les restes de colliers-bar du Club Med, ses mots d'amour écrits sur des Post-it, et les Photomatons que vous faisiez tous les deux.

Vous avez beau n'avoir gardé qu'un étui, vous avez aussi gardé des souvenirs, et si vous faites un rapide bilan, vous vous rendez compte de la terrible fonte des glaces qui a touché votre sexualité sur le plan de la quantité, de la qualité, de la variété, et de l'envie, tout simplement. Vous faisiez l'amour à toute heure, et maintenant, c'est une fois par semaine, le week-end en général.

Vous expérimentiez des positions acrobatiques, et maintenant, c'est toujours la même, option sécurité et confort. Vous osiez vous faire des papouilles dans des lieux interdits, et cela fait des lustres que vous n'avez pas fait l'amour ailleurs que dans votre lit.

> « Un amant apprend à une femme tout ce qu'un mari lui a caché. »
>
> **Honoré de Balzac,** écrivain

Du coup, bien que faire l'amour avec lui reste quand même l'une des activités les plus agréables qu'il vous soit donné de pratiquer, après le shopping et les discussions avec les copines, bien entendu, vous le faites moins souvent et vous en avez moins envie. C'est un cercle vicieux, nous direz-vous : moins les femmes le font, moins elles en ont envie, alors que le phénomène est rigoureusement inverse chez les hommes. Moins ils font l'amour, plus l'envie les dévore. Ce qui est important, c'est d'essayer d'examiner les raisons de cette baisse de libido.

- Avez-vous moins envie de lui parce qu'il a changé, physiquement ou dans son comportement amoureux ?
- Est-il moins tendre, moins inventif qu'avant ? Ou répond-il de façon moins spontanée à des sollicitations que vous avez, vous aussi, laissé devenir un peu plus obligatoires et un peu moins attrayantes ?
- Toutes les excuses que vous utilisez, vous et lui, pour éviter de faire l'amour (fatigue, mal de tête, règles, stress, présentation professionnelle ou départ tôt le lendemain…) ont-elles des fondements réels ou sont-elles juste des échappatoires ?

- Êtes-vous vraiment lassé de votre conjoint, ou pensez-vous qu'en faisant tous les deux des efforts l'envie pourrait revenir ?

Si vous n'avez pas envie de lui, auriez-vous envie d'un autre ? Peut-être d'ailleurs, le fait de faire l'amour avec un autre vous redonnera-t-il le goût et l'envie de faire l'amour avec votre conjoint.

Mais à l'heure qu'il est, il se peut bien que votre programme soit d'aller voir ailleurs.

> « Je sais que pour une femme, c'est difficile de rendre un homme heureux… mais si ce travail vous paraît trop dur toute seule, mettez-vous à plusieurs ! »
>
> **Pierre Desproges,** humoriste

Comment détecter à coup sûr si votre conjoint vous trompe ?

Nous vous avons donné un certain nombre d'indices liés à la manière dont votre couple fonctionne. Voilà maintenant un ensemble de méthodes plus concrètes afin d'en avoir le cœur net si vous pressentez que quelque chose se passe dans votre dos.

Il suffit d'ouvrir les yeux et les oreilles, et de regarder droit devant vous.

> **La curiosité est un vilain défaut ?**
> Une Française sur quatre avoue avoir déjà surveillé son mari en lui faisant les poches, en examinant son agenda, en ouvrant son courrier, ou même en le suivant dans la rue.
> Source : sondage IFOP/*Elle*, 1994

Les communications

Vous n'êtes pas encore en état de guerre. Disons simplement en état d'alerte. Vous avez constaté un certain nombre de comportements étranges chez votre bien aimé. Il est temps d'en savoir plus.

Avant de solliciter un détective privé, qui vous dépouillera de 1 500 euros minimum en moins de temps qu'il n'en faut pour l'écrire, pour un embryon d'enquête à la portée du premier venu, fouinez un peu autour de vous. Vous allez voir, ça tombe tout seul.

Le téléphone pleure

Depuis quelques années, votre téléphone a une mémoire d'éléphant. Rappel du dernier correspondant, identification des numéros, appels en absence, facture détaillée… qu'il soit fixe ou portable, c'est une véritable petite centrale d'espionnage.

La facture détaillée est à cet égard un outil diabolique. Elle vous indique avec plus ou moins de précision qui a été appelé, quand et combien de temps, et bien entendu, combien la communication a coûté à votre ménage. Il y a certains numéros que vous ne connaissez pas ou qui reviennent souvent, notamment dans des créneaux où vous n'étiez pas à la maison (pour le fixe), ou à l'inverse, où votre chéri était dehors (pour son portable) ? Payez-vous le luxe d'une recherche grâce à l'annuaire inversé, ou même tout simplement d'un appel. Vous saurez tout de suite si le correspondant est un homme ou une femme, et si vous suspectez quelque chose de louche, vous pourrez lui poser directement la question, des fois qu'il ou elle vous fasse une réponse crédible... Vous ne recevez plus de facture détaillée ? Quelqu'un chez vous aurait-il quelque chose à cacher ?

Méthode anti-tromperie n° 1

Si vous vous souvenez de moments où il ou elle s'en est allé(e) de façon inhabituelle pour acheter des cigarettes, des croissants ou sortir la poubelle, vérifiez sur la facture détaillée de son portable si vous ne trouvez pas des conversations littéralement calibrées sur l'horaire et la durée de cette sortie.

Allô l'amant, ici Mémé

Mais les sites Internet des opérateurs offrent dorénavant des services encore plus vicieux, comme les statistiques des numéros les plus appelés ou les plus « texto-isés ». Si ce numéro n'appartient ni à vous, ni à un proche identifié de votre cher et tendre, il est temps de sortir l'artillerie lourde.

Dans le cas où, par malice ou par ignorance de leur utilité, vous ou votre conjoint n'auriez pas pris l'option facture détaillée, sachez qu'il est possible de demander des duplicata, et que les données sont en général accessibles facilement sur Internet, pourvu que vous disposiez du mot de passe associé à l'abonnement.

> **Méthode anti-tromperie n° 2**
> Tripotez son portable, jouez avec les menus et observez sa réaction.

Vous pouvez donc enquêter grâce aux factures, mais aussi grâce aux combinés eux-mêmes. Tous les téléphones portables mémorisent les derniers numéros appelés. Facile de faire un petit « yes » dans le dos de l'autre, pour voir qui il a appelé juste avant de rentrer.

Selon les terminaux, le niveau de détail du mouchard est plus ou moins poussé. Certains téléphones archivent aussi les textos envoyés.

Si vous vivez avec un étourdi qui n'a pas pensé à les effacer, c'est la porte ouverte pour lire dans ses pensées. Tout comme les textos entrants. En jetant un rapide coup d'œil aux textos qu'il ou elle a reçus, vous pouvez très rapidement vous faire une idée de la liste des gens qui lui sont vraiment proches.

Si un texto arrive alors que vous êtes là, n'hésitez pas à demander de qui il provient, voire à vous emparer du téléphone en proposant à votre conjoint de lui faire la lecture. S'il passe par toutes les couleurs de l'arc en ciel, vous êtes sur la bonne voie.

Méthode anti-tromperie n° 3

Appelez votre conjoint plusieurs fois dans la journée. Demandez-lui où il se trouve, puis de vous rappeler d'un poste fixe. Si vous possédez l'option "identification du numéro", vous pourrez vérifier s'il dit vrai.

Traque sur Internet

Pour s'envoyer des mots doux ou se donner rendez-vous en toute discrétion, il n'y a pas mieux qu'Internet. Sauf qu'Internet est aussi une machine à laisser des traces. La seule question à se poser, c'est, entre vous et lui, qui est le plus nul en informatique des deux ? Handicapé de la souris, il ne sait pas ce qu'on va vous raconter dans ces lignes, et quand bien même il les lirait, il n'y entendrait goutte, *Alleluia* ! Il laisse sur l'ordinateur familial plus de traces que le Paris-Dakar dans un village africain qui n'en demandait pas tant. Les détecter est simple comme bonjour, facile… à moins que ce soit vous le nul en ordi. Si quand on vous dit « ouvrez la fenêtre », vous vous levez pour aller ouvrir la baie vitrée, ou si quand on vous parle de scanner, vous sortez votre carte Vitale, alors vous êtes mal barré.

Quel que soit votre niveau de compétences en informatique, essayez de vous concentrer un peu, c'est à la portée d'un enfant de 3 ans.

À moins que vous ne viviez avec un frapadingue, qui aurait décidé de publier ses aventures extra-conjugales sur un site, avec photos à l'appui, ce n'est pas tant d'Internet dont vous devez vous méfier, mais plus particulièrement de l'e-mail, la messagerie électronique.

Pour ceux qui ne font toujours par la différence, Internet est le réseau sur lequel transitent les informations. C'est aussi un ensemble de sites, sur lesquels on peut surfer, c'est-à-dire se déplacer en cliquant sur des mots ou des images. Les sites Internet sont caractérisés par leur adresse, en général composée d'un préfixe barbare (http ://www ou juste www), d'un nom caractéristique (comme Maaf, Air France ou Petitescochonnes, en minuscules, en un seul mot, sans accent), lui-même suivi d'un suffixe de type.com.fr etc.

Méthode anti-tromperie n° 4
Repassez chez vous en pleine journée sans crier gare.

L'e-mail (ou mél ou courriel), c'est tout simplement une manière de s'écrire des messages qui parviennent presque instantanément au destinataire. Les adresses e-mail sont l'équivalent des adresses postales. Elles commencent par un nom d'ulisateur (jeanpierredelamottequipanche ou grosnounous, en minuscules, en un seul mot, sans accent) suivi par le fameux arobase (@), suivi par le nom du site ou du prestataire qui héberge votre adresse (Hotmail, Yahoo, Wanadoo, Aol, Noos...), et enfin d'un .com, .fr ou autre., ce qui donne par exemple :

`jeanpierredelamottequipanche@wanadoo.fr`

Il y a deux façons d'accéder à ses messages. Soit en surfant sur le site de l'hébergeur, avec un navigateur (logiciel) de type Internet Explorer, Netscape ou Safari, soit en utilisant un logiciel spécifique au courrier électronique (Outlook, Lotus Notes, Eudora, Entourage...), en général installé sur votre ordinateur à la maison ou au bureau. C'est une sorte de traitement de texte qui vous permet de rédiger des messages, sans être forcément connecté à Internet, puis de les envoyer, de les archiver, et bien entendu d'en recevoir.

Le mail est l'ennemi du bien

Tous ces logiciels ont été conçus pour retrouver facilement ce que vous aviez fait dans les jours précédents. Sur un navigateur (Explorer, Netscape, etc.), par exemple, un dossier archive systématiquement l'historique des sites visités. Vous le trouverez facilement dans les menus proposés par le programme en haut de votre écran. Vous pouvez ainsi voir quel site votre conjoint a consulté, à quelle heure, s'il s'y est rendu souvent. Le nombre de jours archivés dépend des réglages préalablement effectués sur le logiciel, mais même sur une période courte, vous accédez à une mine de renseignements. Attention néanmoins, fouiller dans l'historique de son « surf », c'est un peu comme espionner ses pensées intimes. Vous vous arrangerez avec votre conscience.

Méthode anti-tromperie n° 5

Créez une adresse e-mail avec le nom et le prénom de son meilleur ami. Seul un détail (point entre le nom et le prénom ou fournisseur d'accès) distinguera la fausse de la vraie.

Utilisez cette adresse pour communiquer avec lui en vous faisant passer pour son ami. Il y a peu de chances qu'il vérifie l'adresse à la virgule près.

Depuis quelques années, les éditeurs de logiciels permettent aussi d'accéder aux données de l'historique sous d'autres formes, dans la barre de navigation par exemple, celle où vous rentrez les adresses des sites à visiter. Vous tapez « fra » et le navigateur vous propose tout seul « franceinfo.fr », ce qui peut réserver des surprises et vous renseigner sur les petits travers de la partie adverse. Imaginons que vous vouliez acheter un livre ou un disque en ligne, et que vous commenciez à taper « amazon.fr », mais qu'au bout de trois lettres, le navigateur vous propose « amazinglesbians.com »[11], vous n'aurez pas perdu votre après-midi.

Autre fonction récente, toujours à partir de la barre de navigation, une petite flèche vous permet de consulter les derniers sites visités, sans avoir à aller farfouiller dans l'historique. Gérard s'est curieusement levé du canapé en plein match de rugby pour aller « vérifier s'il n'avait pas reçu un mail urgent du bureau ». Allez donc à votre tour, à moins que vous ne soyez vous aussi accro à l'ovalie, regarder sur l'ordinateur si n'y traîneraient pas quelques indices encore chauds.

Vous voilà donc en présence d'une liste de noms de sites. Certains ont une signification évidente (liberation.fr, sncf.fr...), d'autres ne vous diront rien. Vous pouvez alors cliquer sur leur nom, afin que le navigateur affiche les pages

[11] Lesbiennes incroyables.

visitées. Mais attention, en vous rendant ainsi sur ces sites, vous créez à votre tour des preuves dans l'historique. Si vous vous prenez pour un agent secret, il faudra apprendre à effacer vos propres traces.

Les deux catégories de sites dont vous devez le plus vous méfier, sont les sites de messagerie (Hotmail, Yahoo, Caramail…), et les sites de rencontres (Meetic, Yahoo rencontres…). Si on fréquente un site de messagerie, alors qu'on a un logiciel de mail à la maison, cela peut être pour des raisons pratiques (consultable de n'importe où, possibilité de créer toutes les adresses qu'on veut, services divers de l'hébergeur, comme rappeler les anniversaires de vos amis), ou alors parce qu'on a quelque chose à cacher. Peut-être votre moitié se connecte-t-elle sur Caramail pour que ses déclarations d'amour n'atterrissent pas directement dans votre logiciel de mails commun, où le mot de passe est rentré automatiquement, et où seul votre savoir-vivre vous retient de lire son courrier.

Si votre conjoint fréquente les sites de rencontres, il n'a pas beaucoup d'excuses, à moins qu'il soit journaliste ou sociologue, c'est clair qu'il tente de faire des rencontres, et comme il vous a déjà vous, ça risque de faire un peu beaucoup de monde à gérer.

À l'heure où vous lisez ces lignes, nous devrions avoir déjà reçu quelques courriers de la CNIL (Commission Nationale Informatique et Libertés), mais après tout, si votre cher et tendre a pris des libertés avec votre engagement commun, il n'y a pas de raison que vous n'en preniez à votre tour, avec la confiance que vous aviez en lui.

Malheureusement ou heureusement, comme la CNIL et ses homologues étrangers font bien leur boulot, tous ces sites ne sont accessibles qu'après avoir rentré un nom d'utilisateur et un mot de passe. Le nom d'utilisateur peut comporter le patronyme et le prénom de celui qui a créé la boîte mail, mais aussi tout autre pseudo, comme « haribobobo » ou « sexynator ».

Certains programmes proposent dorénavant de mémoriser identifiant et mot de passe, afin que vous n'ayez pas à les retaper à chaque fois. Grâce à des cookies, des petits programmes espions laissés par les sites sur votre ordinateur, vous pouvez même être accueilli par une inscription du type « Bonjour, Michel 30 cm. » Si votre alter ego est un crack, il aura totalement effacé ses traces. Si sa connaissance est moyenne, il s'assurera que le mot de passe doive être retapé à chaque connection.

Si c'est une bille, vous lirez dans son historique de navigation à livre ouvert.

Dans la plupart des cas, à contrario on n'a pas besoin de mot de passe pour le mail familial, celui installé sur votre ordinateur de salon par le fournisseur d'accès à Internet. Vous vous connectez et vos messages se téléchargent (c'est-à-dire arrivent sur votre ordinateur) directement. Si toutefois un mot de passe vous est demandé, toute la famille le connaît, il n'y a qu'à demander au petit Victor.

En revanche, ce que ne vous dira pas le petit Victor, c'est que chercher et ou..

Mettez-vous à la place de votre amoureux, et suivez-le à la trace.

A : La boîte de réception

Normalement, même les plus benêts d'entre nous auront l'idée d'effacer les mails suspects qu'ils auraient pu recevoir, et s'ils ont, malgré tout, un minimum de jugeote, ils ne se contenteront pas de supprimer le mail, mais ils iront également vider la corbeille où le message est provisoirement archivé. Dans le monde virtuel comme dans le monde réel, tant qu'une poubelle n'est pas partie dans la benne à ordures, l'atmosphère peut vite devenir nauséabonde.

B : Les éléments envoyés

Bien entendu, si vous vivez avec lui ou elle, c'est que ce n'est pas totalement benêt, ou alors juste un peu. Que vous l'ayez choisi pour son physique, son argent, son charme ou son intelligence, il se peut qu'il ou elle soit juste un peu moins malin que vous ou alors plus pressé. C'est pourquoi nous vous conseillons une visite régulière dans la rubrique « éléments envoyés ». Le traître de base ne pense pas forcément à aller maquiller son forfait de ce côté-là, surtout en cas de rafales de mails impétueux. Ce dossier recèle donc d'immenses richesses pour qui n'a plus confiance en son prochain.

C : Les cookies

Depuis le milieu des années 80, la plupart des Français savent ce qu'est un cookie. Rien de plus qu'un biscuit, mais tellement plus chic en américain. Depuis le milieu des années 90, les plus informatisés d'entre nous savent aussi que cookie, c'est le nom trompeur que les Américains, toujours eux, ont donné au petit programme espion qui s'invite sur votre PC chaque fois que vous visitez un site Internet, en général sans vous demander votre avis. Le cookie permet de pister vos goûts, vos habitudes, et surtout de vous accueillir en grande pompe, avec votre nom, votre prénom, et le cas échéant une page d'accueil personnalisée selon votre profil ou vos derniers achats, s'il s'agit d'un site de commerce en ligne.

Si on vous raconte tout ça, ce n'est pas pour concurrencer les ouvrages de vulgarisation informatique, mais simplement pour vous permettre de vous battre avec les mêmes armes que l'ennemi. Imaginons un instant que vous ayez affaire à un individu retors.

Tous les membres de la famille Martin ont un e-mail à la maison, même le bébé de 6 mois et le chien Rintintin. Grands voyageurs, les Martin se sont aussi créés des adresses sur Yahoo, qu'ils peuvent consulter d'un cyber-café, où qu'ils se trouvent sur la planète. Comme beaucoup d'internautes, ils reçoivent donc du courrier sur leur ordinateur familial (`isa-martin@free.fr`, `julesmartin@free.fr`...), mais utilisent aussi leur navigateur web (Explorer, Netscape...) pour consulter leur adresse Yahoo. Lorsque l'un des membres de la famille a terminé de consulter son courrier, il peut au choix, se déconnecter en tant qu'utilisateur identifié, laisser le navigateur ouvert sur sa boîte mail Yahoo, ou quitter le navigateur.

Lorsque l'utilisateur suivant viendra se connecter à Yahoo, si son prédécesseur ne s'est pas déconnecté, il devra le faire lui-même, afin de pouvoir rentrer son propre nom d'utilisateur et son propre mot de passe pour lire son courrier.

Conséquences pratiques pour vous :

- Votre conjoint suspect ne s'est pas déconnecté ou a simplement fermé la fenêtre du navigateur sans quitter le logiciel. Vous pouvez lire ses mails comme si vous étiez lui.
- Votre conjoint s'est déconnecté, mais il n'a pas désactivé l'option qui permet au logiciel de se souvenir du nom d'utilisateur et du mot de passe. Vous n'avez qu'à faire OK et passer à la phase lecture.
- Le cookie reconnaît quel utilisateur vous êtes (c'est-à-dire le dernier à s'être connecté) et vous demande juste votre mot de passe.Vous ne le connaissez pas, en revanche, vous découvrez qu'un des utilisateurs de votre ordinateur s'appelle `fifibitedacier@Yahoo.com`. C'est peut-être drôle, mais c'est surtout louche.

Méthode anti-tromperie n° 6

Si vous n'avez pas le mot de passe, demandez carrément tous les siens à votre moitié. Elle vous racontera peut être n'importe quoi, ce qui sera mauvais signe, mais en général, elle n'osera pas vous mentir, sous peine de vous indiquer qu'elle vous trahit.

Que ceux qui n'ont rien compris à ce passage indigeste sur les cookies, et qui n'ont pas dans leur famille de cousin ingénieur informaticien avec de vrais talents de vulgarisation, n'hésitent pas à se référer à l'abondante littérature de vulgarisation informatique disponible chez votre libraire.

Les dépenses

Le relevé de banque, le chéquier et les tickets de carte bleue dans les poches sont bien entendu des outils majeurs de la détection de l'infidélité. Quand on trompe son conjoint, on a besoin de réunir les structures essentielles nécessaires au commencement d'une histoire à deux : une chambre, et plein de petites attentions autour.

Première observation, la totalité des débits mensuels de Francis a-t-elle augmenté, par rapport aux mois précédents ou à la même période l'année dernière ?

Deuxième observation, trouvez-vous des noms suspects, qui pourraient correspondre à des hôtels (Ibis-La Courneuve, Auberge du Bas Bréau-Fontainebleau, Ferme Saint-Siméon-Honfleur...) ou à des restaurants sortant du programme officiel de Francis ? Autre piste : les cadeaux et les fleurs. Avec ce gros montant chez Hermès, il semble avoir pris beaucoup d'avance pour votre anniversaire qui a lieu dans six mois, ce qui ne lui ressemble pas. Et puis tous ces Interflora, vous n'en avez pas vu la couleur. Étant donné que vous n'avez pas été mise au courant de naissance ou de décès dans la famille, vous vous dites que soit Francis s'est fait piquer son numéro de carte bleue par un fan de Nicolas le Jardinier, soit il se fout carrément de vous.

Si votre époux est un petit malin, peut-être effectue-t-il toutes ses dépenses en espèces. Dès lors, à moins que Francis n'exerce une profession où on brasse beaucoup de cash, vous pouvez observer ses retraits sur les distributeurs automatiques. Trois indicateurs devraient vous permettre d'y voir clair : le retrait moyen, comparé à ceux des années ou des mois précédents, les lieux et la fréquence des retraits. Vous pouvez également observer si Francis a, de façon inhabituelle, beaucoup de liquide dans son portefeuille.

Les talons de chèque peuvent aussi donner des indications, bien qu'il faudrait que Francis soit particulièrement simple d'esprit pour noter sur un talon « 60 euros, partie de jambes en l'air avec Lili la tigresse", au lieu de "PV, CPAM, dentiste" ou une autre dépense anodine.

Quant au ticket de carte bleue, il représente l'immense avantage de pouvoir être brandi, après une inspection de pantalon préalable à un passage en machine. Vous ne passerez pas pour une fouineuse, juste quelqu'un de curieux. Avantage du ticket de CB, il vous donne non seulement le nom de l'établissement, le montant, la date, mais aussi l'heure du forfait éventuel. C'est sûr qu'un petit ticket Novotel dans la ville où vous habitez, 10/11/04, 135 euros, 14 h 30, ça peut casser l'ambiance entre Francis et vous d'un coup sec.

On pourrait examiner des heures durant les relevés bancaires, tant ils trahissent par le menu nos allées et venues (péages, parkings), nos engouements du moment et nos petits travers. Alors peut-être vivez-vous avec un malade de la confidentialité, qui a du mal à donner le code d'entrée de votre immeuble, même au plus proche de vos amis, un psychopathe du compte en Suisse, un foufou des bas de laine aux îles Caïmans, qui aura carrément imaginé un système de placements et de virements en cascades, afin d'alimenter sa petite fantaisie, passagère ou permanente, et de régler par exemple le loyer de sa garçonnière. *A priori,* si vous connaissez bien Francis, vous devez pouvoir estimer jusqu'où il peut aller. S'il est capable d'un tel niveau de sophistication, et que vous disposez vous-même de quelques menues économies, reposez ce bouquin immédiatement, et adressez-vous à des professionnels.

Le comportement

Le comportement est un autre domaine où l'infidélité déclenche des signes clairement perceptibles, pour qui veut se donner la peine d'un peu de sensibilité. Gardez-vous, Mesdames, de blâmer d'office le manque d'avancement professionnel ou les piètres résultats du club de Ping-Pong de votre mari. Gardez-vous bien, Messieurs, de penser qu'elle est désagréable, tout simplement parce qu'elle vient d'apprendre que ce n'est pas encore cette année qu'elle gagnera plus que vous (assertion tristement misogyne, mais statistiquement imparable), ou qu'il s'agit tout simplement « d'humeurs de bonne femme ». Quand l'un d'entre vous explose, ou se referme au contraire comme une huître, c'est qu'il y a anguille sous roche.

- Il est irritable, il ne veut plus discuter ni négocier ? Vos petites divergences le mettent dans une rage folle ? Votre mauvaise foi légendaire ne le fait plus rigoler ? Méfiance.
- Elle perd tout, ses papiers, sa carte orange, sa carte bleue ? Elle oublie tout, et trois fois cette semaine, vous

avez été appelé par la directrice de l'école pour venir chercher votre fille abandonnée ? Elle ne sait plus quel jour on est, ce qu'on fait demain, et vous vous demandez comment elle fait encore pour trouver le chemin de la maison ? Méfiance.

- Il a l'air dans la lune en permanence ? Dans les dîners, à douze ou en face-à-face, il se comporte comme s'il était seul ? Il ne répond pas aux questions, ou avec un quart d'heure de retard ? Méfiance.
- Elle est muette et sinistre, elle qui d'ordinaire ne peut pas s'arrêter de parler ? Elle n'est pas en dépression, pas plus qu'elle n'a appris la maladie d'un proche ? Elle a l'air de ne plus prendre goût à rien dans votre vie de famille, qui la rend d'ordinaire si heureuse ? Méfiance.
- Il a l'air anormalement heureux et guilleret ? Pourtant, sa carrière piétine toujours, son mal de dos dû à l'excès de planche à voile de cet été continue de le faire souffrir, il n'arrive pas à communiquer, ni avec ses parents, ni avec vous… et tout à coup, il est gai comme un pinson, il anime les dîners et se prend pour Lagaf ? Méfiance.
- Elle rentre tard en permanence ? Cela fait trois mois qu'elle prétexte des coups de bourre et des réunions pour vous laisser vous occuper des enfants et du dîner, bien qu'on soit en plein été ? Le matin, elle part plus tôt, à midi, elle ne repasse plus jamais à la maison ? Les week-ends de boulot, les séminaires et les obligations lointaines sont devenus sa deuxième nature ? Méfiance.
- Il a toujours l'air fatigué ? Il s'endort dès qu'il pose ses

fesses sur le canapé, même pendant France-Brésil ? Il ne veut plus ni se promener, ni faire du sport, ni sortir ? Il s'assoupit même en donnant le biberon ? Vous avez l'impression qu'il a été piqué par la mouche tsé-tsé ? Méfiance.

- Elle a l'air tout le temps stressée ? Même dans les loisirs, les horaires semblent devenus des impératifs inévitables ? Elle semble avoir la pression sans jamais vouloir expliquer pourquoi, ou en prenant toujours des excuses bidon (« non mais c'est mon boulot en ce moment, je sais pas ce que j'ai, t'en fais pas ça va passer ») ? Elle a l'air de courir en permanence après le temps y compris dans les moments de détente ? Méfiance.

Méthode anti-tromperie n° 7

Fouillez ouvertement dans ses affaires (papiers, vêtements, sacs...). Puis observez sa réaction.

- Il sort sans arrêt de la maison ? Pour acheter des croissants, le journal, des cigarettes ? Il passe son temps à vous proposer de faire des courses seul, quitte à prendre sur lui des corvées qui lui ont toujours fait horreur ? Il affirme passer plusieurs soirées par semaine avec des copains, beaucoup plus qu'avant ? Il rentre à une heure avancée de la nuit ? Méfiance.
- Elle semble avoir du mal à vous expliquer son emploi du temps ? Ses rendez-vous professionnels deviennent

aussi vagues que nombreux et éparpillés géographiquement ? Elle semble réagir avec hostilité à votre nouvel intérêt pour sa manière d'organiser son boulot ? Elle utilise sans arrêt les mêmes excuses (« ben tu sais, le client Machpro, c'est un vrai taré celui là... ») ? Méfiance.

- Il a du mal à se projeter dans l'avenir. Évoquer les vacances au ski comme la mise en route du troisième enfant le plonge dans un abîme de circonspection ? Méfiance.
- Elle a récemment opté pour un forfait téléphonique plus élevé. Elle prétexte un surcroît de communications professionnelles, alors que son job n'est manifestement plus le centre de sa vie ? Méfiance.
- Il souhaite de moins en moins souvent faire l'amour ? Méfiance. Mais attention, des rapports réguliers ne signifient pas non plus qu'il n'a rien à se reprocher.

Les amis

Certains n'ont rien vu venir, d'autres sont déjà au courant. Les amis sont des observateurs privilégiés de votre couple en temps normal. Quand il hoquette, il n'y a pas de raison pour que cela change. Ils vous fréquentent tous les deux dans des dîners, ils voient votre moitié seul à seul, pour des conversations entre hommes ou entre filles. Les filles, si observatrices, si sensibles, si intuitives. Les garçons, si maladroits, si gaffeurs, si mauvais menteurs.

Que vous vouliez vérifier ses alibis ou faire parler plus que de raison ceux qui ont peut-être eu l'honneur d'une révélation précoce des turpitudes de votre conjoint, aucune bonne enquête ne saurait être menée sans la participation active de vos amis.

Mais attention ! N'oubliez pas qu'ils ne savent pas ce que vous savez. Que vous ayez l'air de ne vous douter de rien, style limite godiche (« Mon Raoul et moi c'est tellement l'amour que je sais qu'il ne me trompera jamais »), ou que vous prêchiez le faux pour découvrir le vrai, en prétendant en savoir beaucoup plus que ce que vous savez vraiment (« Raoul m'a dit qu'il voyait une fille et qu'il t'en avait parlé, c'est qui cette conasse ? »), l'ami, le mâle notamment, est facilement manipulable.

Non seulement vous pouvez jouer de sa naïveté, ou de son manque d'information à propos de ce que votre cher et tendre vous a ou ne vous a pas avoué, mais vous pouvez aussi prendre votre amitié en otage. En ne vous révélant pas ce qu'il sait, l'ami de votre femme ou de votre mari a terriblement mauvaise conscience. Il hésite entre vous trahir, ce qu'il est en train de faire, et trahir votre moitié, ce qu'il s'apprête à faire, si vous jouez bien votre coup. S'il a la clairvoyance de se projeter un tant soit peu dans l'avenir, il hésite entre la peur de vous perdre et la peur de perdre cet ami. Évidemment, le rapport de forces varie selon le type de relations que vous avez avec ses amis.

N'hésitez pas sur les « Tu ne peux pas me faire ça à moi. » Si vous avez des infos croustillantes sur l'ami, et que votre conscience vous le permet, utilisez la menace de tout révéler.

« Dis-moi si Raoul me trompe, ou je dis à Virginie que tu t'es fait ta stagiaire à la soirée CE de mars 99.

– Mais comment tu sais ça, je ne l'ai dit qu'à Raoul, et il

m'a juré d'en parler à personne ! (C'est beau, la naïveté des hommes.)

– Visiblement, personne, ça ne m'incluait pas moi. (Les femmes ne respectent jamais les confidences sur l'oreiller.)

– OK, il a un peu flirté avec la standardiste, mais c'était il y a un moment, et il m'a juré que c'était la dernière fois qu'il te trompait. (L'homme mis en difficulté parle plus vite qu'il ne réfléchit.)

– Parce qu'il y en avait eu d'autres avant, je vais le crever ce fumier ! (La femme est sans pitié face à un homme sans défense.)

– Surtout, tu ne lui dis pas que c'est moi qui te l'ai dit... (Dans l'adversité, l'homme ne peut penser à rien d'autre que sauver sa propre peau.) »

Méthode anti-tromperie n° 8

Notons que l'ami est très utile pour fournir des alibis. Un petit coup de fil sur son portable au moment où il est censé être avec Raoul, vous prétextez que vous avez essayé de joindre Raoul sur le sien, mais que ça ne passait pas, et vous dites « passe-le-moi ». Si Raoul vous trompe, et ne se trouve donc aucunement avec son ami, l'effet est garanti. Liquéfaction, bredouillement, racrochage.

Les collègues de bureau

Il peut être aussi intéressant de tenter votre chance avec ses collègues, si vous les connaissez suffisamment. Encore plus fort, s'il ou elle a un(e) assistant(e), vous avez accès à une mine d'informations et à la quasi-totalité de l'agenda, le tout est de savoir envers lequel de vous deux cet(t)e assistant(e) sera loyal(e).

Le collègue de bureau est bien entendu le premier à contacter pour corroborer les affirmations de comités de pilotage qui s'éternisent, de missions au loin, de réunions de travail le dimanche. L'air de rien, vous appelez le collègue sur son poste en prétextant que c'est le standard qui vous a aiguillé là par erreur, vous lui demandez des nouvelles, et vous lui glissez « et toi aussi, ils t'ont forcé à partir en séminaire au Maroc ? ». Dans le meilleur des cas, le collègue est tellement surpris qu'il bredouille, vous indiquant que vous avez mis dans le mille. Autre hypothèse, le séminaire existe vraiment, et le collègue vous voyant venir, tente de rendre le séjour très rebutant « Tu sais j'y suis allé l'année dernière, on est restés cinq jours enfermés dans une cave à mater des transparents. » Là, il vous prend un peu pour une bille, si c'était pour rester dans une cave, ils n'iraient pas au Maroc, il y a quelque chose qui cloche, l'enquête continue.

Les réceptionnistes d'hôtels

Il peut arriver qu'infidèle ou non, votre conjoint soit amené à séjourner sans vous à l'hôtel. Déplacement professionnel, congrès, vacances décalées, et le voilà seul comme un rat dans son lit de 2 mètres de large. Avec un peu de finesse, vous manipulerez même le plus discret des réceptionnistes. Tout

est dans l'art de poser la question :
« Monsieur et Madame Untel sont-ils dans leur chambre ?
– Ah non, ils viennent de sortir. »

Bingo, vous l'avez bien eu ! Le truc moins drôle, c'est que vous êtes certain que votre conjoint vous trompe.

Les traces corporelles et matérielles

Comme les amants ne font pas que jouer aux billes, ils laissent l'un sur l'autre un certain nombre de traces, certaines délébiles, d'autres moins. La particularité de ces traces, c'est qu'il est très difficile, même pour les plus maniaques des infidèles, de les effacer toutes.

Il ou elle rentre à la maison, qu'est-ce que vous regardez ?

- **Ses yeux.** Bordés de reconnaissance, ou au contraire débordés de fatigue voire, pourquoi pas, de culpabilité.
- **Ses vêtements**. Sont-ils froissés, sentent-ils un parfum inconnu, comportent-ils des traces de rouge à lèvres, des taches suspectes, des trous, des cheveux (nous laissons volontairement de côté les paillettes, les faux cils et les faux ongles, présumant que nos lecteurs et leurs conjoints ont de la classe) ?
- **Sa peau** (cou, torse, dos). Est-elle couverte de rouge à lèvres, de suçons, de griffures ? Que sentent ses mains, sa bouche, son sexe ? S'il sent le savon, est-ce normal, après une éprouvante journée de travail ?
- **Ses cheveux.** Sont-ils décoiffés, plus ou moins gras que d'habitude, ou au contraire anormalement propres ou

mouillés pour l'heure qu'il est ?
- **Ses aisselles.** Il semble avoir été détenu 72 heures dans un puits de vase, ou s'être, au contraire, pavané dans les rayons d'un Séphora toute la journée ?
- **Toute anomalie de sa tenue vestimentaire.** Sa braguette, est-elle fermée, oui ou non ? Est-elle partie au bureau ce matin comme ça, sans culotte ni soutien-gorge ? Le zip de la robe détaché derrière, là, c'est normal ou pas ? Ses lunettes, d'habitude, ne sont pas si sales le soir, et sont-elles de travers ?
- **Ses accessoires :** alliance, lunettes, barrette, chouchou… Sont-ils bien en place ?
- **Le fond de ses poches et de son sac** : tickets de carte bleue, de parking, PV. Factures, objets, souvenirs divers (le stylo Kyriad, ça tue) journal intime, emballages de préservatifs, accessoires érotiques. Suréquipement en spray pour l'haleine, chewing-gum, lingettes nettoyantes, déodorantes, parfums en tous genres.
- **Le coffre de la voiture et son sac**, à la recherche d'une deuxième tenue, surtout s'il s'agit d'une minijupe et de bas résilles. À d'autres le coup du « c'est au cas où je me tache en mangeant ».
- **Ses habitudes.** Son déodorant, son parfum, sa coupe de cheveux, sont look ont-ils changé récemment ?

Bilan des courses : un amant est une véritable scène de crime. En le traitant avec la minutie d'un enquêteur de la brigade criminelle, s'il y a quelque chose à découvrir, vous le découvrirez. Et pour ceux que le côté flicage de ce chapitre a mis mal à l'aise, voici un petit test qui, nous l'espérons, saura vous détendre.

Test : « Mon conjoint est-il infidèle ? »

Lorsque l'on s'atermoie sur la fidélité de son conjoint, difficile de faire la part des choses entre paranoïa et signes tangibles. Et cette réunion du vendredi soir, est-ce vraiment une réunion ? Pourquoi garde-t-il son portable sur lui en permanence ? C'est nouveau de se maquiller comme une voiture volée pour aller au marché le dimanche matin ? Moins de signes de tendresse, une petite baisse de régime côté sexe, quelques critiques sur votre vie de couple, des retards inexpliqués et vous voilà en train d'endosser la casquette en tweed et la pipe de Sherlock Holmes, pour filer votre moitié et tenter de découvrir si il y a baleine sous gravier. Avant de renifler consciencieusement votre conjoint à chacun de ses retours au bercail, répondez au questionnaire suivant. Si vous êtes d'accord avec l'affirmation cochez VRAI. À l'inverse, si cela ne semble pas s'appliquer à votre couple, optez pour FAUX.

1. Mon conjoint semble distant. VRAI/FAUX
2. Il/Elle passe de plus en plus de temps hors de la maison, se passionnant tout à coup pour le golf, la randonnée, ou toute autre activité lui permettant de s'absenter. VRAI/FAUX
3. Ma moitié passe son temps au téléphone. Pourtant, elle ne laisse jamais son portable en évidence sur un meuble mais le porte en permanence sur elle. VRAI/FAUX

4. Il/Elle vient d'ailleurs de changer de forfait de téléphone mobile. VRAI/FAUX
5. Mon conjoint ne me propose jamais d'utiliser son téléphone. VRAI/FAUX
6. Il/Elle sait manifestement envoyer des textos mais ne m'en adresse presque jamais. VRAI/FAUX
7. Durant les week-ends, lorsque nous sommes en famille ou avec des amis, cela lui arrive de disparaître quelques instants, sans que je sache ce qu'il/elle fabrique. VRAI/FAUX
8. Il n'y a pas longtemps, il y a eu des appels bizarres à la maison. VRAI/FAUX
9. Mon conjoint ne semble pas très porté sur le sexe en ce moment. VRAI/FAUX
10. D'ailleurs, il critique un peu notre vie sexuelle et voudrait qu'elle change. VRAI/FAUX
10. Lorsqu'il ou elle refuse de faire l'amour, ses excuses sont différentes de celles des autres fois. VRAI/FAUX
12. Mon conjoint trouve toujours une bonne raison afin de ne pas se coucher en même temps que moi. VRAI/FAUX
13. Ma moitié évite les contacts physiques, comme les câlins spontanés ou les baisers. VRAI/FAUX
14. Il/Elle semble enfermé dans « son » monde en ce moment. Lorsque nous en parlons, il/elle déclare se poser des questions sur sa vie, sur son travail et me rassure en me disant que tout va bien entre nous. VRAI/FAUX
15. Il/Elle parle souvent de prendre du recul, d'avoir besoin

de faire le point, de partir quelque temps seul. VRAI/FAUX

16. Lorsque nous faisons l'amour, il/elle semble ailleurs. Plus aussi passionné par la chose qu'auparavant, beaucoup plus expéditif, surtout sur le câlin qui suit. VRAI/FAUX
17. Je ne suis pas vraiment sûr que je le/la fasse jouir en ce moment. Je me suis même demandé, s'il/elle ne simulait pas afin d'expédier cela au plus vite. VRAI/FAUX
18. Parfois mon conjoint semble m'observer comme s'il m'évaluait et voulait connaître ma cote à *l'Argus*. Son regard a une expression étrange, à mi-chemin entre la pitié et la froideur. VRAI/FAUX
19. Ma moitié est plus irritable qu'auparavant et me fait des scènes pour des choses qui n'en valent pas la peine. Ses emportements sont soudains, elle s'excuse puis s'enferme dans un mutisme parfait. VRAI/FAUX
20. Lorsqu'il est à la maison, mon conjoint se trouve souvent dans une autre pièce que celle dans laquelle je suis. Dans son bureau, sur son ordinateur, dans la chambre, la salle de bains, je ne sais pas ce qu'il y fait. VRAI/FAUX
21. Il/Elle fait de plus en plus attention à son look et prend davantage soin de sa personne. VRAI/FAUX
22. Ma moitié critique souvent mon apparence, me reproche de me laisser aller, de ne pas assez être dans la séduction. VRAI/FAUX
23. Il/Elle rentre un peu plus tard que d'habitude et très souvent épuisé. VRAI/FAUX
24. Mon conjoint s'est récemment rapproché de son/sa meilleur(e) ami(e) et passe son temps à déjeuner, dîner

ou à prendre des pots avec lui/elle. VRAI/FAUX

25. En société, ma moitié semble souvent absente. Elle fait les choses par automatisme tout en étant sur une autre planète. VRAI/FAUX
26. Toute incursion de ma part dans son bureau, ses affaires, son sac à main, le met dans un état second. VRAI/FAUX
27. Il/Elle utilise beaucoup plus d'espèces qu'auparavant. VRAI/FAUX
28. Récemment, ma moitié m'a proposé de partir en week-end, juste tous les deux. VRAI/FAUX
29. Mon conjoint m'a fait un beau cadeau il n'y a pas très longtemps. VRAI/FAUX
30. Il/Elle m'incite souvent à aller voir mes amis ou ma famille. Il/Elle propose même de garder les enfants. VRAI/FAUX
31. Certains défauts qui l'exaspéraient semblent désormais laisser mon amoureux totalement insensible. VRAI/FAUX
32. Des détails qui faisaient notre complicité au quotidien semblent désormais l'agacer. Il trouve ça puéril, enfantin et voudrait que les choses évoluent un peu à la maison. VRAI/FAUX
33. Il/Elle prend des douches en rentrant à la maison. Et il/elle a toujours une bonne excuse : le manque de climatisation dans sa voiture l'été, et la chaleur de sa doudoune l'hiver ! VRAI/FAUX
34. Depuis son retour de déplacement professionnel, mon conjoint est intarissable sur le pays, la région visitée.

D'ailleurs, tout ce qui a trait à cet endroit semble le fasciner. VRAI/FAUX

35. Il/Elle parle souvent de son nouveau collègue, de la stagiaire de la compta, du remplaçant du prof de sport. Ils ont beaucoup de choses en commun mais rien à craindre puisque lui/elle aussi est en main. VRAI/FAUX
36. Ma moitié s'est découvert de nouveaux goûts en matière de musique, de cinéma... VRAI/FAUX
37. Il/Elle fuit tout contact avec ses parents. VRAI/FAUX
38. Mon conjoint semble souvent mélancolique. VRAI/FAUX
39. De nouveaux numéros de téléphone sont apparus sur votre facture détaillée. VRAI/FAUX
40. Il/Elle ne m'a pas dit « Je t'aime » depuis une éternité. VRAI/FAUX

Résultats :

Vous êtes d'accord avec moins de 14 affirmations :
« Mer belle »

Arrêtez tout de suite la paranoïa et faites-vous soigner d'urgence ! Votre conjoint est un saint, qui ne sait même pas qu'il existe sur terre d'autres femmes ou d'autres hommes que vous. Et vous trouvez encore le moyen d'être jaloux ? En fait, si vous avez parfois l'impression qu'il ou elle semble momentanément préoccupé(e) ou absorbé(e), c'est tout simplement que vivre l'un sur l'autre en permanence, c'est épuisant. Ses obligations professionnelles lui pèsent-elles ? Arrive-t-il à un tournant dans sa vie ? A-t-il un problème avec un membre de sa famille ou un de ses amis ? Beaucoup de facteurs extérieurs peuvent expliquer les petites absences dont vous l'accusez. Si vous sentez qu'il traverse une phase d'interrogations, aidez-le en étant à ses côtés, sans pour autant l'accabler de conseils ou de reproches sur son manque d'attentions. À force d'être harcelée sur sa prétendue infidélité, votre moitié pourrait finir par avoir envie d'aller voir ailleurs, histoire que les reproches que vous lui faites soient fondés ! Arrêtez donc de voir le mal partout. À trop crier « Au loup ! » vous pourriez bien le voir débarquer au coin du bois.

Vous êtes d'accord avec 15 à 24 affirmations : « Mer agitée à peu agitée »

Vous êtes dans la zone de danger. Avec ce résultat, il n'y a que deux options. Soit votre conjoint vous trompe mais il est très fort, et met tout en œuvre afin de vous dissimuler son infidélité ; soit il se pose beaucoup de questions sur votre couple, et tente de s'extraire le plus possible du quotidien. Copains, déplacements, réunions, tout est bon pour fuir la maison. Cette phase peut correspondre à un ras le bol vis-à-vis de votre vie (de couple) actuelle. Vous traversez peut-être une période transitoire, durant laquelle vous vivez davantage l'un à côté de l'autre que l'un avec l'autre. Cela ne cache pas obligatoirement une histoire parallèle. Pourtant, lorsqu'on fuit autant sa moitié et son domicile, la tentation n'est jamais bien loin. Avant de confronter votre conjoint sur sa possible infidélité, qu'il niera forcément à ce stade, essayez de trouver des preuves concrètes : factures de téléphone, absences répétées du bureau, mensonges mal organisés avec ses amis. Ouvrez l'œil, essayez de voir ce qui a changé récemment dans son comportement. Et si vous ne découvrez pas grand-chose de concret, c'est peut-être tout simplement qu'il n'y a rien à trouver.

Vous êtes d'accord avec plus de 25 affirmations : « Avis de grand frais »

Sans vouloir jouer les oiseaux de mauvais augure, avec autant de réponses positives, il semble plus que possible que votre moitié passe une bonne partie de ses journées à mettre les genoux derrière les oreilles à quelqu'un d'autre que vous. Absence de gestes tendres, de tendresse spontanée, manque d'enthousiasme, de complicité, irascibilité… Tous les ingrédients semble être réunis. Pourtant, vous vous dites que ce n'est pas possible, que votre couple fonctionne encore. D'ailleurs, vous faites toujours l'amour. Il n'y a pas si longtemps, vous parliez d'un grand voyage tous les deux, loin de toute contrainte. Il ou elle vous a laissé vous occuper des billets, de la destination, de l'organisation pour finalement trouver une excuse imparable, le séminaire annuel des inspecteurs Jeunesse et Sports dans le Puy-de-Dôme, et tout reporter d'un mois. À y regarder de plus près, cette excuse, était-elle vraiment en béton armé ? Qu'a-t-il mis dans sa valise avant de partir ? A-t-il pris son maillot de bain ? Étonnant lorsque l'on va dans le Massif Central, surtout au mois de mars, non ? Vous voyez où nous voulons en venir ? Ouvrez les yeux, et passez tout de suite à l'offensive en suivant nos conseils du chapitre suivant.

CHAPITRE 4

Comment survivre quand il ne vous reste plus que les yeux pour pleurer ?

> *« La faiblesse humaine est d'avoir des curiosités d'apprendre ce qu'on ne voudrait pas savoir. »*
>
> **Molière**, dramaturge

Comment réagir quand on sait ?

Vous vous en doutiez depuis des semaines, Jean-Pierre, votre Jean-Pierre, celui qui vous a fait découvrir l'Amour, la côte normande au mois de février, le camping naturiste, la position de la « petite cage » et le saumur-champigny glacé, votre

Jean-Pierre donc a une aventure. Des retards, quelques mensonges, une soudaine passion pour la douche en rentrant du bureau, des textos en plein dîner familial vous avaient mis sur la piste. Depuis que le teinturier, avec un sourire gêné et un clin d'œil complice, vous a rendu un de ses costumes accompagné d'une petite chose en dentelle noire, paraît-il tombée de sa poche lors du lavage, vous voilà en train de remonter la file de gauche de l'autoroute de la tromperie. Maintenant, vous en êtes sûre. Il vous trompe. Pire, vous savez avec qui. Cindy, la nouvelle commerciale de sa boîte.

Votre première envie, une fois passé, dans l'ordre, la volonté de l'émasculer avec une petite cuillère rouillée, de le pendre par les joyeuses, de lui fouetter le corps avec des bouquets d'orties, de l'asseoir nu à même le sol dans une dense bambouseraie ; c'est de courir chez « Bitton et associés » lui faire une scène en bonne et due forme devant l'usine au grand complet et surtout devant cette petite traînée qui a osé poser ses lèvres surcolorées sur Votre Jean-Pierre.

Tolérance zéro ?

36 % des personnes interrogées pensent qu'un couple ne peut supporter aucun écart conjugal. En revanche, 35 % des Français pardonneraient moins de 5 écarts. 16 % fermeraient les yeux jusqu'à 10 écarts, et 7 % de bons samaritains accepteraient plus de 10 écarts.

Source : sondage BVA/*Paris Match*, 1997

Le ridicule ne tue pas, mais presque

À première vue, une scène, ça peut paraître une bonne idée, un truc qui libère, une manière de mettre fin à cette tromperie dans l'instant. Mais, en y regardant à deux fois, jouer les harpies autour de la machine à café du 4e étage, vous avez plus à y perdre qu'à y gagner. Même si votre Maman vous a seriné toute votre enfance que le ridicule ne tuait pas, pas la peine d'ajouter la honte et le malaise à la liste des trucs qui vous plombent le moral, au moment où vous venez de découvrir que votre moitié baguenaude dans d'autres pâturages.

En premier lieu, évitez donc l'esclandre en public. La scène de ménage, c'est bien, mais sans témoin, ça laisse moins de traces. Certes, vous n'avez qu'une seule envie : prendre la terre entière à témoin du fait que votre conjoint vous a roulé dans la farine, a traîné votre patronyme dans la fange, a lancé un anathème sur les cinq prochaines générations de vos descendants. Ça s'appelle l'instinct, le naturel, et c'est normal de réagir ainsi lorsque tant de malheur s'abat sur vous.

Pourtant, vous feriez mieux de réfléchir aux conséquences de vos actes.

> « La différence entre les deux sexes est si réelle qu'une femme passionnée peut pardonner une infidélité, ce qui est impossible à un homme. »
>
> **Stendhal,** écrivain

Apprenez à gérer les proches

Exposer ses problèmes d'alcôve sur la place de grève, alors que vous ne savez pas encore si votre conjoint s'est permis une escapade pour la nuit ou qu'il compte vous planter là pour la vie, c'est risquer de mettre votre couple à feu et à sang pour quelque chose qu'il ou elle regrette peut-être déjà.

Le propre des querelles d'amoureux étant d'apparaître et disparaître en quelques heures, au pire en quelques jours, elles sont hermétiques à toute personne extérieure. Le barbecue dominical avec Stéphane et Valérie Fâcheux et leurs quatre adorables enfants tourne au pugilat pour une histoire de conseil de cuisson de Belle-Maman ? Une semaine plus tard, pour vous, la page est déjà tournée – un dîner aux chandelles et une nuit passée à essayer la position de l'établi ouzbek ont effacé ces chamailleries – alors qu'eux sont restés bloqués sur l'image de vous, Matthieu, essayant d'embrocher Florence avec les piques des brochettes de poulet. Et le pire, c'est qu'ils vont vous en parler pendant des semaines. Imaginez donc qu'ils assistent à une scène portant sur quelque chose de sérieux, quelque chose qui les menace, quelque chose pouvant les frapper à tout instant comme l'infidélité... Le vrai risque alors est que, si vous parvenez à survivre à cette crise, et à retrouver une relation équilibrée, les témoins de vos scènes se débarrassent difficilement de l'image négative que vous leur aurez donnée de votre couple.

Pas la peine non plus d'appeler Belle-Maman en pleine nuit pour lui annoncer qu'au moment où vous lui parlez, son fils est en train de carboniser la boîte automatique du break familial pour suçoter les genoux de la nouvelle inspectrice d'académie. Laissez donc les parents, les siens comme les vôtres, en dehors de tout cela. Racontez-leur que vous vous sentez mal, qu'en ce moment votre couple traverse une crise, que vous n'êtes plus sur la même longueur d'onde, mais évitez à tout prix les détails.

Règle d'or n° 1

Neutralisez les proches pour éviter toute réaction malvenue :

✓ Ils peuvent faire caisse de résonance en amplifiant ce que vous ressentez.

✓ Une fois la tempête derrière vous, ils pourraient bien agir comme une chambre d'écho.

Pour votre famille comme avec vos amis, pensez futur, pensez loin. Si aujourd'hui, en pleine crise, vos proches peuvent sembler un soutien appréciable, alors que tout s'écroule autour de vous, imaginez-vous dans quelques mois, une fois la situation tassée. Pourront-ils renouer des relations sereines avec Matthieu, alors que vous leur aurez raconté ses après-midi brûlantes dans les chambres de l'*Auberge du Joyeux Ramoneur* ? Ne seront-ils pas tentés de vous servir un couplet sur son infidélité dès qu'un nuage viendra obscurcir votre bonheur conjugal retrouvé ?

Pensez à tout cela avant de vous lancer dans un grand déballage de printemps. Et réservez vos interrogations et atermoiements pour ceux de vos proches qui ont été informés des événements parce que vous ne pouviez pas faire autrement.

Trouvez qui est dans la confidence

Que vous ayez découvert les activités illicites de votre conjoint en le retrouvant en plein après-midi dans le lit conjugal avec son compagnon de jeux, que vous l'ayez appris par un ami mal intentionné, par une lettre anonyme ou par la bouche même de l'infidèle dans un grand élan de sincérité, il est important de savoir combien vous êtes dans la confidence. Et là, il n'existe que trois cas de figure, classés par ordre de gravité croissante.

- **Votre moitié est un ancien agent du KGB**, rompu aux techniques de camouflage et de désinformation les plus sophistiquées. Elle n'a jamais été vue en galante compagnie, elle a fait baigner le réceptionniste de l'Ibis du coin dans l'acide, afin que ses parties de slip sur la tête n'aient pas de témoin. Tout va bien, vous n'êtes que trois dans la confidence.
- **Vous vous êtes casé avec un conjoint sympa, très proche de ses amis**. Le genre peu réservé. Là, la tâche est plus vaste. Il va vous falloir deviner quelles sont les personnes de confiance que votre cher et tendre a choisi d'honorer du récit haut en couleurs de ses frasques extraconjugales. Un peu d'astuce et d'espièglerie devraient vous permettre de trouver les dépositaires du secret.
- **Vous vivez avec le fondateur du Club des LDP, c'est-à-dire Langues de Putes**, celui pour qui le forfait mobile illimité a été inventé. Sa vie consiste à faire circuler des informations dans tous les sens. C'est la fille la plus sympa de la Terre, le mec le plus populaire de sa boîte, il a des millions d'amis… aïe ! Ces gens-là parlent, beau-

coup et à tout le monde. Il va falloir jouer serré et mener seul(e) votre petite enquête, à moins que vous ne décidiez qu'au-delà du cercle des très proches, ce que disent les uns et les autres ne porte pas à conséquence.

Les bons côtés du statut de victime

Dans votre malheur, vous avez une chance énorme. Vous êtes une victime. Victime de la trahison de votre moitié, de la faiblesse de sa chair, victime de la société qui prône l'épanouissement personnel et sexuel au détriment de la morale et de la droiture. Et les victimes ont toujours raison.

Que vous ayez délaissé votre conjoint depuis des mois pour vous vautrer devant le petit écran tous les soirs, que votre dernier forfait épilation remonte à l'accession de Giscard à la Mairie de Chamallières, que tous vos week-ends soient consacrés à l'amélioration de la carburation de la Laguna familiale... Quels que soient vos prétendus torts, il/elle vous a trompé(e), c'est vous qui avez été abandonné(e) comme un épagneul breton sur une aire d'autoroute un 1er juillet, et c'est vous que tout le monde va plaindre.

Règle d'or n° 2

Gardez à l'esprit que les victimes ont toujours la cote.

D'abord, tout le monde s'occupe de vous. Amis, copains, famille, tous ceux qui savent et qui vous aiment vont, très vite, vous gratifier de leur soutien permanent, vous enfouir sous des tombereaux d'amour, de coups de téléphone, de mails dégoulinants de « Ma Chérie, je pense à toi et ton Étienne, je t'ai toujours dit qu'il ne valait pas un pet de lapin. » Sauf que vous, votre Étienne, vous y tenez, surtout que depuis le temps, vous l'avez customisé à mort, et que vous ne voudriez pour rien au monde vous retaper tout ce boulot avec un autre. Entre les déjeuners passés à raconter aux saint-bernard de l'amitié comment votre moitié est tombée dans les filets de cette Miss Monde de Prisunic, et les sorties réconciliations/reconquête tendance « face nord de l'Anapurna sans oxygène » avec l'infidèle, vous n'aurez bientôt plus une minute à vous.

> « La fidélité conjugale, une terrible démangeaison avec défense de se gratter. »
>
> **Aurélien Scholl,** journaliste et romancier

Misez sur sa culpabilité

Puisque vous êtes une victime, vous allez pouvoir jouer à fond la carte de la culpabilité. Il ou elle vous a trompé, vous l'avez appris, il ou elle se sent donc coupable, vraisemblablement prêt à tout afin de s'amender. Libre à vous de miser sur sa culpabilité et d'obtenir ainsi les changements que vous appeliez en vain de vos vœux depuis tant d'années. Elle n'a jamais voulu porter des dessous sexy et prendre davantage soin d'elle ? Messieurs, maintenant que vous l'avez surprise attachée avec son string à sa chaise de bureau par le commissaire aux comptes de sa boîte, nous vous parions qu'elle ne rechignera plus à troquer ses collants en laine pour des Dim'up si vous le lui demandez. Mesdames, cette bague si belle, que vous aviez repérée en septembre dernier et que le Père Noël a délibérément « oublié » de déposer dans vos petits souliers, quelques soupirs et une boîte de Kleenex devraient suffire à la faire tomber dans votre escarcelle.

> « Le mari trompé est comme l'escargot : il n'a d'yeux qu'après les cornes. »
>
> **Dr Camille Stréletski,** psychiatre

Utilisez également la culpabilité de votre moitié infidèle afin d'améliorer votre quotidien. C'est une source d'énergie gratuite, renouvelable et non polluante. Il a toujours rechigné à faire le lit et à sortir les assiettes du lave-vaisselle ? Désormais, ce sera obligatoire, vous serez même étonné de constater à quel point il fera cela de bon cœur.

Et ça marche également pour renvoyer votre compagne derrière ses fourneaux, en prétextant une allergie soudaine aux surgelés. Se servir de la culpabilité de l'autre pour obtenir des biens ou des services, ce n'est pas ça qui lavera votre orgueil et vous aidera à faire le deuil de la confiance perdue, mais c'est une manière facile et rapide de se mettre du baume au cœur, sans faire de mal à personne. Il ou elle n'avait qu'à pas fauter.

Comment éviter de jouer les détectives ?

Une fois le forfait connu, la première question que vous aurez envie de poser sera « avec qui ? ». Pour davantage de détails en matière de choix du partenaire illicite, reportez-vous au chapitre 2. Et les détails, vous allez en être affamés dès que vous apprendrez que votre moitié est allée s'envoyer en l'air ailleurs.

Règle d'or n° 3

Ne posez JAMAIS les questions suivantes :

✓« Qu'est-ce qu'il a de plus que moi ? »

✓« Te fait-elle mieux l'amour ? »

✓« Est-il plus attentionné, mieux monté, plus endurant, plus créatif ? »

✓« Est-elle plus belle, plus mince, plus branchée sexe, plus riche ?"

Qu'elle soit positive ou négative, vous serez toujours déçu par la réponse.

Rapidement, vous voulez tout savoir, tout découvrir. Sur le méchant, sur la méchante qui a fait éclater votre bulle de félicité conjugale en deux coups de cuillère à pot, mais également sur leur relation, le nombre des forfaits, les lieux du crime, comment tout cela a commencé...

Partir à la chasse au scoop sur l'infidélité de son conjoint, c'est à la fois très naturel et très malsain. Si votre volonté est de surmonter l'écart de conduite de votre moitié, mieux vaut ne pas chercher à savoir. Il va déjà vous falloir tellement de courage et d'amour afin de réussir à passer outre cette trahison, pour ne pas aggraver la chose en surchargeant cette aventure de détails encombrants. Et puis, vouloir en savoir plus, c'est accorder de l'importance à l'événement, ce que, puisque vous avez décidé de survivre à la crise, vous ne voulez pas faire. Au stade où vous en êtes, apprendre qu'ils ont commis l'irréparable dans votre lit, sur la couette conjugale, qu'ils passaient tous les vendredis après-midi à l'hôtel, histoire de prendre des forces avant la séparation du week-end, qu'il n'a jamais connu une telle extase, qu'elle lui a fait découvrir son restaurant favori, qui était également celui dans lequel vous vous êtes rencontrés, tout cela peut rapidement se révéler insoutenable. Vouloir connaître leurs lieux habituels de rendez-vous, son parfum, sa voiture, sa position favorite, c'est vous coller des cauchemars pour les dix prochaines années, c'est vous interdire des lieux, des actes, des positions sous prétexte que votre conjoint faisait cela avec l'Autre.

Vouloir tout découvrir de la liaison de votre partenaire, c'est cultiver votre propre malheur.

Tu ne fileras point

Un quart des affaires traitées par les agences de détectives privés françaises concernent des soupçons d'infidélité. Leurs clients : une majorité de femmes et de plus en plus d'homosexuels.

Source : sondage *Sofres/Questions de Femmes*, 1996

En revanche, si vous avez décidé que son infidélité sonnait le glas de votre vie de couple et que désormais, chacun vivrait de son côté, connaître les détails de son écart de conduite peut vous aider à faire le deuil de votre relation. Découvrir que finalement, sa vie parallèle n'est pas si torride que ça, que son maître nageur ressemble davantage à Jean-Claude « *aware* » Van Damme qu'à Jean-Marc Barr dans *Le Grand Bleu,* que la blondasse avec laquelle il a fauté n'a pas plus d'abdos en carrés de chocolat que vous, et que ses fesses ne rentreraient pas dans vos jeans... ça peut facilement vous aider à voir les choses en face, et vous dire qu'il ou elle ne vous a pas préféré James Bond ou Emma Peel, mais un homme ou une femme véritable. C'est basique, ça fait toujours mal lorsqu'on l'apprend de la bouche même de l'infidèle, mais au moins, ça met fin aux fantasmes et vous donne des bases saines pour vous reconstruire.

> « L'enfer ne contient pas plus de furie qu'une femme dédaignée. »
>
> **Groucho Marx,** comédien

« C'est lui ou moi ? »

Voici la question qu'il ne faut poser sous aucun prétexte. Cela fait très film, très truc définitif qui va vous sortir de la crise en un instant. Mais attention, un cliché, ça marche rarement dans la vraie vie. « C'est lui ou moi ? », c'est un jeu où tout le monde perd. Poser cette question, c'est comme faire appel aux forces obscures pour qu'elles viennent au plus vite vous délivrer du mal. Pour vous, c'est une incantation ne pouvant appeler qu'une réponse : « c'est Toi ». Et en règle générale, lorsqu'on en arrive à poser un tel ultimatum à son conjoint, c'est que la situation est tout à fait désespérée. Beaucoup ont osé, et la grande majorité ont eu tout faux : le fautif, selon les critères de la morale judéo-chrétienne, est parti avec « lui » ou « elle ». Carapaté. Disparu. Le génie est rentré dans sa lampe, installé ailleurs, commençant à reconstruire sa vie dès le lendemain de cette réplique de *western* au rabais. Avant de lancer un « c'est lui ou moi ? » définitif, prenez le temps de réfléchir un instant à la mauvaise réponse, celle que vous ne souhaitez pas. Que ferez-vous ? Que fera-t-il ? Comment réagirez-vous ? Voulez-vous vraiment lui donner un choix aussi radical ?

Les yeux fermés

15 % des personnes interrogées se sentent capables de fermer les yeux par amour, sur les infidélités de leur conjoint. 85 % estiment ne pas en avoir le courage.

Source : sondage IPSOS/*Vital*, 1998

Faut-il répliquer ou pas ?

Dans les sondages sur les causes de l'infidélité, le fait de tromper pour se venger n'apparaît pas dans les cinq premières motivations pour les hommes, tandis qu'elle constitue la seconde raison qui pousse les femmes à se laisser arracher le string avec les dents par au choix : leur prof de sport, le plombier ou le commercial de passage. Les femmes seraient donc davantage branchées loi du talion que le hommes. Et en matière de vengeance, il y a deux écoles : la jusqu'au-boutiste et la pacifiste.

Vouloir se venger lorsqu'on apprend que son conjoint est allé voir ailleurs peut sembler naturel. « J'ai tellement souffert quand il m'a trompé que je vais lui faire vivre la même chose. » Notez que, s'il vous a trompé, peut-être se moque-t-il totalement que vous le trompiez. Peut-être accueillera-t-il la nouvelle avec un « ouf » de soulagement. Car en égalisant le score, vous apaisez aussi sa conscience. Est-ce vraiment ce que vous souhaitez ?

Heureusement, il existe des motivations, disons, plus positives. Vous aussi, vous voulez faire l'amour avec un autre, vous voulez connaître les étreintes empreintes de fraîcheur et d'inconnu. Vous voulez vibrer au rythme des textos arrivant sur votre portable, et découvrir l'odeur d'une nouvelle peau. Sauf qu'à moins d'avoir su garder au frais pendant des années dans une chambre froide un ancien amoureux éploré, le climat émotionnel dans lequel vous évoluez depuis la découverte de la trahison de votre conjoint ne vous place pas dans le peloton de tête de la séduction.

À moins de déraper avec un ou une de vos amies au courant de la situation et toujours prêt à faire don de son corps pour vous remonter le moral, il faut être extrêmement fort pour réussir à lécher ses plaies tout en se remettant suffisamment sur le marché afin de trouver un candidat avec lequel vous puissiez vous venger. Vous nous direz qu'il n'est jamais impossible de trouver un partenaire furtif pour une étreinte rapide en cas de besoin, mais un petit coup pour une nuit, est-ce vraiment suffisant pour se venger de l'histoire de fesses entre Bertrand et sa secrétaire qui dure depuis plus de six mois ? Voilà en fait le véritable problème de la vengeance : il n'existe pas de tableau d'équivalence, et on ne sait pas comment répliquer proportionnellement au mal qu'on vous a fait. À ce petit jeu-là, vous avez davantage à perdre qu'à gagner, et il y a de fortes chances qu'une fois la vague de plaisir passée, vous vous demandiez ce que vous faites à demi nu à l'arrière de votre Twingo à 23 heures sur le parking du Auchan, en compagnie d'une fille dont vous ignorez jusqu'au prénom. Et le pire dans cette histoire, c'est que comme l'attirance ne se décrète pas, il n'est pas sûr que vous réussissiez à faire l'amour de façon convenable. C'est le scénario catastrophe de la panne technique, qui ne fera qu'ajouter à votre malaise.

> « Le Christ a pardonné à la femme adultère. Parbleu ! Ce n'était pas la sienne. »
>
> **Georges Courteline,** écrivain

Vous l'aurez compris, nous ne sommes pas forcément des partisans du plan œil pour œil, cunni' pour fellation, fellation pour cunni'. Nous avons un penchant pour la voie pacifiste. Il semble en effet plus constructif de mettre toute votre énergie dans la reconquête de l'infidèle, plutôt que dans la quête d'un hypothétique plan cul, pour aller crâner devant votre conjoint, histoire de lui montrer que vous aussi, sur le marché de l'occasion, vous êtes encore coté. Si vous avez la dent dure ou que prendre l'air, ça vous tente vous aussi, goûtez au plaisir défendu, et revenez vite fondre sur le seul objectif qui en vaille la peine : votre cher et tendre.

Comment remettre son couple sur les rails lorsque le pire est arrivé ?

> *« Dans un couple, il ne suffit pas de parler, encore faut-il s'entendre. »*
>
> **Jean-Paul Dubois**, écrivain

Vous savez, il sait que vous savez, vous savez qu'il sait que vous savez… La situation est claire. Maintenant reste à surmonter la situation, et ça ne va pas vraiment être une partie de plaisir. Si vous décidez de rester, il faut que ce soit pour une bonne raison, une raison que vous allez devoir invoquer souvent, afin d'avoir la patience et l'abnégation de surmonter ce que vous venez de subir.

En avant, toute !

✓48 % des personnes mariées interrogées surmonteraient une grave crise conjugale pour les enfants. 16 % parce qu'elles partagent les mêmes passions ou une même vision de la vie que leur conjoint. 11 % parce que, malgré tout, elles admirent leur conjoint. 5 % parce que le désir reste primordial dans leur couple. 1 % parce que leur conjoint les fait rire. 4 % pour des convictions morales ou religieuses. 4 % parce que financièrement, ce serait un désastre. Et 1 % à cause de la pression de leur entourage.

✓Chez les concubins en revanche, 37 % des personnes interrogées surmonteraient une grave crise conjugale pour les enfants. 32 % parce qu'elles partagent les mêmes passions ou une même vision de la vie que leur conjoint. 12 % parce que le désir reste primordial dans leur couple. 7 % parce que, malgré tout, elles admirent leur conjoint. 6 % parce que leur conjoint les fait rire (les concubins seraient-ils plus drôles que les mariés ?). Seulement 1 % pour des convictions morales ou religieuses. 1 % également parce que financièrement, ce serait un désastre. Et 0 % à cause de la pression de leur entourage.

Source : sondage IPSOS/*Voici*, 1995

Soyez là, tout simplement

La première chose à faire face à l'adversité, c'est d'être disponible et, si possible, à l'écoute. Pas facile, direz-vous, de prêter une oreille attentive à son conjoint lorsque votre seule envie est de lui passer les parties génitales au goudron et aux plumes. Le challenge est grand et nous ne vous cachons pas qu'il faut des semi-remorques complets d'amour et de bonnes intentions – un séminaire de dix-huit mois dans un monastère zen peut également s'avérer utile – pour réussir ce tour de force.

Pourtant, sans écoute, point de salut. Vous l'avez compris, pas d'infidélité sans problème de couple, sans manque plus ou moins réel à combler.

Être là ne signifie pas forcément jouer les Macha Béranger de l'infidélité, les Mère Térésa du bon sentiment. Zappez donc les « Chérie, tu sais, j'ai tellement besoin qu'on m'aime, c'est à cause du divorce de mes parents, il fallait que j'aille voir si une inconnue pouvait tomber amoureuse de moi pour me rassurer », faites la sourde oreille aux « C'est ma crise de la quarantaine » – interchangeable avec l'angoisse des 30 ans, la crise conjugale de trois, cinq ou sept ans le post-partum – il fallait que je le fasse pour me rassurer ». Pas la peine qu'il en fasse trop, vous n'êtes pas l'Abbé Pierre.

Vous devez être là pour aider votre conjoint, pas pour qu'il déverse des brouettes de culpabilité à vos pieds sur le tapis du salon.

> « La fidélité est l'art de ne pratiquer l'adultère que par la pensée. »
>
> **Decoly,** écrivain

Occupez le terrain

Lorsqu'on vient de découvrir que sa moitié a été infidèle, partir, c'est souvent la facilité. Vouloir mettre le plus de distance possible entre vous et celui qui s'est vautré dans le stupre en compagnie de cette blonde décolorée, c'est tout à fait normal. Pourtant, en le mettant à la porte du domicile conjugal, ou en partant dormir chez votre meilleur ami avec votre slip et vos pilules, vous lui laissez le champ libre, ainsi que la jouissance totale du canapé du salon. Drapé dans votre orgueil souillé, vous ne voulez plus avoir de contacts avec lui pendant quelque temps ?

Attention : en étant absent, vous laissez un boulevard à votre ennemi.

Si rester vous est insupportable, optez pour une évasion de quelques jours, pour faire le point, mais également afin qu'il ou elle prenne l'exacte mesure de ce que vous venez de découvrir.

Puis, dès que vous vous sentez un peu mieux, réintégrez dare-dare le domicile conjugal. Puisque vous avez décidé de vous battre pour sauver votre couple, cramponnez-vous à la porte d'entrée, enchaînez-vous au canapé du salon, sécotinez-vous au lit conjugal. Vous devez être visible, omniprésent, occuper le territoire à mort. Votre conjoint a profité du fait que vous aviez le dos tourné pour essayer la position 78 *bis* du *Kama-sutra,* celle du mobile céleste, où la femme est suspendue par les hanches et tourne au-dessus du sexe de son compagnon de jeu, désormais « Plus de ça mon ami, celle que tu vas avoir sous le pif en permanence à partir d'aujourd'hui, c'est Bibi ! »

> « On pardonne les infidélités, mais on ne les oublie pas. »
> **Madame de La Fayette,** femme de lettres

Retrouvez les fondamentaux de votre couple

Les sports extrêmes, la broderie, les films des Marx Brothers, les nocturnes de Chopin, les compétitions de lancer de nains… Voilà tout ce qui a fait que Nadine du service courrier s'est mis à la colle avec Edgar, le responsable de la maintenance. Et quand Edgar a appris que le corps de sa douce gazelle des sables avait été éreinté des nuits durant par les coups de boutoir de Marco, le nutritionniste de la cantine, il a cru que son monde s'écroulait. Et puis, il s'est dit que lui, au moins, connaissait le prénom du Marx préféré de sa *choupinette en sucre*, qu'il savait qu'à chaque fois qu'elle se retrouvait seule devant la porte ouverte de l'avion avec son parachute sur le dos, elle implorait la Vierge en se demandant ce qu'elle avait bien pu faire au bon Dieu pour devoir se jeter dans le vide 3 000 mètres au-dessus du sol. Bien qu'aveuglé par la colère et la jalousie, Edgar a eu l'intuition qu'il pouvait la remettre dans le droit chemin en cultivant ce qui les avait fait craquer l'un pour l'autre. Du coup, moins d'une semaine après avoir avoué son forfait, Nadine se retrouvait embarquée dans un stage de sports extrêmes au fin fond du désert tunisien, durant lequel, saucissonnée à son Edgar par le même parachute huit heures par jour, elle n'avait plus une minute à elle, pour penser à son mirliton d'opérette.

Déstabiliser l'autre en le dépaysant, en le surprenant, en

lui offrant tout ce que vous lui avez toujours refusé, ou tout ce que vous n'avez jamais trouvé le temps de faire, c'est la meilleure technique pour le récupérer. Veillez toutefois, si vous le pouvez, à sélectionner un endroit où les portables ne passent pas, ce qui assurera un sevrage encore plus efficace.

Après tout, récupérer un conjoint infidèle en flattant ses « bas » instincts comme le sexe, le besoin d'attention, la vénalité, le goût pour le sport et l'évasion, le désir d'exotisme... bref, en lui proposant à la maison tout ce qu'il est allé chercher ailleurs, cela peut paraître vulgaire à ceux qui refusent de se lancer dans une grande opération de reconquête pour une personne déjà censée leur appartenir depuis la séance photo sur les marches de la mairie il y a douze ans. Mais ça marche, c'est sûr. Alors à vous de voir si vous préférez faire dans le subtil mais digne, tendance visite hebdomadaire obligatoire chez un psy, pour traiter son pseudo priapisme, ou alors dans le racoleur mais efficace.

> « Faire confiance est une preuve de courage, être fidèle est un signe de force. »
>
> **Marie von Ebner-Eschenbach,** femme de lettres

Apprenez à refaire confiance

L'énorme difficulté à laquelle on se trouve rapidement confronté lorsqu'on partage la vie d'un(e) ex-infidèle, c'est la disparition de la confiance. Comment ne pas voir le mal partout une fois qu'on a été trahi ? Chat échaudé craint l'eau froide. Il est normal de devenir quelque peu parano, dès que votre moitié passe le pas de la porte si récemment, vous venez d'apprendre que ses RTT de l'année sont intégralement passées dans des jeudis après-midi crapuleux au Novotel du coin. Le coupable aura beau avoir juré ses grands dieux que vous ne le reprendriez plus à faire « crac boum hue » avec le facteur, rien ne pourra, dans un premier temps, effacer de votre esprit la photo compromettante que vous avez trouvée dans son portefeuille. Et pourtant, il faudra bien que vous vous preniez en main pour remonter la pente. Voilà quelques trucs à appliquer.

- **Évitez les interrogatoires à la *X-Files*.** Vous n'êtes pas les agents Mulder et Scully. Au début, l'infidèle portera le poids de sa faute sur ses épaules. Il pardonnera toutes vos remarques exaspérées et suspicieuses. Puis il va bien vite se lasser. C'est alors qu'il faudra tourner sept fois votre langue dans votre bouche avant de lui faire partager vos angoisses.
- **Accordez-lui la présomption d'innocence.** Pour sortir du cercle infernal infidélité-suspicion-jalousie, la seule personne sur laquelle vous puissiez compter, c'est vous. N'attendez pas d'aide de la part de votre conjoint. Il pourra vous rassurer avec quelques bonnes paroles, mais si vous êtes vraiment jaloux, vous n'entendrez que de jolis mensonges, comme ceux avec lesquels il vous a endormi lorsqu'il allait butiner la pâquerette de sa coiffeuse. Cependant, jusqu'à preuve du contraire, il a fait amende honorable, et le passé est maintenant derrière

vous. Sauf bien sûr s'il continue à passer 8 heures chaque week-end avec son/sa amant tout en jurant mordicus que c'est de l'histoire ancienne... Lâchez-lui la grappe, ça vous fera à vous aussi des vacances.

- **Souvenez-vous que la peur n'éloigne pas le danger.** Ce n'est pas en vous faisant un sang d'encre à chacune de ses sorties que vous remettrez votre histoire sur la voie du bonheur conjugal. Optez donc pour la stratégie du « même pas mal ». Vous étiez prêt à faire installer une tapette à rat sur sa carte bleue pour qu'elle ne serve plus à réserver des chambres à l'Holiday Inn, et vous voilà désormais affichant la zénitude la plus totale. Vous êtes léger, vous êtes une plume, vous êtes l'Amour, vous êtes le Dalaï-Lama, enfin presque. Vous devez réussir à mettre à distance vos pensées les plus noires, afin de montrer à l'autre que vous êtes fort, que vous avez confiance en lui, confiance en un avenir commun. Et ça, c'est de la super-glue à ex-infidèle.

Essayez pour voir

20 % des Français pensent que les aventures extra-conjugales peuvent servir de stimulant sexuel au sein du couple.

Source : sondage *BVA/Psychologies*, 1999

Pourtant, aussi déterminés que vous soyez à sauver votre couple, gardez donc à l'esprit qu'en matière d'incartades, seul le premier pas compte. Qui a déjà trompé, a compris qu'il/elle pouvait vous faire tolérer un truc aussi énorme, aura peut-être l'envie et la possibilité de recommencer. Et ce ne sont ni ses serments ni vos hurlements et menaces qui lui ôteront de l'esprit qu'un jour, prochain ou non, il/elle pourra s'en retourner prendre du bon temps ailleurs. Votre moitié a gouté à ce plaisir, a appris à se le faire pardonner et à regagner votre attention. Il/elle a désormais le mode d'emploi pour ne pas s'arrêter là... Et vous allez devoir vivre avec.

Serez-vous fidèles à jamais ?

« Ne jetez pas la pierre à la femme adultère… » Ça vous rappelle quelque chose ? Au choix, et en fonction votre confession, c'est du Brassens ou le verset 8 de l'évangile selon Saint Jean. OK, cette fois-ci vous avez été la victime, mais ne risquez-vous pas un jour de vous retrouver de l'autre côté de la hache ? De succomber vous aussi à la danse des sept voiles d'un mâle au charisme digne d'un Brad Pitt, avec un doctorat de physique nucléaire, ou d'une coiffeuse rousse ancien mannequin dotée à la fois d'un tour de poitrine surhumain et d'un QI de 195 ?

L'infidélité, c'est comme la cigarette, le Big Mac ou les profiteroles au chocolat, surtout celles où la glace est très fondue et le chocolat très chaud. On a beau savoir que c'est mauvais pour nous, quand notre petit corps nous la réclame, notre cerveau devient brusquement sourd. Il se met sur pause, et en moins de temps qu'il n'en faut pour l'écrire, on se retrouve les muqueuses emmêlées avec un partenaire de double mixte.

Pourtant, on a des principes, on ne voulait pas, c'est mal, c'est pas beau, il ne faut pas le faire...

À la vie, à la mort !
68 % des Français estiment qu'il est possible de rester fidèle toute sa vie.

Source : sondage IPSOS/*Vital*, 1998

La fidélité ne se décrète pas. Nous sommes tous des victimes potentielles. Évitez donc d'éventrer votre conjoint infidèle à coup de couteau à huîtres tout de suite, on ne sait jamais, il pourrait avoir envie, s'il survit, de retourner le couteau à pamplemousse contre vous un jour ou l'autre.

La mémoire de la peau
Demandez à vos parents, et même à vos grands-parents si, au cours de leur existence, ils se souviennent d'avoir été attiré, troublé par quelqu'un d'autre que leur conjoint officiel. Vous serez étonné du résultat.

Lancez l'opération séduction

On a beau se dire qu'après plusieurs années de vie commune, ce qui nous rattache à l'autre n'est plus de l'ordre de la séduction, comme les déodorants « 24 heures », le charme de votre moitié doit pourtant continuer à agir longtemps après la première application. Même si ce qui vous pousse à revenir à la maison le soir après le boulot, ce sont les enfants, les souvenirs et les traites de la 806, il est important que vous ayez également envie de rentrer parce que la personne avec laquelle vous partagez tout cela vous plaît encore. N'oubliez pas que tous ces satellites ne sont que des prolongements de votre histoire d'amour. Si vous vous êtes collés vingt ans de crédit sur le dos ou que vous avez 1,8 enfant, c'est qu'un jour, vous vous êtes plus et que vous avez décidé de tout vivre ensemble.

Malheureusement, lorsqu'on s'installe en couple, la séduction fait partie des premières victimes de la sale guerre du quotidien. À avoir l'autre sous le nez en permanence, on en oublie toutes les petites choses qui nous ont fait craquer chez lui : ses fossettes au coin des joues ou en bas du dos, ses yeux les plus doux du monde, son allure sportive… Tout cela finit par être zappé, enseveli sous des milliers de réveils côte à côte, et des centaines de retours stressé du boulot.

> « Les femmes devraient toutes faire du marketing, elles sauraient alors que le taux de satisfaction n'a rien à voir avec le taux de fidélité. »
>
> **Olivier Charzat,** journaliste

Cependant, des années après votre rencontre, et malgré le kilo annuel qu'il a pu prendre, votre conjoint est toujours le même. Son charme et ses fossettes sont bien en place. En revanche, vos coups d'œil admiratifs sur sa ligne, son dos, ses abdos ou ses fesses se font de plus en plus rares. La source de vos compliments s'est tarie. Les « tu es belle » ou le « qu'est-ce que tu me plais » sont aussi furtifs que le diamant du Youkounkoun dans *Le Corniaud*. Vous êtes devenu aveugle, insensible à son pouvoir de séduction.

Ciel, mon mari !

Un des aspects positifs de la découverte de l'infidélité, c'est que cette situation de crise met un sacré coup de pied dans la fourmilière des habitudes. Votre conjoint vous paraissait acquis, vous le connaissiez tellement par cœur, que vous étiez fin prêt pour participer à un jeu télé comme les « Z'amours » sur France 2, et reconnaître n'importe quelle partie de son corps en photo. Tout à coup, sur le point de le perdre, vous le voyez avec un œil neuf, un peu comme lors de votre première rencontre. Mais pour aboutir à cette renaissance, il vous faudra d'abord avoir surmonté la colère, et l'idée de l'éviscérer à l'aide de l'ôte-agrafes familial.

Heureusement, l'être humain est ainsi fait qu'après avoir passé plus de vingt ans à regarder sa femme comme un pot de fleurs, on peut soudain la trouver belle comme une jonquille, dès lors que l'on apprend qu'elle a préféré pratiquer la position du vérin slovaque avec un garçon de bain, plutôt qu'avec vous.

Elle ne vous séduisait plus, vous la trouviez extrêmement banale, pourtant vous voilà prêt à ramasser le gant et vous battre en duel pour reconquérir son exclusivité.

> « Le premier commandement de la femme adultère catholique : tu aimeras ton prochain comme le précédent. »
>
> **Philippe Bouvard,** journaliste

Vous devez utiliser l'électrochoc de la redécouverte du potentiel de séduction de l'autre, dans votre grande entreprise de reconquête. Un couple, c'est avant tout une histoire d'amour et de désir. Une fois le dialogue renoué, et les bases de votre relation consolidées, il est urgent de réussir à ranimer la flamme.

Et pour cela, toutes les énergies, positives et négatives, sont bonnes à prendre et à canaliser.

Souvenez-vous de votre premier rendez-vous : vous vous étiez préparée, vous vous étiez lavée les cheveux, vous aviez mis une jolie robe, ou vous aviez enfilé une chemise propre. Vous vous faisiez beau, même pour aller vous goinfrer de pop-corn à la séance de 14 heures de *Top Secret,* le chef-d'œuvre potache des frères Zucker. Vous vous regardiez souvent dans la glace, histoire de vérifier si votre mèche était toujours bien en place, ou si un morceau de salade n'avait pas malencontreusement élu domicile sur une de votre incisives. À l'étape suivante de votre histoire d'amour, Monsieur, vous enfiliez un caleçon propre avant chaque rendez-vous et Madame, vous remisiez par-devers vous les ensembles 100 % coton-100 % dépareillés pour ne sortir qu'en culotte brésilienne à froufrou et balconnet coordonné. Vos efforts furent récompensés et votre couple se retrouva en orbite géostationnaire.

Ce qui est rassurant avec la séduction, c'est que les recettes ne changent pas. Et il y a fort à parier que ce qui a fonctionné au début de votre histoire fonctionnera tout aussi bien aujourd'hui. Hygiène irréprochable, corps épilé, rasé, brossé, ferme et entretenu. Tenue impeccable pour les hommes, à tendance sexy pour les filles, sous-vêtements tout droit sortis d'une pub... Se mettre sur son 31, ça faisait déjà craquer nos grands-parents, et ça marchera vraisemblablement encore au prochain millénaire.

Messieurs, forcez un peu sur la galanterie et les compliments, Mesdames jouez les filles à fond. À moins d'être tombé sur un adepte forcené du grunge façon grande époque de Kurt Cobain, les hommes apprécient les femmes qui prennent soin d'elles, qui portent des jupes, des talons, des sous-vêtements sexy et qui se maquillent légèrement. Même si votre cher et tendre vous déclare à longueur d'année que son truc à lui, c'est le sportswear et les baskets, tâchez de ne pas ressembler en permanence à une pub pour les survêtements Tacchini. Il risque de filer avec la première bimbo venue, juste pour avoir le plaisir de voir une paire de jambes sortir d'une minijupe.

Messieurs, si en matière de mode masculine le choix est plus restreint, ce qui plaît, ce sont les hommes attentifs à leur apparence, ceux qui savent coordonner leur chemise et leur cravate, se rasent de près, sentent bon et donnent aux femmes l'envie de frotter leurs joues duveteuses contre les notres.

Rien de très sorcier là-dedans, juste des petites habitudes qu'il faut reprendre et qu'il aurait fallu ne jamais oublier.

Et le sexe dans tout ça ?

Vous l'avez peut-être deviné, toute cette opération séduction n'avait qu'un seul objectif : braquer les projecteurs sous votre ceinture. Vous êtes en crise, vous avez la tête à tout sauf à ça, c'est d'ailleurs pour cette raison que votre conjoint s'en est allé chasser sur d'autres terres. Il est temps de réagir.

> « Le sexe est ce qu'il y a de plus profond entre l'homme et la femme. »
>
> **Laurent Fabius,** homme politique

Manque de temps, d'envie, trop de stress, les enfants, les soucis… Il est loin le temps des dimanches passés sous la couette à faire des bêtises, des siestes crapuleuses et des petits coups rapides en extérieur. Après des années de cohabitation, où en êtes-vous vraiment ? Êtes-vous encore attiré par votre moitié ? Quelle est la fréquence de vos rapports ? Êtes-vous satisfait ? Prenez-vous du plaisir ? Vous sentez-vous frustré ? Que voudriez-vous de plus ?

Autant de questions auxquelles il va vous falloir trouver des réponses. Compte tenu de ce qui vient de se passer, il est important de dresser le bilan de votre vie sexuelle.

Au début d'une histoire d'amour, lorsqu'on rencontre quelqu'un, il y a trois comportements sexuels qui s'imposent :

a) Montrer qu'on est tendre. C'est le début, c'est l'amour, c'est tout mignon. On ne se prend pas comme des bêtes.

La Guerre du feu, c'est pour plus tard.

b) **Montrer qu'on a de la technique,** c'est-à-dire qu'on ne se contente pas d'un missionnaire, mais qu'on ajoute sa touche personnelle, comme caresser les cheveux, mettre les mains sur les fesses, faire des petits bruits dans l'oreille.

c) **Montrer qu'on a de la ressource**. Le couple moderne, lors des premiers rapports, aime à changer 407 fois de position. Vous passez du missionnaire à la levrette, au cunnilingus, au 69, au bord du lit, à debout contre la commode, etc. Cette agitation tous azimuts s'explique simplement :
   - On veut montrer qu'on est une bête de sexe, à défaut d'être une bête tout court.
   - On veut prouver qu'on sait tout faire.
   - N'ayant pas la moindre idée de comment faire jouir l'autre à coup sûr, on tente un peu tout. Parfois sans résultat : vous avez déjà certainement essayé, au restaurant italien, de composer votre pizza avec 36 000 ingrédients. Et vous avez pu constater qu'il en résultait une pizza… à rien. Sans saveur ni odeur, si ce n'est celle d'un trop plein de bonne volonté du pizzaïolo.

> « La différence entre le sexe et la mort, c'est que mourir, vous pouvez le faire seul, et personne ne se moquera de vous. »
>
> **Woody Allen,** cinéaste

Une fois les brosses à dents réunies bien au chaud dans le même verre, ces problèmes s'atténuent. En s'appliquant, et en remettant cent fois sur le métier son ouvrage, votre relation rentre dans une seconde phase. On y découvre comment expédier l'autre au septième ciel. Sa position favorite, ses préliminaires préférés, l'endroit où il aime être titillé... peu à peu, vous réussissez à décrypter le mode d'emploi du corps de votre partenaire.

Après ces deux phases euphoriques, la plupart des couples s'enlisent dans le bourbier de la routine. Le désir est là et, pourtant, le manque de temps fait que vous allez à l'essentiel.

Les préliminaires raccourcissent, les jeux érotiques sont sacrifiés, les positions acrobatiques sont abandonnées. Vous faites dans l'efficace, celle qui vous envoie tous les deux par-delà les nuages et qui vous permet de vous endormir juste après. Peu à peu, vos étreintes se mettent à se ressembler, vous prenez moins de plaisir, vous avez moins envie. Vous voilà frustré, confronté à la terrible réalité de la routine sexuelle.

Help...

En cas de difficultés sexuelles avec leur partenaire, 64 % des personnes interrogées iraient consulter un médecin, 22 % en prendraient leur parti et 11 % se chercheraient un amant ou une maîtresse.

Source : sondage CSA/VSD, 2000

Je veux jouiiiiiiiiiiiiiiir !

C'est un véritable drame, dans nos sociétés vouées à la jouissance. On ne vous apprend rien, les habitudes s'installant, il arrive qu'un des deux partenaires connaisse des difficultés récurrentes à atteindre l'orgasme. L'exercice reste agréable, comme en attestent les moult « ah oui, ah oui » qui font rougir de désir les voisins, mais inabouti.

Il est commun de penser que ce problème affecte davantage les femmes, promptes à tout « psychologiser », alors que les hommes, plus bruts de fonderie, pourraient même jouir en se frottant la verge contre un mur en crépis. Mais les choses ne sont pas si simples, et même le plus queutard des maris pourra se retrouver le manche à air en berne, pour cause de « tout le temps pareil ». Faire l'amour à chaque fois au même endroit, dans la même position, à peu près au même moment, et avec la même personne, ça lasse, que vous le vouliez ou non.

> « Je ne sais rien en matière de sexe, parce que j'ai toujours été mariée. »
>
> **Zsa-Zsa Gabor,** comédienne

Passé 30 ans, au moment ou l'on sent bien que le désir est en train de se faire la malle, nous sommes nombreux à penser que le ski, le crochet ou le golf procurent des plaisirs supérieurs à l'orgasme et que faire l'amour tous les jours n'est plus vraiment de notre âge. Le coït quotidien, voire pluri-quotidien, serait quelque chose qui daterait de nos jeunes années comme la fac, les chambres de bonne, les R5, Alf à la télé, et le Pulco devant Roland-Garros. Un bon souvenir dont la date limite de consommation est dépassée. Il n'y a pas d'âge pour faire l'amour et aimer ça, vous le savez, et pourtant, vous l'oubliez.

C'est toi qui as sorti l'aérofrein ?

À la question « Quels sont les éléments qui contribuent le plus à freiner votre plaisir sexuel », 41 % des interviewés répondent leur vie professionnelle ou familiale. 31 %, la routine. 15 % affirment que leur désir sexuel est moins intense qu'auparavant. 11 % ont des difficultés de communication ou s'entendent moins bien avec leur partenaire. 7 % disent que les attentes de leur partenaire ont évolué, en décalage par rapport aux leurs. 7 % se sentent moins performants. 5 % pensent ne plus avoir grand-chose à découvrir d'elle/lui et 3 % invoquent des sentiments moins intenses

Source : sondage BVA/Psychologies, 1999

Faire l'amour doit rester la chose la plus agréable de la Terre, et il faut vraiment être devenu totalement amnésique pour avoir mis le holà. Certes, le boulot, la maison, le quotidien, ça vous fait le même effet qu'un semi-remorque de bromure, et à la longue, la libido, quand vous rentrez à l'heure du « 6 Minutes » d'M6, c'est dans vos chaussettes qu'il faudrait la chercher. Après quelques années, 99 % des couples connaissent la même baisse de régime. Nous semblons tous avoir mieux à faire que nous vautrer sous la couette, comme si on avait remplacé le désir par la carte bleue.

De nouvelles sensations

Les Françaises sont 11 % à pratiquer la sodomie et 34 % la fellation. 29 % se masturbent et... 5 % ont déjà fait l'amour avec un objet.

Source : sondage IFOP/*Elle*, 1996

Comment savoir si c'est bon ?

La seule manière de lutter contre cette routine sexuelle qui, peu à peu, vient miner vos ébats, c'est le dialogue.

Jusqu'à la révolution sexuelle, après le coït, il y avait le silence. Lourd de sens, il pouvait tout aussi bien signifier :

- « Ah, ce qu'on est bien ! »
- « Qu'est-ce qu'on s'ennuie! »
- « Heureusement qu'on ne fait ça qu'une fois par mois ! »
- « Il pourrait quand même être un peu plus câlin après l'amour. »
- « C'est une brute épaisse, pourvu qu'il meure demain dans un accident de voiture. »

Les années 70 ont apporté le débriefing à sens unique, généralement intitulé « Alors, heureuse ? » Non pas qu'on se souciât vraiment du résultat, mais on sentait bien que s'intéresser à ces choses-là était un peu dans l'air du temps.

L'époque contemporaine est celle de l'efficacité. On débriefe, on note, voire on benchmarke[12], selon l'expression très en vogue chez les consultants et dans les milieux branchés.

> « L'argent est en tous points comme le sexe. On n'arrête pas d'y penser quand on en manque et on pense à autre chose quand on en a. »
>
> **James Baldwin,** romancier

Dans une réserve ornithologique comme dans une chambre à coucher, la meilleure méthode pour tirer des conclusions a toujours été l'observation. Le plus simple est de regarder comment réagit son partenaire, pour savoir ce qui lui fait plaisir. Observation sonore *(ah oui, Oh OUI !!!)*, visuelle (crispation du visage, tremblements, gonflement des tissus), on regarde, on note, on déduit. Sauf que là, ce ne sont pas des oiseaux qu'on observe, et si l'envie vous en prend, vous pouvez discuter avec votre cobaye pour valider vos observations.

« Alors, t'as vraiment joui quand je t'ai léchouillé la cramouille ou quand je t'ai touché la pattemouille ? » Pas très poétique certes, mais indispensable pour progresser. Et là encore, deux possibilités s'offrent à vous :

A/le pré-débriefing : Dans une conversation débutée bien en amont, on glisse deux ou trois infos sur ce qui nous fait craquer (mots cochons, positions de cochons voire, pourquoi pas, cris de cochon), à resservir sur le terrain d'opération.

[12] Du verbe anglais *« to benchmark »*, comparer, hiérarchiser.

B/le débriefing post-coïtal, plus classique, qui servira pour le prochain coup.

Dans les deux cas, apprendre de la bouche même de l'intéressé ce qui est susceptible de l'envoyer s'accrocher au lustre du salon peut sacrément vous aider à installer vos galipettes au huitième niveau sur l'échelle de Richter.

Cela fait un moment que vous ne vous êtes pas prêté à l'exercice du débriefing ? Raison de plus pour mettre vos réticences de côté et parler un peu crûment pour une fois. Vous verrez que c'est comme faire le niveau d'huile : salissant sur le coup, mais tellement apaisant pour la suite du voyage.

Sexe sans complexe

86 % des Français estiment que la sexualité est indispensable à la réussite de leur vie de couple.

Source : sondage BVA/Psychologies, 1999

Des efforts et des progrès

Voici quelques idées à mettre en pratique pour redynamiser votre vie sexuelle. Pas la peine de vous prendre pour Clara Morgane[13] si, depuis des années, vous donnez plutôt dans le style oie blanche. Ce n'est pas en faisant la totale guêpière + talons + fouet que vous ferez revenir votre conjoint s'il a déserté votre lit. Faites dans le subtil, montrez que vous êtes ouvert(e) au changement, que vous voulez explorer de nou-

[13] Actrice de films X

veaux plaisirs, sans pour autant passer désormais toutes vos soirées devant XXL.

- **Érotisez votre lit.** Tout d'abord, faites-le tous les matins. Il faut que vous ayez envie de vous y allonger ensemble. Il ne doit donc pas ressembler à un champ de bataille, mais plutôt à un endroit sacré où vous allez tous les deux prendre et donner du plaisir.
- **Aménagez votre chambre.** Privilégiez les lumières indirectes, installez une bougie parfumée sur votre table de nuit, optez pour de jolis rideaux qui donneront une atmosphère cosy. Halogène interdit. Une ambiance feutrée et douillette doit se dégager de votre chambre. Bannissez la table à repasser et le fer, oublié dans un coin, l'ordinateur ou le bureau. Cet espace doit être conçu pour le délassement, pas pour le travail ou les corvées ménagères.
- **Soyez créatif.** Si aujourd'hui vos étreintes sont à chaque fois un copier-coller des précédentes, cela n'a pas toujours été le cas. Retrouvez les positions que vous pratiquiez à vos débuts et réadaptez-les.
- **Parlez.** Vous avez envie de faire l'amour, d'essayer quelque chose, dites-le. Ne vous censurez pas, ne vous auto-frustrez pas, ne vous restreignez pas. Le sexe ne doit pas être un tabou, il faut que vous réussissiez à aborder le sujet sans mettre l'autre mal à l'aise et sans qu'il se sente menacé, que son comportement sexuel soit au-dessus ou en deçà de vos attentes. Discutez, même pour la centième fois, des problèmes, notamment sexuels, sans perdre espoir. Le couple est un chantier permanent et les lumières que

l'on a sur la vie à 40 ans ne sont pas les mêmes qu'à 25. Choisissez le moment opportun pour initier le dialogue, car parler nécessite du temps. Évitez les formules péremptoires comme « c'est toujours pareil », « tu ne comprends pas », « ce n'est plus la peine »... Il doit s'agir d'une discussion pas d'une mise en accusation de l'Autre. Si vous le braquez, vous serez tous les deux perdants.

- **Écoutez.** Soyez réceptif, ouvert à ses demandes. Ne vous emballez pas si votre moitié vous parle de choses qui heurtent votre sensibilité. Expliquez-lui que vous ne vous sentez pas attiré par ces pratiques ou ces positions. Demandez-lui ce qui l'attire, ce qu'il aime et qui l'excite vraiment dans vos ébats.
- **Variez les plaisirs.** Faites l'amour dehors, dans votre voiture, sous une porte cochère, en pleine campagne, dans un parking en pleine journée, dans un cinéma, sur la table de la cuisine, par terre dans le salon, contre la porte d'entrée, dans la douche, etc. Pourquoi depuis que vous faites lit commun vous vous sentez obligés d'y héberger tous vos ébats ?
- **Fellation, cunnilingus, sodomie...** Certaines de ces pratiques vous répugnent-elles ? Votre partenaire aimerait-il que vous vous y adonniez davantage ? Pourquoi ne voulez-vous pas essayer ? Montrez-vous attentif et ouvert. Argumentez vos préventions. Cédez un peu de terrain sur l'acceptable pour vous préserver de l'inimaginable.
- **Pourquoi ne pas essayer les jouets érotiques ?** Auparavant uniquement disponibles dans les sex-shops, on les trouve désormais dans des magasins tout à fait honorables, sur

Internet ainsi que dans les catalogues de vente par correspondance, qui vous assurent discrétion et anonymat. Une solution parfaite pour ne pas éveiller les soupçons de votre voisine de gauche, celle avec le chien méchant. Les godemichés, vibromasseurs et autres boules de geishas[14] sont une manière à la mode de se donner du plaisir et d'en donner à l'autre en s'amusant. Une excellente façon de bousculer vos petites habitudes.

- **Pimentez votre quotidien.** Laissez-vous des mots coquins, envoyez-vous des textos osés, des mails torrides. L'amour est un jeu qui ne demande qu'à être pratiqué. Étonnez votre conjoint en lui disant que vous avez envie de lui ou d'elle en pleine journée. Organisez-vous des déjeuners crapuleux, des « 5 à 7 » brûlants.
- **Masturbez-vous.** Méthode éprouvée pour travailler sur la connaissance de son corps, de ses envies et de son plaisir, la masturbation permet également de mieux se préparer aux relations sexuelles. À mains nues, sous la douche ou avec des objets, plus vous saurez vous satisfaire, plus il sera facile de guider l'autre vers votre plaisir. Il n'y a pas de mal à se faire du bien, surtout dans un contexte difficile.
- **Massez-vous les uns les autres.** Quand on vous dit « à vos marques, prêts, caressez ! », vous avez tendance à foncer sur les zones érogènes et les parties génitales ? Patience est mère de sûreté. Offrez-vous de vrais préliminaires où l'un des deux officiants se consacre à 100 %

[14] Deux billes de plastique et de plomb reliées par un fil qui, introduites dans le vagin, suscitent l'excitation et la lubrification. Autrefois utilisées par les geishas japonaises afin de tonifier leurs muscles internes, mais également pour être toujours prête à satisfaire leurs clients.

au plaisir de l'autre en lui massant le dos, les bras, les épaules, la tête, les jambes ou les pieds. Une mise à l'épreuve de la dévotion de l'un qui doit toutefois veiller à ce que la qualité des soins qu'il prodigue n'aboutisse pas à l'endormissement de l'autre.

- **Poussez les feux.** En matière de sexe, les hommes sont plus visuels que les femmes. C'est pour cela qu'ils aiment que la lumière reste allumée lors des ébats, qu'ils apprécient les dessous coquins, les vêtements transparents et les films X. La vue est le sens qui excite le plus le mâle.
- **Dites-le avec des mots.** Les femmes, elles, sont excitées par la parole. Des mots tendres susurrés à l'oreille pendant les préliminaires, des paroles plus crues en pleine action, voilà ce qui les fait grimper aux rideaux. Mais attention, tout est une question de mesure et n'imaginez pas passer de coïts aussi muets qu'un film de Charlot à une partie de jambes en l'air dialoguée façon film X en une seule fois, sous peine de choquer votre partenaire et de le voir quitter la pièce le slip à mi-mollets.
- **Faites quelque chose après.** On a toujours tendance à passer trop vite à autre chose. Un débriefing ou de simples caresses vaudront toujours mieux qu'un endormissement ou un changement de sujet brutal (« Bon, ça, c'est fait, maintenant je m'attaque au joint du robinet de l'évier »). Ne partez pas comme un voleur.
- **Voyez loin.** Les plus grands athlètes du sport en chambre ou du câlin matin, midi et soir connaissent eux aussi des baisses de régime. Peut-être la pression familiale ou le stress professionnel se font-ils trop sentir. Ne pas faire

l'amour durant quelques jours ne signifie pas que votre libido ressemblera désormais davantage à l'électroencéphalogramme d'une Miss France qu'à la chaîne des Alpes vue d'avion. Une petite pause ? Pas de panique. Sachez vous montrer patient.

Des tops et des flops !
Toutes les femmes, même les plus belles, doivent faire des efforts pour séduire leur partenaire. Ainsi, Claudia Schiffer, la sublime, a dû se fendre d'un shopping ultra sexy dans une boutique de lingerie haut de gamme quelques mois après la naissance de son fils Casper, histoire de faire retrouver à son mari le chemin du lit conjugal. Cindy Crawford a, elle, eu la surprise de découvrir son époux en plein démêlés avec sa coiffeuse. Se dire que même les reines de beauté doivent se battre et ont des malheurs, c'est rassurant.

Test : « Êtes-vous prêt à tout pour sauver votre couple ? »

L'usure du quotidien, l'absence de nouveauté, le stress, le poids des contraintes, le manque de temps... Pas facile de sauvegarder son couple face à toutes ces menaces. Alors êtes-vous vraiment prêt à tout pour sauver le vôtre ? Voilà un petit test pour y voir clair.

1. Votre conjoint vous dit qu'il souhaite pimenter votre vie sexuelle.

a. Vous engloutissez votre budget coiffure annuel dans la panoplie complète de chez Chantal Thomas.
b. Vous lui dites que pour ne pas le perdre, vous êtes prêt à essayer l'échangisme, puisque c'est à la mode.
c. Vous vous abonnez à *Union*, le magazine des couples libérés, histoire de prendre des cours de rattrapage.
d. Vous lui proposez d'aller voir ailleurs, mais avec vous, et réservez un bungalow au Cap d'Agde, le paradis des naturistes, pour les prochaines vacances.

2. Pour sauver votre couple, qu'accepteriez-vous de modifier ?

a. Vos relations avec votre famille, que votre moitié a toujours trouvée trop envahissante, surtout depuis que votre mère a décidé de venir camper à la maison deux jours par semaine.
b. Votre apparence physique, en acceptant ce que votre conjoint vous demande depuis longtemps, troquer votre 85B réglementaire contre un 95C, ou retrouver la chevelure de vos 20 ans grâce à quelques implants.
c. Votre manière de vivre, en évinçant définitivement Alice, votre copine de fac célibataire aigrie, en guerre contre les garçons qui se moquaient d'elle dans la cour du CP, et Olivier votre pote de rugby, le spécialiste des blagues lourdes et des troisièmes mi-temps plus qu'arrosées.

3. Qu'avez-vous fait par amour que vous ne referiez plus aujourd'hui ?

a. Renoncer à une partie de mes amis parce que mon partenaire ne les appréciait pas.

b. Rien. Je suis toujours prêt à tout pour que ça marche entre nous.
c. Tout changer pour l'autre. Aujourd'hui, je me suis enfin trouvé et je ne veux pas renoncer à cet équilibre. C'est comme ça qu'elle/il doit m'aimer.
d. Changer de look pour lui plaire. J'ai mis trop de temps à accepter de changer pour recommencer encore une fois.

4. S'il vous le demandait, vous accepteriez :

a. De changer de vie et d'ouvrir des chambres d'hôtes dans le Lubéron avec lui, histoire d'avoir enfin le temps de profiter l'un de l'autre en travaillant ensemble.
b. De partir à l'autre bout du monde, rien que tous les deux pendant trois mois.
c. De Suivre ensemble un stage de sexe tantrique afin d'harmoniser votre *yoni* et votre *linga*[15].
d. Il ou elle n'aurait jamais ce genre d'idées.

5. Une lettre anonyme vous apprend que votre conjoint entretient une liaison. Comment réagissez-vous ?

a. Vous voyez rouge et optez pour une confrontation immédiate quels qu'en soient les risques.
b. Vous fermez les yeux tout en mettant le turbo sur la séduction, la complicité et l'amour, en espérant que votre moitié ouvrira les yeux et se rendra compte que finalement, c'est mieux à la maison.

---

[15] Nom donné aux attributs sexuels féminins et masculins dans le vocabulaire du tantrisme.

c. Vous lui laissez entendre que vous savez, sans aborder concrètement le sujet, et vous en profitez pour avoir une grande conversation ouverte sur votre couple.

6. L'infidélité, c'est chez vous :

a. Un tabou dont vous n'avez jamais parlé.
b. Un sujet de taquineries surtout lorsque vous le voyez se dévisser la tête dans la rue sur une silhouette avenante.
c. Un thème de discussion sérieux. D'ailleurs vous avez décidé d'une politique commune en la matière : ne rien dire pour ne pas blesser l'autre.

7. Lorsqu'il vous arrive de parler d'infidélité avec vos amis :

a. Vous n'osez pas leur avouer que vous y pensez souvent ou que vous sentez que votre conjoint pourrait succomber à la tentation.
b. Vous dites ouvertement que vous avez des doutes sur son comportement mais que vous avez peur d'aborder le sujet avec lui.
c. Vous déclarez que, de toute façon, vous ne voulez pas savoir ce qui se passe dans votre dos.

8. Les hommes et les femmes qui entourent votre amoureux(se) dans ses différentes activités sont pour vous :

a. Des amis potentiels avec lesquels il ou elle pourrait se lier.
b. Des gens que vous connaissez pour les avoir invités à dîner. Il faut toujours savoir d'où peut venir le danger.

c. Des ennemis potentiels face auxquels vous devez toujours être sur le qui-vive.

9. Si vous deviez vous séparer demain, qu'est-ce qui vous manquerait le plus ?

a. Votre complicité, vos délires ensemble, votre connivence intellectuelle.
b. Votre vie à deux, tout ce que vous avez pu construire, la maison, les vacances.
c. Lui/elle. Vous n'imaginez pas vivre sans avoir son regard posé sur vous.

10. Vous sentez votre moitié attirée par un ou une autre que vous...

a. Après une vague d'abattement, vous faites des efforts afin de redevenir celui/celle qui l'a fait craquer au début de votre histoire.
b. Vous prenez le taureau par les cornes et allez voir celle/celui qui vous fait de l'ombre pour lui intimer l'ordre de se tenir à distance de votre moitié.
c. Vous avez tellement peur de le/la perdre que vous ne savez pas comment vous y prendre. Vous ne vous montrez que triste, abattu, inquiet.

Pour découvrir si vous êtes prêt à tout pour sauver votre couple, comptabilisez les points obtenus et référez-vous aux catégories ci-dessous.

Réponses	1	2	3	4	5	6	7	8	9	10	Total
A	1	3	1	3	1	1	1	2	2	3	
B	1	1	3	2	3	2	2	3	1	2	
C	3	2	2	2	2	3	3	1	3	1	
D	2		1	1							

De 0 à 12 points : « Grenouille hébétée »

Du temps des scouts, déjà, vous étiez le fataliste de la bande, mais là, vous voilà KO debout. De la part de votre conjoint, vous vous attendiez à tout sauf à ça. C'est simple, vous n'y aviez même jamais songé ! Dans votre esprit, on se rencontrait, on s'aimait, on s'installait, et la vie suivait son cours. Jamais vous n'aviez prévu de devoir vous débattre dans de tels rapides. Et vous battre justement, vous n'avez jamais aimé ça. Vous ne vous sentez pas la force de tout reconstruire, anéanti que vous êtes par ce que vous venez de découvrir, et l'immensité du chantier. Démotivé, vous subissez sans prendre d'initiative. Mais que voulez-vous réellement ? Assister de manière passive à la désintégration de votre couple, sans rien entreprendre pour enrayer ce gâchis ? Allez-vous vous laisser déposséder du centre de gravité de votre vie sans lever le petit doigt ? Quand bien même votre tendance naturelle vous pousserait vers la fatalité et l'inaction, il est des combats sanglants qu'il faut savoir mener. Sauver son couple fait partie de ceux-là. Motivez-vous, bougez-vous, réagissez, entreprenez pour votre conjoint, au nom de votre histoire d'amour, mais également pour vous-même. Pensez que, si jamais il partait bel et bien, vous vous sentiriez encore plus coupable de n'avoir rien fait pour le retenir.

De 13 à 20 points : « Belette motivée »

Elle vous a trompé, il vous a sali. Vous n'avez rien vu venir, juste un coup de tonnerre dans le ciel d'été de votre vie de couple. Comme tout le monde, vous saviez que vous n'étiez plus au top depuis un certain moment, que vous viviez sur vos acquis, que votre résistance aux changements pieusement demandés par votre moitié était importante. Mais tout cela vous semblait accessoire, et vous vous pensiez à l'abri d'un truc pareil. Vous sembliez tellement sur la même longueur d'onde… Maintenant que la situation est claire pour tout le monde, pas question de laisser tomber. Vous êtes motivé pour revenir au top et reprendre les choses en mains. Pourtant, aussi volontaire que vous puissiez être dans votre entreprise de sauvetage, vous ne voulez pas tout sacrifier. Votre conjoint a commis une faute, il ou elle doit payer. Ce n'est pas à vous de vous jeter à ses pieds, mais plutôt au fautif de se montrer contrit et repentant. Mais attention, faire payer ses écarts à sa moitié afin de bien lui faire comprendre que vous avez été irréprochable, contrairement à lui, c'est construire une nouvelle relation basée sur les rapports de force, toujours difficiles à gérer par la suite. Vous ne devez pas vous battre avec rancœur ou animosité, juste par amour, sans arrière pensée. Gardez en mémoire que l'amour doit être un don de soi, pas quelque chose qu'on fait payer à l'autre, d'autant plus chèrement qu'il vous a fait mal. Vouloir remettre son couple sur les rails, c'est bien, mais pensez toujours à l'après, et évitez de bâtir sur du sable.

Au-delà de 21 points : « Fourmi tenace »

Dans la patrouille, votre totem devait être « fourmi tenace », tant vous semblez prêt à tout remettre en cause pour sauver votre couple. Elle/lui reste, en dépit des années, ce que vous avez de plus important au monde. Si vous avez laissé la vie prendre le dessus, et les belles couleurs de votre histoire d'amour s'affadir, l'irruption de l'infidélité dans votre existence a eu sur vous l'effet d'un électrochoc. Vous avez pris conscience des dérapages dont vous avez été la victime, des problèmes venus se greffer peu à peu sur votre relation. Face à l'adversité, vous avez décidé de vous battre, non seulement pour reconquérir l'infidèle, mais surtout afin de ne pas laisser sombrer ce qui reste à vos yeux la plus belle histoire de votre vie. Si votre attitude est la meilleure pour reconquérir la prunelle de vos yeux, prenez garde à ne pas trop vous sacrifier dans cette grande entreprise. Lorsqu'on craint de voir l'autre s'en aller, la tendance naturelle veut que l'on soit prêt à s'oublier complètement, en ne donnant qu'une image idyllique de ce que vous êtes, sans lien véritable avec vos aspirations, vos envies profondes. Vous prenez sur vous pour rire, séduire, ne rien dire, alors que vous survivez davantage que vous ne vivez, dans les affres de la jalousie, des doutes, des remises en cause. Compte tenu des efforts et de l'ingéniosité que vous déployez afin de reprendre l'élu de votre cœur dans vos filets, il y a des chances que votre démarche soit couronnée de succès. Mais gare à la dépense d'énergie considérable, au malaise terrible, dont vous ne ressortirez pas indemne. Essayez de vous ménager, vous n'êtes pas en train de passer un examen ! L'infidélité semble comme une épée de Damoclès au-dessus de votre tête. Pourtant, le seul moyen d'y survivre est d'essayer de l'oublier. Plus facile à dire qu'à faire, mais le jeu en vaut la chandelle.

Les Dix Commandements des couples qui durent

Je t'aiiiiiiiiiime !

28 % des Français affirment avoir dit « *Je t'aime* » à leur moitié au cours des dernières 24 heures. Pour 22 % des personnes interrogées, c'était il y a moins de 15 jours, 5 % il y a un mois, 17 % il y a plus longtemps, et 18 % ne se souviennent plus de la dernière fois où ils ont prononcé ces mots magiques.

Source : sondage IPSOS/*VSD*, 1997

Comment faire pour durer ? Selon les experts, c'est-à-dire les hommes et les femmes qui ont la chance de traverser les années sans heurt majeur, l'exercice est à la fois simple et compliqué. Voici les dix commandements des couples qui durent. À appliquer en gros, demi-gros ou au détail.

1. **La sensualité, tu privilégieras.** Caresses, attouchements, massages, câlins, baisers… Il est primordial de faire s'exprimer la sensualité en dehors de la relation sexuelle.
2. **Ta sexualité, tu épanouiras.** Ne pas se forcer, ni se restreindre pour faire plaisir à l'autre. Ne pas dire « Non » sans bonne raison. Les enfants, la fatigue, le stress… ne sont pas éternellement des excuses acceptables. L'acte d'amour doit être naturel, et au moindre problème, il convient de dialoguer afin de ne jamais laisser des tensions s'installer.
3. **« Je t'aime », tu répéteras.** Rien n'est plus agréable qu'une déclaration d'amour. Surtout après quelques années passées ensemble. « Je t'aime » reste la plus belle

phrase du monde à dire et à entendre, si tant est qu'elle n'ait pas été galvaudée par un usage systématique hors de propos (« sors la poubelle, la cuisine empeste le poisson... et, au fait, je t'aime »). Plaisir d'offrir et joie de recevoir. Peu onéreux, simple, de bon goût. Retour sur investissement garanti.

4. **Démonstratif, tu seras.** Cadeaux, attentions, fleurs, petits mots doux... Il faut montrer à l'autre qu'on tient à lui, et qu'en dépit de quinze ans de mariage, il ne fait pas partie des meubles. L'amour, c'est comme un jardin, ça s'entretient. N'hésitez pas à l'appeler dans la journée, juste pour dire que vous pensez à lui/elle. Si c'est lui qui vous appelle, répondez avec tendresse, même si votre boss vous regarde.
5. **Être envahi, tu refuseras.** Par les amis, les proches, les enfants... Il est important de se ménager des moments à deux, juste pour se retrouver et n'avoir d'autre préoccupation que lui. Pensez baby-sitters, grands-parents, centres aérés, externalisation. Et quand vous êtes tous les deux, faites des efforts, expérimentez de nouvelles recettes, découvrez de nouveaux restaurants, ou sortez au moins les plats surgelés de leur barquette !
6. **Le mystère et la surprise, tu entretiendras.** L'inconnu fascine, l'inconnu attire. Faire des efforts pour rester attirant et un peu mystérieux permet d'entretenir la flamme amoureuse. Ne négligez pas votre tenue, votre apparence, même pour cause de surmenage. Ne montrez pas tout à l'autre, de votre corps, de vos petites habitudes, de vos manies. Cela permet de maintenir une certaine

distance nécessaire à l'épanouissement du désir. Étonnez votre conjoint, organisez-lui des surprises, grandes ou petites, des déjeuners, des enlèvements imprévus au bureau, des rendez-vous dans des lieux secrets, des tête-à-tête loin de la maison.

7. **Le plaisir d'être ensemble, tu privilégieras.** Soyez des amis avant d'être des amants, restez des amoureux avant d'être des parents, sachez être un confident avant d'être un conjoint... Être ensemble doit toujours rester un plaisir. Evitez les corvées systématiques, partagez-vous les contraintes pour vous retrouver plus vite à faire à deux des activités plaisantes. Sachez vous ménager un moment sympa en tête à tête, même dans le pire des week-ends « 100 % obligations familiales. »
8. **La télévision, tu fuiras.** Bannissez le plateau-télé et la télé dans la chambre. Évitez l'affalement systématique une fois les enfants couchés, zappez le film du dimanche soir. C'est beau, ça fait des images en couleurs, ça anime l'atmosphère sonore, mais la télé ça vous brise un couple en moins de deux si on n'y prend pas garde. Obligez-vous au moins une fois par semaine à dîner sans la télé, si possible seulement à deux. Sortez, lisez, écoutez des disques ou faites ce que vous voulez en couple, mais si vous ne voulez pas sombrer dans la routine la plus plan-plan, tenez-vous éloignés de ce foutu poste.
9. **Le dialogue, tu rechercheras.** C'est la parole qui évite les malentendus et désamorce les problèmes, afin qu'ils ne se transforment jamais en crise majeure. Discutez de tout et de rien au moins dix minutes par jour, en évi-

tant toute conversation matérielle liée à la bonne marche de la maison et du ménage. Vous assurer de la continuité des échanges verbaux, c'est une façon de rester en contact avec l'âme de votre partenaire.

10. **Ta liberté, tu préserveras.** C'est par le manque, même minime, qu'on ressent qu'on tient à l'autre. Se séparer pour une heure ou une journée, parce qu'on va faire quelque chose qu'on aime et qui nous épanouit permet de revenir à la maison avec d'autant plus de plaisir qu'on se sent en harmonie avec soi-même et que l'autre nous a manqué.

Femmes au bord de la crise de nerfs

✓81 % des Françaises ne font jamais de week-end en solo.

✓87 % ne passent pas de soirée avec un copain sans l'élu de leur cœur.

✓Seulement 42 % des femmes vivant en couple s'autorisent à passer des soirées entre copines sans leurs hommes.

✓Elles ne sont que 3 % à s'autoriser à aller dîner avec un ex-petit ami.

Source : sondage *La Croix*, 2001

CHAPITRE 5

Profession : amants secrets

Chers lecteurs,

Attention, vous rentrez maintenant dans la zone rouge. On n'en sort jamais tout à fait intact. Si la première partie de cet ouvrage s'adressait à tous ceux qui veulent protéger leur couple, de leurs propres tentations ou de celles de leur conjoint, cette seconde partie est destinée à un public averti. Certains verront dans ces lignes un guide pratique de l'adultère, document immoral s'il en est.

Mais nous ne nous plaçons pas du point de vue de la morale. L'infidélité touche suffisamment de couples pour qu'en tant qu'observateurs, nous ayons eu envie d'essayer, comme nous l'avions fait pour la préservation de la fidélité, de faire ressortir des comportements qui pourront être utiles, et faire réfléchir bien des amoureux.

Que ceux que l'idée insupporte quittent la salle de classe sans faire de bruit.

Chabadabada, ou comment on devient un couple infidèle ?

Vous êtes dévoré par le désir, vous avez le feu au derrière, vous êtes harponné par le démon de midi bref, vous êtes un homme ou une femme comme les autres. Que vous mûrissiez votre forfait depuis des temps immémoriaux, ou que vous soyez brutalement embarqué dans l'engrenage de l'infidélité, vous avez besoin d'un peu d'aide, tant vous êtes démunis face au péché dans lequel vous vous complaisez. Notez au passage que si, dans les chapitres précédents, on parlait essentiellement d'adultère, nous utiliserons davantage, à partir de maintenant, le terme d'infidélité qui fait moins « tiens mets-toi là, bouge pas, on va te lapider ».

Les recettes de grand-mère se transmettent de bouche à oreille, les maths s'apprennent en classe, la passion s'apprend sur le tas, et la raison sur le tard. Pour l'infidélité, le terrain est vierge ou presque. Il était temps de le défricher.

> « On prend un amant comme un miroir, non pas pour le regarder mais pour s'y regarder. »
>
> **Henri Duvernois,** romancier

Où je trouve mon amant(e) ?

Si l'empressement vous a fait ouvrir ce livre directement au chapitre 5, nous vous signalons que le deuxième chapitre, consacré aux lieux et aux profils qui menacent les couples installés, peut donner un certain nombre d'idées quant aux terrains de chasse possibles pour les candidats à l'infidélité.

Certains choisiront plutôt des endroits où ils ne connaissent personne (club de vacances, boîte de nuit, association...), afin de commettre leur forfait sans témoin. D'autres, au contraire, privilégieront l'abondance de contacts (entreprise, administration...) dans un environnement où tout le monde sait qui vous êtes, mais où, avec un peu de chance, on considère que votre vie sentimentale et sexuelle ne regarde que vous.

Les sondages nous enseignent que les couples pérennes se forment dans les bals. On connaît aussi l'efficacité des mariages, comme lieu de regroupement et d'accouplement des célibataires. Pour les couples éphémères, la règle du jeu est un peu différente. Tout simplement parce que quand on vit à deux, les mariages et les bals, on y va ensemble. On a donc avantage à chasser sur des terres où on est seul, à moins qu'une absence totale de complexes vous permette de compter fleurette à cette amie gymnaste tchèque venue dîner à la maison, sous le regard éberlué de Marie-Christine, tétanisée par votre culot et votre aplomb. Draguer en présence de votre conjoint pour le rendre jaloux, c'est un grand classique, mais faire le beau sous ses yeux dans le fol espoir de conclure, c'est carrément un truc de kamikaze. Si vous devenez infidèle, il ne faut pas vous attendre à avoir le beau rôle. Essayez juste de ne pas foncer dans le mur dès le début.

Beaucoup de gens, notamment les victimes de l'infidélité, et ceux qui n'ont pas encore goûté à ses délices, considéreront votre comportement, quel qu'il soit, comme proche de la barbarie. C'est pourquoi, sans nous poser aucunement en censeurs, nous tenions à dégager quelques règles de savoir-vivre, à défaut de savoir-tromper.

> « Le mariage est la principale cause de divorce. »
>
> **Oscar Wilde**, écrivain

Mais respecter des règles ne vous sera possible que si vous avez la chance de maîtriser la situation, ce qui n'est pas toujours le cas.

Quand on sort des sentiers battus, il faut accepter de se perdre dans la forêt, quitte à risquer de se faire manger tout cru par le grand méchant loup.

Qui ne tente rien n'a rien

Ce qui est certain, c'est que pour trouver un camarade de jeux, il va falloir sortir de chez vous, et oser prendre des risques.

- **Osez vous remettre sur le marché.** Êtes-vous toujours apte à séduire ? Votre comportement, votre tempérament, votre look peuvent-ils encore intéresser quelqu'un ? Quelle note êtes-vous susceptible de recueillir dans cet univers impitoyable ? On en a vu plus d'un retourner dans la chaleur de sa tanière au premier « t'es sympa mais qu'est-ce que tu te fringues mal », « ...tu embrasses mal », « tu ne souris jamais ? », « et les préliminaires, c'est pour les chiens ? », « c'est normal que ton pubis soit coiffé comme les *Harlem Globe-Trotters* ? ». Vos compétences dans de nombreux domaines seront évaluées, à tel point que vous trouverez peut-être ça tellement désagréable que vous vous demanderez si c'est vraiment la quête du plaisir qui vous a entraîné dans cette galère. Mais, vous le savez depuis votre enfance, pour obtenir des diplômes, il faut passer des examens. Dilettantes, s'abstenir.

- **Osez draguer.** Si vous êtes très beau, ou plutôt que vous correspondez à l'idéal de beauté plastique de l'Europe occidentale, il se peut bien que ça vous tombe tout cuit du ciel. Dans tous les autres cas (normal, moyen, peut mieux faire, redoublant), c'est vous qui devez partir au contact des autres. Surmonter votre timidité, si elle existe. Trouver des trucs drôles à raconter. Faire mine d'écouter ce qu'on vous raconte, et surtout, mémoriser certains passages, afin de les resservir ultérieurement, en signe de « tu vois, moi je fais attention à toi, c'est pas comme ton mari qui ne pense qu'à ses compétitions de Jocari ». Vous devez être sans cesse sur le qui-vive, pomponné, rasé, parfumé, épilé de près. L'haleine fraîche et l'aisselle impeccable.

Une fois le frêle esquif de votre estime de vous-même remis en cale sèche pour rénovation, votre garde robe quelque peu rafraîchie, ce détartrage que vous repoussiez aux calendes grecques enfin effectué, vous êtes prêt pour aller naviguer dans le grand bain. Dans la vie comme à la piscine, perdre pied, c'est parfois ce qu'il y a de meilleur.

Comme des mouches...
37 % des personnes interrogées se disent attirées avant tout par la personnalité, 19 % par le physique, 11 % par le sens de l'humour, et seulement 2 % par l'argent ou le statut social.
Source : Durex Global Survey, 2001

Vous voilà dorénavant engagé dans un jeu de l'oie infernal où vous avez autant à gagner qu'à perdre.

- **1re case :** Vous décidez de tromper ou vous acceptez de vous laisser tenter. Si vous êtes déjà beau, drôle et sympa, passez directement à la case 3.
- **2e case :** Vous mettez le turbo sur votre look, votre humour, votre comportement face aux autres.
- **3e case :** Vous vous faites draguer, ou, si c'est vous qui draguez, vous essayez de percevoir si celui ou celle que vous avez en face de vous est *open*.
- **4e case :** Vous vous dévoilez, en critiquant un peu ce qui se passe chez vous, sans totalement accabler votre moitié, ce qui vous décrédibiliserait.
- **5e case :** Vous parlez d'accomplissement personnel, de vos goûts et vos souhaits face à la vie. Vous évoquez le sort d'amis qui ont trompé leur moitié, afin de voir si vous êtes sur la même longueur d'onde, et vous fixez quelques règles-repères.
- **6e case :** Un de vous deux fait le grand saut. Si vous avez eu le temps de réfléchir pendant les cinq premières cases, et de vous dire que, finalement, « c'est pas si mal

que ça à la maison » et qu'il ne tient qu'à vous de faire des efforts, dites poliment « non merci, il faut que j'y aille ». Il n'est pas encore trop tard.

- **7e case :** Vous voilà en contact charnel avec cet(te) inconnu(e) qui vous veut du bien. Si la culpabilité vous dévore, ou que vous êtes tout simplement déçu par la chose, il est encore temps de renter chez vous, en disant poliment « merci mais je préfère qu'on en reste là, j'y vais, j'ai des mots fléchés à terminer ». Si, en revanche, vous avez pris goût à l'exercice, sachez qu'il va se passer un bon moment avant que vous ne puissiez à nouveau réfléchir en toute sérénité. L'infidélité, c'est comme les montagnes russes, ça vous met la tête à l'envers.

Test : « Êtes-vous sur le point de devenir infidèle ? »

Des pensées érotiques à chaque fois que vous croisez le nouveau DG, des envies de week-end crapuleux avec la conseillère d'orientation, des journées de travail que vous allongez au maximum afin de rentrer le plus tard possible à la maison, des soirées entre copains qui se multiplient...vous qui détestiez les femmes apprêtées, vous voilà désormais porté sur le rouge à lèvres et les talons. Que vous arrive-t-il ? Si vous évitez votre conjoint, si votre vie de couple vous pèse chaque jour davantage, si vous faites tout pour mettre le plus de distance possible entre vous et votre domicile, vous filez un mauvais coton.

Ajoutez à cela des pensées de plus en plus explicites à l'égard de tiers auxquels vous trouvez désormais mille qualités, toutes plus introuvables les unes que les autres à la maison, et vous devriez sérieusement vous poser la question qui fâche : êtes-vous sur le point de devenir infidèle ?

Afin de faire le point sur vos interrogations, répondez au questionnaire suivant. Si vous êtes d'accord avec l'affirmation, cochez VRAI. À l'inverse, si cela ne semble pas s'appliquer à votre couple, optez pour FAUX.

1. Vous êtes très lucide sur les qualités de votre conjoint, mais elles vous laissent de marbre. VRAI/FAUX

2. Vous vous sentez insatisfait sexuellement. VRAI/FAUX

3. Votre conjoint ne vous valorise pas suffisamment. VRAI/FAUX

4. Vous aimeriez davantage d'attentions et d'amour de sa part. VRAI/FAUX

5. Vous savez qu'il y a des choses que votre conjoint ne vous apportera jamais, mais vous vous dites pouvoir vivre avec ce manque. VRAI/FAUX

6. Votre dernière étreinte passionnée remonte à plus de six mois. VRAI/FAUX

7. Vous lui faites de plus en plus de reproches. VRAI/FAUX

8. Il vous arrive souvent de regarder votre conjoint et de vous demander ce que vous avez bien pu lui trouver au début de votre histoire. VRAI/FAUX

9. Parfois, alors que vous êtes tous les deux en week-end ou en vacances, vous vous dites que vous avez perdu le contrôle de la situation et que votre couple n'est plus du tout ce qu'il était à ses débuts. VRAI/FAUX

10. Vous avez envie d'avoir davantage de temps pour vous, à consacrer à vos passions, à vos amis, du temps pour faire ce que vous aimez. VRAI/FAUX

11. Clins d'œil, regards appuyés, compliments sur votre physique, on vient de vous faire redécouvrir que vous étiez séduisant(e) et ça se voit. VRAI/FAUX

12. Vous vous dites qu'il existe plein d'activités plus pourvoyeuses de sensations fortes que le sexe : le ski, la consommation de chocolat, le shopping, les jeux en réseau, etc. VRAI/FAUX

13. Vous vous impliquez de plus en plus dans des activités solitaires, ou auxquelles votre moitié ne participe pas. VRAI/FAUX

14. Lorsque, en dehors du cadre familial, vous rencontrez une personne du sexe opposé qui est à votre goût, vous essayez de vous montrer sous votre meilleur jour, de jouer innocemment au jeu de la séduction avec elle. VRAI/FAUX

15. Vous recherchez les moments d'intimité, de complicité forte avec des personnes du sexe opposé. Cela vous change tellement de la maison. VRAI/FAUX

16. Vous vous êtes déjà dit que tromper votre conjoint vous aérerait la tête, que ça vous ferait un bien fou. VRAI/FAUX

17. Dans l'adultère, ce qui vous fait peur, c'est de ne plus savoir s'arrêter une fois qu'on a commencé. VRAI/FAUX

18. Vous avez déjà eu envie de tromper votre conjoint, mais vous ne saviez pas avec qui, ni comment trouver quelqu'un pour le faire. VRAI/FAUX

19. Vous pensez parfois que si votre conjoint vous trompait, au moins, il lui arriverait quelque chose dans la vie et que cela boosterait votre couple. VRAI/FAUX

20. Parfois, vous vous dites qu'avec votre moitié vous fonctionnez davantage comme un frère et une sœur que comme des amants. VRAI/FAUX

Questions spéciales Femmes :

21. Vous avez de moins en moins de désir pour votre partenaire. VRAI/FAUX

22. Lorsque vous faites l'amour ensemble, vous fantasmez sur d'autres hommes ou d'autres situations afin d'atteindre l'orgasme. VRAI/FAUX

23. Vous vous pensez capable de dissocier sexe et sentiments. VRAI/FAUX

24. Lorsque vos amies vous parlent de leur nouvel amoureux, vous aimeriez bien être à leur place. VRAI/FAUX

25. Il vous est arrivé d'avoir envie de vivre seule, mais vous avez tout de suite pensé à la perte de votre maison, de votre confort, de toutes ces choses auxquelles vous êtes si attachée. VRAI/FAUX

Questions spéciales Hommes :

26. Vous vous masturbez de plus en plus souvent. VRAI/FAUX

27. Vous préférez vous satisfaire par vous-même plutôt que de faire l'amour avec votre partenaire. VRAI/FAUX

28. Il vous est arrivé de faire l'amour en fermant les yeux du début jusqu'à la fin pour penser à quelqu'un d'autre. Lorsque vous avez ouvert les yeux, vous vous êtes demandé ce que vous faisiez là. VRAI/FAUX

29. Vous vous êtes déjà demandé à quoi ressemblerait votre vie sans elle. VRAI/FAUX

30. Lorsque Bruno vous raconte ses folles nuits avec Natacha, la *call girl* russe ancienne contorsionniste qui n'a pas froid aux yeux, vous vous demandez bien ce que Bruno a de plus que vous pour vivre ce genre de trucs à votre place. VRAI/FAUX

Résultats :
Comptabilisez le nombre d'affirmations avec lesquelles vous êtes d'accord et reportez-vous aux profils ci-dessous.

Aucun VRAI : Infidèle « Moi jamais ! »
Bravo, mais on a du mal à vous croire !

Jusqu'à 8 VRAI : Infidèle « Seulement si l'assaillant est déterminé »
D'accord, votre conjoint vous agace. D'accord, le prof de flûtiau de Babe, votre petite dernière, ne vous laisse pas indifférente, surtout depuis que les étreintes avec Charles-Gontrand se sont raréfiées et qu'elles ressemblent toutes au jeu des 7 erreurs de la précédente : léchage, fellation, pénétration, terminaison, le tout en moins de 20 minutes chrono, à la variante du lieu ou de l'horaire près, et encore.

Rien que de très banal. La vie de couple, le quotidien s'emploient à ternir les belles couleurs d'origine de votre histoire, et après quelques mois de lavage, vous voilà avec un couple un peu grisouille. Cela vous navre, mais ça ne semble pas assez pour vous envoyer dans les bras de la première hôtesse de l'air venue, ni du livreur de pizza. Même si votre vie de couple n'est plus aussi trépidante qu'à ses débuts, vous ne semblez pas considérer l'infidélité sérieusement. Bien sûr, il vous arrive de regarder d'autres femmes, d'autres hommes ; vous vous masturbez même parfois en pensant à des inconnus croisés dans la rue ou au boulot, ce qui vous fait atteindre des pics orgasmiques d'une intensité telle qu'à côté les coïts familiaux ressemblent à des taupinières. Mais de là à vous retrouver avec Gilberte, la contrôleuse de gestion, ou en compagnie de Richard, le chef du rayon crémerie, en pleine partie de slip sur la tête à l'hôtel Kyriad du coin, il y a un pas que vous ne semblez pas encore prêt à franchir.

De 9 à 15 VRAI : Infidèle, « Si l'occasion se présente, j'essaierai de résister »

Comme tout le monde, vous savez bien que vous n'êtes pas à l'abri d'un écart de conduite. D'ailleurs, même si votre vie conjugale se passe plutôt bien, vous avez déjà sérieusement réfléchi à la chose. Votre conclusion : pour des raisons morales, religieuses, politiques ou hygiéniques, vous ne mangez pas de ce pain-là. Mais si l'occasion se présentait, vous ne dormiriez pas forcement dans la baignoire. De toute façon, votre couple est comme de l'acier inoxydable, il défie le temps et l'usure sans vraiment nécessiter d'entretien. Du coup, vous finissez par penser que ça vous ferait peut-être le plus grand bien d'aller boire ce verre avec le représentant en laque, qui vous tanne tous les mois au salon pour vous refiler ses quatre colis, mais aussi pour vous inviter à prendre un apéritif en sa compagnie, après la fermeture. C'est tout à fait votre style, avec sa mèche brune et ses yeux de braise, et puis ça vous changera de sortir sans Jean-Mi' qui, le mercredi, passe sa soirée collé devant le foot. Ça ne peut vous faire que du bien d'être courtisée par un gars qui a cinq ans de moins que vous. Et un petit baiser comme ça, ça n'engage à rien…

À moins que vous ne soyez un peu lâche... Peut-être n'avez-vous jamais trompé votre conjoint plus par manque d'opportunités que par convictions. Vous en crevez d'envie, de vous remettre sur le marché et d'évaluer votre cote à *l'Argus*, et puis peut-être aussi de découvrir d'autres positions, parce que la brouette marocaine, c'est efficace, mais tous les samedis depuis sept ans, on peut dire que vous en avez un peu fait le tour.

Fidèle par conviction ou par manque d'opportunités, quand vous vous retrouverez tout à coup devant ce qui vous fait le plus envie et vous terrorise également le plus, une véritable possibilité de tromper votre conjoint, vu l'état dans lequel vous êtes, on ne parie pas un kopeck sur votre résistance.

Plus de 16 VRAI : Infidèle « J'attends que ça ! »

C'est incroyable qu'avec un tel agacement, vous ne soyez pas encore allé voir ailleurs ! Vous semblez subir votre couple, au point que l'infidélité vous apparaît désormais comme la seule échappatoire. Manque de sexe, de désir, de valorisation, d'attention de la part de votre partenaire, tout cela s'additionne pour rendre la situation intenable. Du coup, l'infidélité vous attire irrémédiablement, comme un espace de liberté, un ballon d'oxygène qui vous aiderait à supporter tout le reste et à combler les manques de votre vie de couple. Vous

vous dites qu'en allant voir ailleurs, vous resterez fidèle à vous-même, puisque vous ferez enfin des choses qui vous manquent, mais que vous sauvegarderez également votre couple, puisque dans le cas contraire, vous iriez directement au clash. Ce que vous semblez rechercher, ce n'est pas une liaison passagère, un petit coup rapide entre midi et deux à l'hôtel des *Amants fidèles,* histoire de refaire les niveaux, mais une véritable histoire parallèle, dans laquelle vous pourriez vous investir. Prenez garde, l'infidélité, si elle peut constituer un moyen de rebooster votre vie de couple, ne peut représenter une manière de stabiliser sa vie officielle sur le long terme, par l'adjonction d'une vie officieuse qui remplirait d'autres offices. Pas sain et pas stable de se dire que dans une vie, vous aurez les parents, les enfants, les responsabilités du boulot (la vraie vie quoi), et que l'autre vous apportera ce que la première ne contient pas, à savoir au choix : le sexe, le fun, l'excitation, la complicité intellectuelle, l'émulation, la valorisation, etc.

Demandez-vous comment vous en êtes arrivés là avec votre conjoint, pour que vous ayez de tels manques à combler, et posez-vous la vraie question : avez-vous encore des choses à construire ensemble ?

De l'art de se fixer des règles et de les transgresser

Ce n'est pas parce que vous vous enfoncez dans l'immoralité la plus totale en ayant une liaison, qu'il faut que vous vous sentiez libéré de toute contrainte. Vous débutez une nouvelle histoire, tout est à inventer, à construire. Cette histoire, de par sa nature même, doit être différente de celle que vous vivez à la maison, et pas uniquement parce que désormais vous passerez plus de temps à l'arrière de votre voiture qu'à l'avant, ou que vos réunions de direction auront maintenant lieu tous les vendredis soirs plutôt que les mardis matin.

Aimez-vous les uns les autres

✓Avec 14,3 partenaires sexuels au cours de leur vie, les Américains sont les champions toute catégorie de l'expérience sexuelle, sur le plan quantitatif, juste devant les Français, qui annoncent 13,2 partenaires, les Australiens (11) et les Canadiens (10,6).

✓Les Chinois sont les bons derniers de ce classement avec, en moyenne, 2,1 partenaires.

Source : Durex Sex Survey, 2001

Que vous ayez envie de passer une après-midi par semaine avec votre nouveau compagnon de jeu, ou le reste de votre vie, il faut créer ensemble des codes, des habitudes. Ce n'est certes pas quelque chose qu'on décrète comme ça, dès le premier bécot à la fête du CE, mais vous allez voir que très rapidement vous aurez envie de vous fabriquer des petits rituels qui feront de votre relation quelque chose d'unique.

Mais avant cela, vous devez commencer, et pour commencer du bon pied, rien de tel que quelques petits

« Conseils de Mme la Baronne », qui vous permettront on l'espère, une fois posées les bases de votre relation extra-conjugale, de prolonger le plus longtemps possible l'état merveilleux et grisant qui caractérise le début de toute nouvelle histoire. À vous de voir, donc, ce qui est à garder ou à jeter. Et puis souvenez-vous qu'en amour comme en toute chose, les règles sont faites pour être transgressées, ce n'est pas à des acheteurs d'un livre sur l'infidélité qu'on va apprendre ça...

Tu aimeras ton prochain comme toi-même

En Inde, 77 % de la population n'a eu qu'un seul partenaire dans sa vie. En France, seuls 11 % des interviewés sont dans ce cas.

Source : Durex Global Survey, 2001

« Tu ne convoiteras pas le conjoint d'autrui »

C'est biblique, c'est vaste, et c'est contestable. Certes, convoiter la femme d'autrui ne milite pas pour la paix des ménages, d'autant plus qu'autrui peut se pointer à tout moment, vous attacher par les cheveux, et vous traîner dans toute la ville derrière son break familial.

Mais si on y réfléchit plus avant, convoiter le conjoint d'autrui a ses bons côtés :

- Si autrui et le conjoint sont scotchés par la vie (enfants, mariage, maison à rembourser, voire Amour, soyons fous !), vous limitez les risques. La partie adverse a tant à perdre ou à bouleverser dans sa vie, qu'elle réfléchira à deux fois avant d'appuyer sur le bouton rouge. Du temps de la guerre froide, les Américains appelaient leur doctrine de dissuasion nucléaire « *Mutual Assured Destruction* » (MAD ou destruction mutuelle assurée). Le premier qui dégainait l'arme nucléaire savait qu'il serait à son tour anéanti. À moins que vous ne tombiez sur des profils particulièrement psychotiques, vous aurez le temps de savourer une relation avec quelqu'un qui a autant à gagner et à perdre que vous. Contraint par sa vie, il ne vous harcèlera pas du jour au lendemain pour que vous abandonniez la vôtre. Pour ce faire, essayez de sélectionner des partenaires à fort potentiel de stabilité. Les parents d'adolescents, les mariages trop anciens, ou les maisons dont le prêt vient à échéance sont autant de signes qui devraient vous alerter. Et malgré toutes ces précautions, n'oubliez jamais que commettre l'adultère, ce n'est pas juste jouer avec le sexe, c'est aussi jouer avec l'amour, un truc qui fait tourner la tête, et qui peut à tout moment pousser l'un ou l'autre à agir de façon totalement déraisonnable. On vous aura prévenus.

- Convoiter le conjoint d'autrui, finalement, c'est lui rendre service. Sa vie devenait monotone, et soudain, il s'y passe quelque chose. L'idée est moins cynique qu'elle n'y paraît, car goûter l'herbe du près du voisin vous amène parfois à réaliser que la vôtre n'était pas si mal. Il faut bien voir que ce sont souvent les petits écarts qui ressoudent les couples, et les aident à traverser les vastes plaines de la vie. Certes, l'adultère n'étant pas une science exacte, il existe de nombreux risques. Se faire attraper (assez courant), se faire tuer (assez rare), être ruiné, perdre la garde de ses enfants, perdre tout contact avec ses amis ou sa famille... Il appartient à chacun d'évaluer le rapport plaisir/malheur de la situation. Certes, la vie est faite de déséquilibres. Peut-être tenterez-vous juste l'aventure pour pimenter votre quotidien, et vous trouverez-vous face à quelqu'un prêt à carboniser sa vie actuelle. Peut-être au contraire que c'est vous qui, chemin faisant, par raison ou par passion, déciderez que rien n'a plus de saveur, et que vous ne pouvez vivre sans votre nouvelle recrue. Ce serait mentir que de dire que ces choix seront faciles. Mais une chose est sûre, on est toujours plus désirable quand on est pris, et le couple étant le mode de vie dominant dans notre société, que vous le veuillez ou non, il y a de fortes chances que vous fautiez avec le conjoint d'autrui.

> « Faire l'amour à sa femme, c'est comme tirer un canard endormi. »
>
> **Groucho Marx,** comédien

No zob in job

Pas facile à respecter celle-là. Où rencontre-t-on des gens : là où on passe le plus clair de son temps. Et où *l'homo moder-*

nus passe-t-il le plus clair de son temps ? À la cantine, à la machine à café, à la photocopieuse, et au troquet. Là où ça cause, là où ça glousse. Là où les plus équilibrés se protègent du travail, et les plus déséquilibrés se protègent de leur vie privée. Ô capacité d'évasion du « 324 », café court sucré ! Ô glamour du steak-haché-frites ! On plaisante, on se dit tout ou presque, et nombreux sont ceux qui sont tentés d'aller plus loin.

C'est scientifique, au bureau, le premier sujet de conversation après le bureau, c'est la fesse. « Qui j'ai rencontré, ce que je vais lui faire, pourquoi c'est morne plaine à la maison, et toi c'est quoi ton top 5 des filles dans la boîte, et Machin qui est marié, tu crois qu'il dirait pas non »... Parler, c'est bien, agir c'est mieux, et ce ne sont ni les caméras de surveillance des lieux de production, ni les hôtels situés dans les quartiers d'affaires qui nous contrediront. Au bureau, comme dirait Stomy Bugsy « ça défouraille comme dans *Heat* ».

Seulement voilà, l'homme et la femme étant ce qu'ils sont, difficile que l'affaire en reste là. Voici donc quelques choses à savoir, avant d'accepter que Monsieur Trombone, des Services Généraux, vous fasse coulisser sur sa machine à affranchir :

- Coucher avec un collègue de bureau = l'inscrire sur son CV sexuel. Vos amis du bureau ne sont pas de vrais amis. Ils s'ennuient, et ça les fait causer. Dans le travail, le secret n'existe pas. Où que vous alliez, cette histoire vous suivra. Pour le meilleur et pour le pire. Ne croyez pas que vous puissiez cacher quelque chose. On ne cache rien à Radio Moquette. Si vous ne leur dites rien, ils supputeront. Pourquoi ne venez-vous plus déjeuner avec eux ? À qui parlez-vous tout bas avec ce ton complice dans le combiné, alors que le numéro que vous avez composé ne comportait que quatre chiffres ? Pourquoi diable votre femme et le petit dernier ont-ils disparu de votre fond d'écran ? Une chose est sûre, au bureau, dès que vous êtes victime d'une rumeur, faites tout pour qu'elle s'avère exacte. Ce serait quand même dommage d'être accusé, sans avoir pu en profiter.

- Si vous avez une liaison avec quelqu'un qui travaille non seulement dans la même boîte que vous, mais avec qui vous risquez d'avoir une interaction quelconque, que ce soit par un lien de subordination, une dépendance opérationnelle, ou juste le partage d'informations, méfiance. Tout ce que vous ferez dorénavant sera interprété par vos collègues à l'aune de votre liaison. Favoritisme, vengeance… même si votre comportement est purement professionnel, et que votre éthique est irréprochable, impossible de couper la langue aux vipères.
- Le propre de l'abandon, c'est de ne pas penser à l'après. Et si, comme disait Coluche, « bien mal acquis ne profite qu'après », dans l'entreprise, l'après est souvent décevant. Vous aurez beau faire la part des choses, vouloir vous comporter de façon équitable, votre comportement sera forcément affecté par la rupture avec votre collègue, si rupture il y a. Désir de le fuir, de le punir, de l'humilier, de l'ignorer, de lui piquer ses clients, autant de sentiments humains qui n'encouragent en général ni la productivité, ni la paix des ménages.

- Une dernière chose, n'oubliez pas le harcèlement. Prendre pour cible un subordonné, c'est la méthode la plus simple, mais c'est aussi répréhensible. Pour éviter les drames, respectez la hiérarchie : boxez dans votre catégorie.

> « L'homme adultère laboure le champ d'autrui et laisse le sien inculte. »
>
> **Plaute,** poète

La règle des 1 000 km

Loin du cœur, loin des yeux. La règle d'or de l'adultère, c'est de commencer à couvert. Ce qui ne signifie pas seulement de penser à mettre son petit chapeau, mais aussi de choisir si possible un moment propice, et une situation qui fait naturellement le vide autour de vous. Il faut ici rendre hommage aux théoriciens du management, aux comités d'entreprise, et à tout ceux qui font que vous pouvez vous retrouver un jour loin de votre lieu de travail habituel, et donc de chez vous.

Le monde du travail est jalonné de déplacements professionels, de séminaires, de week-ends CE[15] sans conjoint, de tournées commerciales, de congrès et autres joyeusetés qui justifient sans aucun effort :

- que vous partiez loin (voire longtemps) sans votre Officiel(le) ;

[15] Commité d'Entreprise

- que votre portable ne soit pas branché en permanence ;
- que vous dormiez à l'hôtel, payé par la boîte, qui plus est ;
- que vous emportiez votre maillot de bain, « parce qu'après des heures passées devant le *paperboard*, on a quand même le droit de se détendre, bordel ! ».

Vous serez naturellement gratifié des soupçons d'usage en rentrant à la maison, mais vous pourrez aisément faire passer votre mine de déterré pour de la fatigue professionnelle (« qu'est-ce que tu crois, qu'on est allés à Las Vegas pour se faire plaisir ? »), et votre sourire béat pour de la joie de rentrer. Évitez toutefois d'évoquer à tort et à travers ce séjour, dont le souvenir idyllique vous obsède. Votre moitié finirait par penser qu'il y a anguille sous roche, voire pire, baleine sous gravier.

> « La bigamie, c'est quand on a deux femmes. La monotonie, c'est quand on n'en a qu'une. »
>
> **Pierre Desproges,** humoriste

Corpore sano

Les amants n'ont pas de corps. Bien qu'ils l'utilisent beaucoup pour se donner du plaisir, ils ne doivent pas en percevoir les contingences.

Explication : être l'amant(e) de quelqu'un, c'est être en permanence dans le registre de la séduction, du désir, de la passion. On doit avoir envie de se sentir au top à chaque instant. Donc pas de place pour la sudation plantaire, les auréoles sous les bras, le maillot en friche, ou l'haleine de chacal mort de la peste.

Ça vous semblera peut-être un tantinet radical, puisque pas mal de ces choses-là peuvent arriver comme ça, en pleine journée, sans prévenir. Mais l'idée générale est de ne jamais incommoder l'autre. Rien de mieux comme tue-l'amour que des bruits bizarres en provenance d'une salle de bains, qu'un savonnage sous la douche avec débriefing intégré (Frotch, frotch, frotch « Eh au fait, t'as aimé quand je t'ai retournée, dis ? » frotch, frotch…) ou qu'un passage de déo-bille un peu furieux sous les aisselles juste avant la séparation.

L'idée n'est pas de s'aseptiser complètement, mais simplement d'essayer de conserver le plus de mystère possible. N'oubliez pas, mystère = glamour = désir. Donc pas d'ablutions la porte de la salle de bains ouverte, sauf bien sûr dans l'éventualité d'une douche crapuleuse. Pas non plus d'éclatage de boutons en duo ou de prise de mesure du taux de cellulite de la cuisse gauche pliée en quatre sur le lit. Gardez ça pour la maison. Votre corps doit être un objet de convoitise pour l'autre, pas un truc plein de mousse à lui coller sous le nez, un synthétiseur de gargouillements, ou un pot-pourri d'odeurs pas catholiques.

Soyez propre donc, mais aussi élégant. Oubliez les habitudes de la maison, où vous pouvez traîner pendant des heures en survêtement. Avec votre amant(e), vous devez être alléchant, affriolant. Une gravure de mode. Un truc qu'on punaise au-dessus de son lit, c'est le cas de le dire.

Mesdames, prenez d'assaut vos placards, retournez vos tiroirs de lingerie et transformez-vous en vraie fille. Oubliez le soutien-gorge grisâtre, celui qui a fait un cycle laine complet en compagnie de la couverture en mohair de votre chat, pour vous rabattre sur le coordonné soutif-string un peu sexe. Gardez les tentatives de dépareillés, type soutien-gorge à fleufleurs contre culotte Petit Bateau ou résurrection 100 % coton-rayures bleu layette comme en 5e, pour les cours de gym entre copines. Remarquez, ça peut peut-être marcher avec des Japonais, on ne sait jamais…

A contrario, pas la peine non plus de tomber tout de suite dans le plan porte-jarretelles/guêpière, sous peine de passer pour une chaudasse ou, pire, une habituée des 5 à 7 crapuleux. Ça peut vous refroidir un Monsieur même très motivé. Car tous les hommes qui pactisent avec le diable n'assument pas forcément qu'il garde sa petite cape rouge sur le dos pendant qu'on lui fait son affaire. L'interdit, c'est comme les menus gastronomiques, pour parvenir jusqu'au dessert, il vaut mieux y aller par petites bouchées.

Messieurs, remisez donc par-devers vous le slip poutres apparentes, usé et moulant celui où on voit bien la queue du Mickey, pour vous présenter sous votre meilleur jour, en boxer ou slip un peu frais. Le truc tout relâché dans lequel votre petit Costaud est bien à l'aise (si, vous savez, le machin gris avec un trou au milieu), gardez-le donc pour le week-end. Ça s'assortira mieux avec votre collection de torchons Ikéa qu'avec le dessus de lit à carreaux de la chambre 206. Car, vous le constaterez assez vite, toutes les chambres d'hôtel du monde ont des dessus de lit ouatinés à carreaux.

Probablement parce que c'est moins salissant.

Drôles de préliminaires

✓En Nouvelle-Guinée, chez les Mendi, les couples se frôlent en chantonnant avant de faire l'amour sur le sol couvert d'un épais tapis de canne à sucre mâchée.

✓Au Soudan, chez les pasteurs Nouba, après les danses d'amour annuelles, la femme désigne son compagnon en posant sa jambe sur l'épaule de celui qui partagera sa couche. La belle adresse ainsi un signal olfactif à l'élu de son cœur.

✓Une fois par an, les Bororos du Niger se travestissent et se maquillent en espérant séduire celle qu'ils rêvent d'aller ensuite butiner dans la brousse.

Conclusion pour action : on soigne le produit tout comme son emballage. Vous prenez déjà suffisamment de risques pour être ensemble plus de cinq minutes dans un espace clos, n'allez pas gâcher tout ça en vous présentant sous un mauvais jour. Vous vivez un truc comme dans les films, un fantasme, alors jouez-le jusqu'au bout, sans état d'âme.

Rassurez-vous, des accidents peuvent arriver, et ce n'est pas une épilation qui date un peu ou un caleçon de seconde main acheté dans La Centrale des Particuliers qui va forcément mettre votre histoire sur la béquille. Il faut juste prendre quelques petites habitudes pour maximiser l'effet produit sur l'autre à chaque impact. Et si vous avez des ratés, souvenez-vous de ce proverbe que nous avons inventé mais qui aurait pu être africain : « En amour comme en mécanique, rien n'est irréparable. »

Je te donne...
44 % des personnes interrogées considèrent que le plaisir qu'ils donnent au cours de l'acte sexuel est plus important que celui qu'ils reçoivent. 39 % estiment qu'il faut donner et recevoir, tandis que 11 % attendent de recevoir.
Source : sondage IPSOS/*Figaro Magazine*, 2000

Ne tirez pas sur l'ambulance
Pour devenir infidèle, il faut remplir une condition *sine qua non* : partager la vie de quelqu'un. Ça paraît évident comme constatation, mais de nos jours, ce n'est pas donné à tout le monde, puisque près de 3 adultes sur 10 n'ont jamais vécu avec personne.

Vous l'appelez comme vous voulez « ma vraie vie, mon conjoint, mon époux, ma femme, mon mari, ma légitime, mon régulier, l'ennemi... », mais c'est le passage obligé. Ces gens-là existent, partagent leur vie avec vous, et ont souvent même prévu, les inconscients, de passer le reste de leur existence à vos côtés. C'est beau et ça s'appelle la vie de couple. Normalement dans ce genre de vie, on est deux, sauf que si vous lisez ce livre, c'est que vous êtes déjà un peu plus nombreux, ou que vous songez à le devenir.

L'adultère, c'est le Royaume de l'Hypocrisie. On ment à son conjoint, à son camarade de jeux ainsi qu'à soi-même. Tout va bien, tout est calme, tout est lisse. Pour que ça dure, il ne faut pas que ça pète. Et pourtant, si vous en êtes là, c'est bien que vous n'êtes pas épanoui à 150 % dans votre vie de couple. Sans insinuer qu'on ne commence à mettre des coups de canif dans le contrat que lorsque le navire prend l'eau, en règle générale, si vos moindres désirs sont exaucés, vous n'avez pas besoin d'aller voir ailleurs.

> « Il y a plein de couples où on est trois. Ce qui compte, c'est qu'il n'y en ait que deux qui le sachent. »
>
> **Une de nos amies**

On va voir ailleurs pour 1 000 raisons, bonnes et moins bonnes, mais, bien souvent, la raison principale, c'est qu'il y a un truc qui nous manque. Et c'est un vrai petit morceau de chance, la nouvelle secrétaire du DG ou le prof de tennis de Junior vous l'apportent, EUX. Ils vous écoutent, ils ne vous engueulent pas, ils ne vous jugent pas, il vous font croire que la magie des premiers instants est quelque chose d'éternel ; qu'il existe une vie sans contrainte dont le seul but est d'expérimenter des lieux et des positions comme celle du rotor malgache « un truc qui me colle encore au corps et au cœur » comme chantait Laurent Voulzy quand on était petit.

EUX, ils ont avec vous des affinités, des passions, des échanges sur lesquels vous avez fait une croix depuis longtemps avec

Manman. Ça va de la lueur lubrique que vous n'avez plus allumée dans l'œil de Marie-Monique depuis le réveillon 98, en passant par une fascination commune pour le skateboard, le deltaplane, le crochet, les puzzles 10 000 pièces, les chorégraphies de Claude François ou, tout simplement, le désir de passer quatre heures par semaine au lit ensemble.

Tout ça vous donne envie de vous emboîter et là commencent les difficultés. Car quelle que soit votre vigueur, il y a bien un moment où vous allez terminer de vous butiner en faisant des pompes sur une main. À cet instant, trois solutions se présenteront à vous : la clope, le silence, ou la conversation. La clope donne le cancer, le silence colle le blues, et la conversation, après l'amour, peut vite tourner au bureau des pleurs.

Alors, heureux ?

À la question « que faites-vous en général après avoir fait l'amour ? », 36 % des Français déclarent se laver, 29 % dormir et 8 % fumer. 7 % se préparent une petite collation, et seulement 6 % recommencent.

Source : sondage IPSOS/*Figaro Magazine*, 2000

Tout comme on n'apprécie guère que ses meilleurs amis disent du mal les uns des autres, il est prudent d'éviter au maximum de déboulonner les réguliers lorsqu'on a une liaison. Tout d'abord, vous êtes ensemble pour passer un moment agréable, pas pour rabâcher la énième scène avec

Guy-Paul concernant le rangement de la chambre du petit, ou commenter l'absence complète de sens pratique de Maryse toujours incapable après quinze ans de mariage, de se souvenir que Beau-Papa déteste le melon et ne prend pas de café. Si vous êtes ensemble, c'est pour être ENSEMBLE, pas pour passer les 2 h 18 de votre rendez-vous coquin à parler des deux autres. Débiner son conjoint, c'est à la portée du premier venu et ça doit rester le thème principal des sorties entre copines ou le truc spécial pour les vestiaires de rugby. Pas la peine de se lancer dans de grandes tirades pleines de rancœur sur vos réguliers alors que vous voilà tous les deux, couchés flanc contre flanc, à l'Ibis du coin ou en plein éclatement de forfait SFR.

Facteur aggravant, réciprocité oblige (cours de math de 5e), à moins que vous ne soyez sûr de vous à 100 % et prêt à transformer votre vie parallèle en légitime, vous vous rabaissez en critiquant votre moitié. Expliquer que vous vivez avec une femme qui n'aime pas faire l'amour, n'apprécie rien de plus que les chemises de nuit en pilou-pilou même par 40°, s'épile la semaine des quatre jeudis, a une véritable passion pour le point de croix et les soirées télé devant Julien Courbet, c'est plus que moyen. Ça marchera pour apitoyer Nadine, la coiffeuse de Palavas (que nous respectons infiniment par ailleurs) et vous réussirez peut-être à l'emballer dans votre camping-car sur un malentendu. Mais en aucun cas, si l'histoire se répète de manière régulière, ne ferez-vous gober à Nadine que, pourtant, votre femme vous y tenez, et que c'est pas demain la veille que vous prendrez racine sur le lino de sa studette, attenante à son salon de coiffure Saint-Algue.

Raconter que votre époux préfère les tableaux Excel à vos guêpières en satin, les dîners-bridge aux bains moussants crapuleux, le navarin d'agneau de sa mère à votre blanquette, les parties de golf avec ses copains aux après-midi shopping en votre compagnie, tout ça aiguillonnera l'intérêt de Christian, le commercial de la région PACA avec qui vous passez vos après-midi. Mais vous entendre déblatérer sur votre légitime une demi-heure chaque vendredi, alors que la chambre lui coûte 60 euros, risque rapidement d'agacer le jeune homme, surtout si à 18 h 01 vous filez pour rentrer préparer le dîner à la maison.

Donc, à moins que vous ne soyez totalement prêt à dynamiter votre vraie vie, ne noircissez pas trop le tableau. Le but, lorsqu'on parle de son conjoint à son amant(e), c'est de se faire un peu plaindre, pas de passer pour un imbécile ayant lié sa vie à un triste sire. Évitez au maximum les détails sur l'autre, ainsi que sur votre vie de couple. En cas de rupture prématurée et unilatérale, le délaissé pourrait vouloir se venger en faisant du mauvais esprit en présence de votre officielle(e). Pas question de lui fournir les armes pour ça.

Où l'emmenez-vous pour faire des bêtises ?

À l'hôtel

La solution la plus simple, quand on a besoin d'un peu d'intimité pour goûter à des plaisirs défendus, c'est d'aller à l'hôtel. Un lieu clos, confortable, où vous êtes à l'abri. Vous ne vous étiez peut-être pas rendu compte de la quantité d'hôtels qui existent près de chez vous. Après quelques jours de liaison, vous aurez l'impression qu'ils sont plus nombreux que les boulangeries.

Quel hôtel choisir ?
Sur la localisation, il existe deux théories. La première, la romantique, milite en faveur d'un lieu isolé, lointain, joli. Vous vous échappez véritablement. Vous passez le périphérique, vous vous mettez au vert. Sympa et dépaysant.

À savoir toutefois :

- Plus vous vous éloignez des villes, moins il y a d'hôtels. Vous avez intérêt à savoir où vous allez, et à avoir réservé avant.
- Si le *5 à 7* est un concept universel, l'aubergiste rural peut avoir du mal avec la notion de réservation de chambre à la journée, voire à l'heure. « Vous resterez bien dîner, c'est inclus dans le prix. » Ne parlons même pas de négocier un tarif spécial.
- En cas de tentative de localisation de la part de votre officiel(le), pas facile de « passer chercher Marion à l'école en sortant du bureau parce que là moi je suis trop charrette et toi, c'est sur ta route ».
- Et enfin, sans voir le diable partout, si vous vous faites flasher pour excès de vitesse, ou que vous avez un accident de voiture, vous êtes cuit.

Une escapade bucolique, c'est comme tout, ça s'organise,

ça se sécurise. Vous voilà prévenu.

Deuxième possibilité donc, la proximité. Attention, on n'a pas dit en face de chez vous ou du bureau. Juste un quartier où :

- Vous ne risquez pas de croiser le ban et l'arrière-ban de votre famille et de vos collègues.
- Si on vous y croise, vous pouvez avoir une bonne raison de passer par là à cette heure (le client bidule, le SAV de la Fnac Micro ou autre).

C'est quand qu'on va où ?

Il n'y a rien de plus tue-l'amour pour des amants que d'errer à la recherche d'un hôtel. Préparez donc votre forfait en amont. Si vous n'êtes pas un habitué du lieu, verrouillez les histoires de disponibilité et de tarif avant d'arriver sur la zone.

Mais comment je le trouve cet hôtel ?

Première idée : cela dépend du niveau de secret que vous voulez conserver. Le 5 à 7 étant la chose au monde la mieux partagée, après la sudation plantaire, demandez conseil à un ami familier de la chose, qui vous fera partager ses trucs et astuces. Mais, on vous le dira et le redira dans ce livre, ces petites activités secrètes, moins on en parle, mieux on se porte. Vous voilà donc face à votre ordinateur ou votre téléphone, le regard perdu dans celui de votre petit dernier, ou de votre collègue de bureau open-space. Prenez l'air concentré, voire contrarié, et surfez la vague du délit.

L'ordinateur est un outil très utile. Encore faut-il savoir en prévenir les méfaits. En ouvrant, par exemple, une fenêtre sur un document anodin et rébarbatif, en plus de votre navigateur rivé sur « le guide des hôtels coquins » ou « où s'envoyer en l'air pour pas cher » (ne rêvez pas, ces sites n'existent pas encore à notre connaissance). En cas d'alerte, vous zappez rapidement d'une fenêtre à l'autre. Et n'oubliez pas, un ordinateur, ça plante sans prévenir. Si l'écran ne réagit pas au premier clic, écriez-vous « putain, je suis encore planté, j'ai tout perdu, je vais le carboniser cet ordi pourri », en vous ruant discrètement sur l'interrupteur du moniteur. Une diversion qui marche à tous les coups. Conseil aux naïfs : n'immolez pas votre ordinateur par le feu pour de vrai, il peut encore servir.

Une fois votre recherche effectuée, n'oubliez pas de nettoyer les traces de vos visites : historique, cookies, mémorisation automatique de la frappe. Voir notre chapitre « Avant de tromper votre conjoint, apprenez à tromper votre ordinateur ». Si vous avez le goût du risque, et que vous avez lancé une impression, ne vous dites pas « Je la prendrai tout à l'heure, quand j'aurai fini ma recherche ». C'est le meilleur moyen de l'oublier.

Et si c'est l'alerte rouge ?

Dans le cas où vous vous feriez prendre, malgré vos précautions, utilisez l'excuse imparable : « Chéri(e), je nous prépare une petite escapade pour maintenir notre vie de couple au top ». Tellement énorme que ça passera tout seul. Et c'est vrai qu'en plus, ça rebooste, une partie de jambes en l'air à l'hôtel. Enfin, pour vous, ça aura peut-être un petit goût de routine (quoi que tromper sa maîtresse avec sa femme, sur son terrain, à l'hôtel, ça peut être un peu excitant), mais pour elle, ça aura un goût d'interdit, et elle se croira revenue aux riches heures du Bureau des Élèves de la fac, quand vous folâtriez gentiment entre les caisses de Heineken de la buvette de la soirée annuelle.

Que vous soyez pris sur le site du sublime manoir Relais & Châteaux, ou de l'Etap Hôtel en bas de chez vous, ça peut tout à fait passer. Et si vous êtes un peu joueur, vous pouvez même carrément acheter un guide d'hôtels de charme ou d'étapes bucoliques, et le ramener à la maison. Mais attention, si au bout de trois mois, votre officiel(le) n'a pas vu la couleur d'un quart de début d'édredon en coton d'Égypte, vous risquez de vous faire taxer :

- de vraiment la/le prendre pour un/une imbécile ;
- d'acheter sans arrêt des trucs qui ne servent à rien, « alors qu'on a déjà du mal à rembourser les traites de la Scénic ».

Les coordonnées, j'en fais quoi ?

Imaginons que vous ayez enfin fini par trouver un ou plusieurs numéros et des adresses. Faut-il les noter quelque part ? Si vous voulez, de façon plus ou moins cryptée, mais sachez qu'il n'est jamais bon qu'un numéro de téléphone d'hôtel traîne dans votre poche ou sur votre table basse, surtout si, à un moment donné, votre chacun ou votre chacune suspecte quelque chose. Car le problème dans ces cas-là, c'est qu'on n'est pas forcément prévenu avant. À la maison, pas de code pénal, pas de mise en examen des suspects pour avoir accès au dossier.

Mémorisez le numéro si vous le pouvez. Dans votre mémoire. On sait que c'est désuet, mais il se peut qu'elle vous trahisse moins sur le moyen terme que celle de votre téléphone ou de votre assistant numérique personnel. Au pire, utilisez un bout de papier que vous ne quitterez pas d'une semelle, et que vous jetterez à coup sûr avant de rentrer chez vous.

Si vous tenez absolument à l'entrer dans votre répertoire, trouvez un nom de code logique (pas votre cousin de Marseille si le numéro commence par 01), et une personne que votre conjoint ne cherchera jamais à appeler. Donc pas votre cousin de Marseille, mais plutôt « SAV pièces détachées dénoyauteur de pastèque », à moins que ce ne soit capillotracté, c'est-à-dire, pour ceux qui ne connaissent pas encore cette expression à la mode, tiré par les cheveux.

Pour appeler, inutile de préciser que vous devez être seul. N'utilisez en aucun cas le téléphone de la maison. Un petit « bis » mal intentionné, la facture détaillée ou l'identification des numéros appelés peuvent vous envoyer dans le mur en moins de deux. Si vous appelez de votre portable (dont vous avez bien entendu renoncé à la facture détaillée), veillez à ce que le numéro de l'hôtel ne figure pas dans les derniers numéros appelés quand vous rentrez chez vous, à moins que vous ne soyez sûr que votre conjoint n'utilise JAMAIS votre combiné. Selon les modèles, soit vous pouvez effacer la liste, soit il vous faut appeler suffisamment de gens pour qu'elle soit totalement nettoyée.

Qu'est-ce que je leur dis ?

Vous voilà donc tremblant, appelant pour la première fois un hôtel, pour réserver une chambre, souvent pour le jour même. La conversation peut commencer comme ça :

« Bonjour, je voudrais savoir si vous avez de la disponibilité aujourd'hui en *day use* (le cas échéant précisions fumeur-non fumeur, chambre sur jardin, suite nuptiale...), et à quel tarif. »

Pour votre culture générale :

La formule du « *day use* » a été créée à l'origine par les grandes chaînes d'hôtels, qui recevaient des clients pour la journée, comme les stewards et les hôtesses de l'air ou des chefs d'entreprise en transit. Le service et l'appellation se sont progressivement étendus à tous les types d'utilisation à la journée, et principalement celle qui fait l'objet de cet ouvrage. Les hôtels sont plutôt discrets sur ce phénomène d'une part parce qu'ils craignent pour leur image, mais également parce qu'ils redoutent de recevoir une clientèle de prostituées, dont l'hébergement pourrait les rendre complices de proxénétisme aggravé.

Avantage de cette entrée en matière, elle contient toutes les informations, et votre interlocuteur sait pourquoi vous appelez. Il ne lui reste plus beaucoup de choses à vous demander. La conversation sera courte. Seul le simple d'esprit vous demandera s'il s'agit d'une chambre simple ou double, avec ou sans enfant, ou pour combien de nuits.

Inconvénient : vous verrez que beaucoup de réceptionnistes ont du mal à mémoriser autant d'infos dans un laps de temps aussi court. Par ailleurs, si l'appellation « day use » est commune dans les grands hôtels et les chaînes, dans des établissements plus modestes ou plus authentiques, vous risquez de vous prendre un bide : ils vous demandent de tout répéter comme si vous leur aviez parlé en hindi ou ils vous clouent au mur avec un « nous ne faisons pas ce genre de choses », qui comporte un jugement moral qui devrait vous enfoncer dans vos chaussettes pour un moment.

Une petite frite, un Coca moyen et un « *day-use* », s'il vous plaît !
Les hôtels les mieux organisés ont des tarifs « *day-use* », voire « pack romantique ». Du coup, ça aide à assumer. On a presque l'impression de faire partie d'un phénomène de société, bien que la profession ne reconnaisse officiellement que 2 % de son chiffre d'affaires généré par les "*5 à 7*". Demandez une ristourne, elle vous sera rarement refusée.

Vous me faites un prix ?

Surmontez votre culpabilité judéo-chrétienne. Vous êtes CLIENT, vous allez PAYER, vous êtes en droit de recevoir un SERVICE. N'allant probablement utiliser la chambre qu'une partie de son temps d'occupation habituel, vous pouvez obtenir un tarif préférentiel. Il n'y a que les chaînes super-économiques, aux tarifs déjà tirés à quatre épingles, qui peuvent vous le refuser.

Stationnement payant, limité à une heure
Certains hôtels acceptent une tarification à l'heure. Il s'agit en général de grands établissements avec un staff de nettoyage permanent. Ne vous embarquez pas dans ce genre de négociations mesquines. Vous obtenez un bon prix, vous n'êtes pas stressé par le créneau horaire, vous pouvez maintenant vous concentrer sur l'essentiel : l'évasion.

Sachez néanmoins que beaucoup d'hôtels auront du mal à relouer votre chambre dans la soirée, soit parce que vous partez trop tard, soit parce qu'ils n'ont pas de femme de ménage pour nettoyer vos cochonneries à cette heure-là. Peu importe : en dehors des périodes de salons et de vacances, dans les zones touristiques, les hôtels sont pleins de chambres vides. Il y a donc de la place pour négocier, parfois jusqu'à 50 % de rabais. Ça fait un peu marchand de tapis, mais à raison de quatre à douze séances par mois, il faut vraiment être très riche ou très snob pour ne pas tenter d'adoucir la douloureuse. Et si vous avez l'impression que votre petite manie s'installe dans la durée, négociez en fonction du volume ou de votre fidélité à l'établissement. Aucune raison qu'un client régulier ne soit pas choyé.

Ceux qui sont plus à l'aise en face à face préféreront se présenter directement à l'hôtel, et pour réserver, et pour négocier le tarif. Si vous tombez sur un interlocuteur sympa, cela peut donner lieu à une conversation drolatique. Mais attention, si vous n'arrivez pas à vous mettre d'accord sur un bon prix, ou que l'hôtel est exceptionnellement plein, vous rentrez dans une phase d'errance à la recherche d'un plan B qui peut ne pas faire de bien à votre amourette. Dans un adultère réussi, la logistique ne doit pas prendre le pas sur le plaisir.

Sourire la vie

Et votre exigence ne doit pas s'arrêter au tarif. Une fois sur place, si la chambre n'est pas à votre goût, n'hésitez pas à en demander une autre. Les hôtels sont vides, on vous dit. Vous avez le droit au service, et au sourire de la crémière.

En la matière, le personnel qui vous reçoit se divise en trois catégories :

- **Les pros.** Ils savent pourquoi vous êtes là, ne vous jugent pas, sont discrets et vous mettent à l'aise.
- **Les goguenards.** Complices mais encore plus gênés que vous, ils gloussent et vous jettent des regards en coin.
- **Les crétins.** Vous envoient un regard réprobateur, voire refusent de vous accueillir. Ils se prennent pour Dieu ou vos parents. N'hésitez pas à les remettre à leur place et à boycotter leur établissement.

Payez pour voir

Mais il y a encore une épreuve à passer, car c'est au moment de la réservation par téléphone qu'on vous demande systématiquement votre nom, et souvent un numéro de carte de crédit. L'usage est de donner un faux nom, mais vous pouvez tout à fait utiliser le vrai. Attention toutefois à ne pas vous retrouver sur un fichier de clients réguliers et à recevoir chez vous des points fidélité. Donc faux nom, mais vrai numéro de carte bancaire. Ne vous inquiétez pas, l'hôtel ne vérifiera pas la concordance entre la carte et le nom du porteur, c'est juste une garantie. Dans le cas où, au moment du paiement, vous tombez sur un réceptionniste facétieux, qui s'étonne de la différence de patronyme, dites-lui que c'est votre compagne/compagnon qui a effectué la réservation, et que c'est vous qui payez.

De toute façon, à moins que vous ne soyez affecté d'une grave déficience mentale, une fois sur place, c'est en cash que vous allez payer. Le réceptionniste déchire votre numéro de carte, et vous redevenez vous-même, c'est-à-dire personne.

***Room* service**

Attention aux extras. Si vous vous faites servir dans la chambre, ou que vous consommez dans le mini-bar, n'oubliez pas de repasser à la réception régler ces suppléments en espèces. Il serait désagréable de les voir apparaître sur votre prochain relevé de compte.

Méfiez-vous des hôtels à très bas prix, type Formule un. Économique certes. Glamour bof. Et surtout, carte bancaire obligatoire, au moins à certains horaires, pour payer et entrer dans les chambres. Pas bon du tout.

Dans de nombreux établissements, lors de la réservation, on vous proposera de vous envoyer une confirmation par fax ou par e-mail. Refusez poliment. Ils ont votre numéro de Carte Bleue, le cas échéant votre numéro de portable, et c'est déjà presque trop. Vous verrez aussi qu'on vous proposera avec beaucoup d'insistance une facture. Prenez-la pour ne vexer personne et, à moins que vous ne puissiez la faire passer en frais professionnels, déchirez-la immédiatement, direction poubelle.

Je ne sais plus où j'habite

On vous demandera aussi souvent de remplir une fiche de séjour. Donnez une fausse adresse, mais de préférence toujours la même, si c'est un hôtel où vous revenez. Si vous pensez que le réceptionniste ne se doute pas de ce pourquoi vous êtes là, c'est-à-dire que vous le prenez pour un demeuré, vu que vous faites le *check in* sans bagage à 3 heures de l'après-midi, que vous payez en liquide et que vous êtes suivi avec plus ou moins 5 minutes d'écart par votre camarade de jeux, choisissez une adresse hors de votre ville de résidence, sinon, pourquoi iriez-vous à l'hôtel ?

Questions pour un champion

Pour la suite des événements, c'est à chacun de voir. Arrivez-vous ensemble (terriblement déconseillé) ? Passez-vous par l'ascenseur du parking, s'il y en a un (furieusement conseillé) ? Entrez-vous dans l'hôtel l'air de rien ou en zieutant partout autour de vous ? Essayez-vous de passer un minimum de temps dans le hall ou prenez-vous votre temps, voire un verre au bar ? Dans ce cas, avez-vous assez d'espèces ?

Là, c'est votre niveau de confiance en vous, votre niveau de prise de risque, et l'environnement de la zone qui déterminent votre conduite. Nous, si on était vous, on respecterait quand même deux ou trois règles de base. Mieux vaut prévenir que guérir (encore plus explicite en anglais : « *better safe than sorry* »).

- **Je tire de l'argent pour payer.** Dans un quartier où il est logique que je sois passé. D'un montant normal par rapport à mes habitudes, ou que je peux justifier avec une excuse quelconque, genre « un idiot de taxi qui n'acceptait pas les cartes de crédit ». Car il faut être sacrément sûr de soi pour laisser des traces sur son relevé de compte, que ce soit pour l'hôtel ou pour toute autre dépense non naturelle effectuée dans un lieu pas naturel (pharmacie pour les préservatifs, alimentation...). La carte de crédit, vous la gardez pour votre vraie vie. Vous pouvez toujours payer en chèque, puisque les renseignements sur les relevés bancaires sont moins précis. Mais du coup, l'hôtel connaît votre nom, votre adresse et peut vous demander votre pièce d'identité. Direction le fichier des clients réguliers. Déconseillé donc.
- **Je coupe mon portable en arrivant sur place.** J'écoute mes messages toutes les deux heures, à moins que je ne sois censé être dans une réunion fleuve, et que je dispose de collègues pour corroborer cette affabulation, c'est-à-dire me couvrir. Si je réponds, je veille à ce que mon/ma partenaire ne parle pas, ne fasse pas de bruit

bizarre genre porte, douche, toilettes ou râle de plaisir. Je ne dis pas que je suis dans la rue ou dans la voiture, alors que l'atmosphère sonore d'un lieu clos n'à rien à voir avec celle de l'extérieur. Je ne dis pas que je suis au bureau puisque mon numéro de portable est identifiable, et qu'on peut me demander « puisque tu es devant ton ordi, tu peux regarder un truc sur Internet pour moi » ou « tu peux piquer une ramette de papier A4, on n'en a plus à la maison ». Je ne dis pas que je ne suis pas loin de la maison, si je sais que je vais mettre longtemps pour rentrer. « Je suis en réunion chez le client bidule, je te rappelle quand je sors. » J'en profite pour demander où mon interlocuteur se trouve, afin de localiser le danger. Attention toutefois à avoir une réponse toute prête pour répliquer au « et toi » que ne manquera pas de déclencher votre « t'es où ? ».

- **Je me gare à un endroit autorisé,** de préférence à l'abri des regards et des grands axes. Je paye le stationnement pour éviter les PV (PV = adresse, date et heure = localisation = pièce à conviction). Si je suis au parking, je paye en espèces, et je détruis le ticket (après être sorti, de préférence, sinon, ça peut vous coûter cher). Si je suis en surface, je détruis le ticket de l'horodateur en fin de stationnement, et je le jette dans une poubelle, pas dans la voiture. Il comporte parfois des indications comme l'arrondissement ou la localité, et, bien entendu, la date et l'heure. Le chef-d'œuvre en matière de discrétion consiste à choisir un hôtel dans une impasse ou qui possède un parking avec ascenseur à accès direct.

Attention toutefois aux petits plus des hôtels de luxe, comme le voiturier qui va mettre un badge aux couleurs de l'hôtel sur vos clefs, ou sous le pare-brise avec le numéro de la place. Pas mal non plus : les housses de siège en plastique ou les tapis de sol avec logo. C'est fait pour ne pas salir votre véhicule pendant qu'on le nettoie. Pour que ça ne soit pas votre réputation qui soit salie, faites une inspection intégrale, et demandez à Nestor qu'il mette tout ça à la benne avant de sortir.

- **Je rentre dans l'hôtel d'un air détaché.** Si je croise quelqu'un que je connais, je peux lui dire, au choix :
  - Que je suis rentrer faire pipi ou demander un verre d'eau parce que je n'en pouvais plus.
  - Que je fais un repérage pour un séminaire de ma boîte.
  - Que le client Machpro, qui est un rat d'égout, m'a emmené là déjeuner et que c'était dégueu.

N'hésitez pas, soyez ferme. Lapidaire, drôle si vous pouvez. Les détails accentuent la crédibilité : « j'ai une telle colique depuis la ratatouille de Monique, j'ai cru que je n'atteindrais pas ma voiture ». Si vous croisez votre connaissance dans l'hôtel, attaquez en premier : « alors toi, tu trompes ta femme ? ».

- **On n'arrive pas simultanément.** Téléphonez-vous le numéro de la chambre. *Idem* pour le départ. Si, grisés, vous vous promenez ensemble, présentez tout de suite l'autre comme une collègue du service communication qui veut à tout prix organiser un colloque dans cet hôtel, que vous trouvez pour votre part un peu surdimensionné.
- **Une fois dans la chambre, je ne balance pas mes affaires**

n'importe où. Bien que les amants aient tendance à s'enlever mutuellement leurs vêtements, ce qui les distingue des couples officiels, je tâche soit de localiser chaque élément, soit de tout mettre dans le même coin pour ne rien oublier. L'erreur suprême étant de laisser sur place un objet ou un document avec votre nom et vos coordonnées. Vous serez appelé chez vous, et ce sera le début de la fin. Pas la peine non plus de se frotter tout habillé. Mais qu'avez-vous fait de votre journée pour revenir avec des vêtements tout froissés, qui sentent… comment dire ?

- **À l'étape douche, je lutte contre les odeurs, mais pas trop**. Si vous sentez le savon (et pas le vôtre) en rentrant chez vous, c'est plus que louche. Si vous sentez le sexe, c'est encore pire ! Utilisez surtout de l'eau pour vous débarrasser des odeurs compromettantes, y compris sur le visage et dans les cheveux, la zone qui sera la première à être explorée en rentrant. Faites un raccord-odeur avec votre parfum, votre déo ou le même savon qu'à la maison.
Attention toutefois à la question : « Mais qu'est-ce que tu fais avec du déo (ou des lingettes déo) dans ton sac ? » Attention au piège. Si à la maison, surtout en fin de soirée, on veut sentir votre sexe, pour une utilisation ou juste un contrôle, qu'il sente le savon ou l'amour, vous êtes mal. Prenez éventuellement une douche en rentrant pour justifier cette propreté, si la douche est justifiable. Au pire, couchez-vous avec un caleçon, si ce n'est pas trop inhabituel, ou enroulez-vous dans les draps et arguez d'une énorme fatigue pour qu'on ne vous approche pas.

Réponses proposées pour vous sortir d'affaire :

✓« Tu sais, avec cette chaleur, on transpire tellement » (été).

✓« Tu sais, avec cette doudoune, on transpire tellement » (hiver).

✓« Je ne veux pas rentrer à la maison et sentir mauvais, car je t'aime, je te respecte, et je veux préserver chaque jour la fraîcheur de notre première rencontre » (été comme hiver).

- **Après inventaire de vos petites affaires,** jetez tout ce qui doit être jeté (préservatifs, lingettes, reçu de l'hôtel). Certains maniaques mettront tout dans un sac poubelle, dont ils se débarrasseront en sortant du parking. Méthodique, mais pas bon si vous en êtes déjà au stade où vous êtes suivi. Quoi qu'il en soit, à ce stade, on ne peut plus faire grand-chose pour vous.
- **Surtout, je ne prends pas les produits dérivés**. Pas le stylo ni une feuille du bloc notes, pas de bonbons, rien. Je ne prends des notes, comme la liste des gens qui ont laissé un message sur mon répondeur de portable, que sur du papier vierge, ou sur mon agenda. Je sors de là comme j'y suis entré.

Prenez-en de la graine

Vous avez pu constater qu'emballés par notre enthousiasme, nous avons, à travers le chapitre sur l'hôtellerie, balayé une vaste gamme de recommandations déclinables dans de nombreux domaines. Nous reviendrons plus en détail sur certaines d'entre elles, mais approfondissons d'abord la problématique du lieu. À part à l'hôtel, où peut-on bien s'adonner à sa délicieuse déviance ?

Cap ? Pas cap ?

✓« En matière de sexe, les hommes semblent beaucoup plus désinhibés que les femmes. Ils se disent capables de faire l'amour dans un ascenseur à l'arrêt (61 %), sur la table de la cuisine (65 %), sous un porche ou dans un jardin public (36 %), dans un parking ouvert au public (31 %), au cinéma ou dans une boîte de nuit (21 %).

✓« Les femmes sont en retrait, avec 40 % seulement pour l'ascenseur, 46 % pour la table de la cuisine, 22 % pour un porche ou un jardin public, 12 % pour un parking ouvert au public, 13 % pour le cinéma et 7 % la boîte de nuit.

Source : sondage IPSOS/*Max*, 1992
(échantillon de moins de 35 ans)

Chez vous

C'est extrêmement commode, puisque vous n'avez ni à vous déplacer, ni à chercher un point de chute. Notons au passage que c'est gratuit. En revanche, un retour inopiné du conjoint peut coûter très cher. Autre inconvénient de la maison : le lieu n'est pas aseptisé, ni vraiment fait pour ça. Votre *home sweet home* est tellement riche en meubles, bibelots, souvenirs de toutes sortes, qu'il est beaucoup plus facile d'y oublier, qui un bracelet, qui un chouchou, qui un string ou un emballage de préservatif. Et là, gare au jour du grand ménage.

La maison, c'est la facilité logistique, contre la complexité morale. Car tout gymnaste du canapé, tout acrobate du bar américain que vous êtes, vous finirez à un moment ou à un autre par vous retrouver dans le lit conjugal. Pratique pour faire des comparaisons dans un environnement identique, « à périmètre constant », comme disent les analystes boursiers, mais quand même un peu limite. Si même nous, les délurés de service, vous le disons, alors…

Et puis si à l'hôtel, il est naturel que les draps et les serviettes soient renouvelés après votre passage, à la maison, il n'y a pas de raison. Y faire l'amour est donc une bonne façon de laisser des tonnes d'indices. Odeurs, poils, marques en tous genres sur les draps, la nappe, les rideaux, oubli divers, serviettes encore mouillées quand votre conjoint reviendra à la maison, eau au fond de la baignoire, cheveux de couleur inhabituelle dans le siphon, voire baisse anormale du niveau de gel douche (là, c'est vraiment si vous vivez avec Colombo), prolifération des tasses à café sales ou des mégots de cigarette, les preuves s'accumulent contre vous à la vitesse de la lumière.

Sans compter que chez vous, outre votre conjoint qui peut débouler à tout moment, ce sont aussi les concierges, voisins, femme de ménage, nounous parents et amis qui peuvent se pointer et vous prendre la main dans le sac. Option pratique donc, mais à manier avec prudence.

Observons que les amants qui utilisent le domicile de l'un ou de l'autre ont vite tendance à prendre leurs aises et leurs habitudes. Ce faisant, non seulement ils courent le risque de laisser de plus en plus de traces, non seulement ils augmentent la probabilité de se faire prendre, mais ils dévient lentement vers un des travers de la vie qu'ils fuient grâce à leur liaison : la routine et l'effort minimal.

Une fois la maison explorée de fond en comble, il ne tient qu'à vous, même si vous êtes très démuni, de trouver d'autres options, comme :

Dans votre voiture

L'avantage avec votre voiture, c'est que vous êtes un peu chez vous partout. Mais attention, l'exhibitionnisme, l'attentat à la pudeur et l'outrage aux bonnes mœurs sont punis par la loi. Choisissez un coin sombre, ou vraiment isolé. Un petit chemin perdu dans la campagne ou une rue déserte en pleine nuit, mais là, c'est votre sécurité qui ne sera pas garantie.

Code PIN obligatoire

Une idée originale et moderne : le relais de téléphonie mobile. En zone rurale, il est en général juché sur une colline, au bout d'un chemin ou personne ne va, à cause des radiations, et, si vous avez de la chance, entouré de sous-bois. Là, pas la peine de rester dans la voiture, vous pouvez faire une totale sur le capot ou sur le parking. Personne n'y vient (presque) jamais, car les relais fonctionnent de façon automatique et sont gérés à distance. Avantage incomparable de ce lieu-là, bien qu'on puisse sans doute y attraper toutes sortes de cancers : votre portable y capte super bien.

Autre solution : les parkings. Moins cher que l'hôtel, pourvu qu'on vienne avec son espace clos personnel, c'est-à-dire sa voiture. Mais attention, pour rassurer les clients, les parkings tendent de nos jours à être de plus en plus éclairés. Difficile donc de trouver des coins sombres. Une solution toutefois : au bout de quelques minutes d'ébats, si vous gardez les vitres fermées, elles seront recouvertes de buée et vous serez aussi protégés que Batman et Robin dans leur Batmobile. Évitez cependant les véhicules trop exigus, si vous ne voulez pas finir votre journée chez le kiné.

Dans les lieux publics

Là encore, c'est interdit, mais frissons garantis. Dans les recoins des musées ou après la fermeture, sur le clocher de la cathédrale, ou encore dans les jardins publics. L'idée, c'est plutôt de ne pas s'attendre à de longs ébats, sauf si on est très décontracté ou tout à fait inconscient. Prévoyez plutôt une étreinte éclair, en enlevant le moins de vêtements possible, au cas où il y aurait du passage. Et si vous vous faites prendre par un gardien, essayez les sentiments ou le clin d'œil complice. Il serait vraiment moche de sa part de poursuivre des amoureux, à moins que vous ayez piétiné le massif d'hortensias ou salopé le Modigliani.

Quant au cinéma, lieu porteur de rêve et d'émotion, si, dans une salle pas trop remplie, il vous sera possible d'administrer un discret cunnilingus ou une sobre fellation (c'est-à-dire sans manifestations outrancières de satisfaction), le coït pur et dur est à réserver aux établissements spécialisés. À vous de voir comment vous vivez le côté glauque et ghetto de l'endroit.

> **Le jusqu'au-boutisme hexagonal**
> 72 % des Français pensent qu'un rapport sexuel n'est satisfaisant qu'avec un orgasme à la clé.
> Source : sondage BVA/*Psychologies*, 1999

Dans la nature

Les forêts, les champs, les plages, sont autant de lieux qui permettent de savourer un amour écolo. N'hésitez pas à marcher ou à rouler un peu, afin de trouver des endroits où la probabilité de ne croiser personne est élevée. Il est toujours désagréable de se retrouver entouré par une meute de scouts goguenards quand on rouvre les yeux après s'être oublié dans les bras de son Musclor. Accessoire indispensable : une grande couverture, serviette ou nappe qui protégera votre petit popotin des incrustations de sable, de terre ou de brindilles. On connaît l'adage selon lequel il n'y a qu'une fine barrière entre la douleur et le plaisir, mais qui a déjà vécu la transformation de ses muqueuses en feuilles de papier de verre suivra nos recommandations protectionnistes.

Enfin, si la France offre suffisamment de forêts et de champs pour que vous puissiez tenter votre coup en pleine journée, pour la plage, il faudra attendre la tombée de la nuit, à part dans quelques municipalités très tolérantes du Sud-Est.

Dans les trains et les avions

On l'a dit et répété, plus on s'éloigne de chez soi, en compagnie de collègues ou de vacanciers lambda, plus la probabilité d'être infidèle augmente. Séminaires, congrès, tournées commerciales ou même clubs de vacances, sont autant de lieux de tentation. Or ces lieux, il faut bien s'y rendre, et en revenir.

Aller plus haut

44 % des hommes et 26 % des femmes pensent pouvoir faire l'amour dans les toilettes d'un avion ou d'un train.

Source : sondage IPSOS/*Max*, 1992
(échantillon de moins de 35 ans)

Pour le train, nous déconseillons de commettre votre dernière étreinte du séjour dans les toilettes, avant de retrouver les conjoints officiels sur le quai de la gare. Inconfortable et en général malodorant. Dans les trains à compartiments ou à couchettes, un vaste éventail de possibilités s'offre à vous. Dans le TGV en revanche, c'est le local pour changer les bébés qui sera le plus confortable, et souvent le moins fréquenté. Doté d'une douillette table à langer prête à accueillir vos fesses d'ange, il constituera un espace fonctionnel pour célébrer la vigueur de votre passion.

Les spécialistes des grandes distances nous enseignent que c'est dans les toilettes arrière des gros avions, type 747 ou A 340, qu'on est le plus à l'aise pour faire l'amour. Là encore, difficile de prévoir une course d'endurance, il faut plutôt envisager ce qu'on appelle trivialement « un petit coup rapide ».

Le feu aux fesses
Limitez la durée de vos effusions dans les toilettes d'avion. Récemment, un couple un peu « chaud » a été brusquement interrompu par l'équipage qui dégondait la porte : le détecteur de chaleur des WC avait averti le poste de pilotage d'un début d'incendie...

Pour mener à bien votre petite affaire, il vous faudra être organisé et patient. Commencez par demander une couverture chacun. Elles serviront à vous confectionner un tipi destiné à vous mettre à l'abri des regards en coin de vos voisins. Attendez le film pour commencer les papouilles. En effet, pendant la projection, la moitié de l'équipage va se reposer, et les va et vient cessent dans les allées. Une fois protégés par l'obscurité et vos précieuses couvertures, libre à vous d'inventer des positions, tendres ou acrobatiques, adaptées à la taille des sièges dans lesquels vous êtes assis, et à leur disposition (hublot, couloir, issue de secours...). Bien que nous ne souhaitons à aucune compagnie de faire voler ses avions à moitié vide, c'est pourtant dans ce cas de figure que le plus de possibilités s'offriront à vous. Les spécialistes recommandent, si vous disposez d'une rangée de trois ou quatre sièges, d'expérimenter la position dite « de la cuillère », où les deux partenaires sont allongés sur le côté, l'un derrière l'autre. Comme les cuillères dans le tiroir de votre cuisine en quelque sorte. Essayez en revanche, tant que faire se peut, de vous attacher, vous et votre partenaire, avec une ceinture. Une turbulence non annoncée est vite arrivée, et il serait dommage de vous retrouver littéralement « collés au plafond ».

Ceux qui ont un culot monstre ou des amis bien placés pourront faire encore plus fort. Sur certains gros porteurs, un espace dédié au repos de l'équipage a été aménagé dans la soute, sous la cabine passagers. Si vous avez la chance de vous procurer la clef de la trappe qui y mène auprès du personnel naviguant, vous disposerez carrément de couchettes pour vous livrer à vos ébats.

Le 7e ciel n'est plus ce qu'il était

L'engouement pour le transport aérien a été très néfaste aux étreintes en plein vol. La multiplication des sièges au nom de la rentabilité permet de moins en moins d'acrobaties pour cause de manque de place. Certains puristes évoquent désormais avec nostalgie les années 70-80, et la grande époque des avions « combi », transportant à la fois du fret et des passagers. Une cloison mince et un filet à mailles larges protégeait les passagers des lourdes caisses stockées à l'arrière de l'appareil. On accédait à la soute par une petite porte, à côté des toilettes. Le filet devenait alors le théâtre d'ébats débridés. Demandez donc au personnel navigant la signification de l'expression « se faire prendre dans le filet »...

Il y a certainement d'autres lieux possibles et d'autres idées à avoir. Après tout, c'est vous qui trompez votre conjoint, alors, comme disaient les pubs Renault au lancement de la Twingo, c'est « à vous d'inventer la vie qui va avec ».

Sortir à couvert ou à découvert ?

Nous venons de faire l'inventaire d'un certain nombre d'endroits où vous pouvez essayer de trouver un semblant d'intimité. Le problème, c'est que, d'une part, vous allez devoir vous déplacer jusqu'à ces lieux pour vous y livrer à vos galipettes non homologuées par le Vatican (ni par quiconque d'ailleurs), et que d'autre part, vous réaliserez vite, si ce n'est déjà fait, qu'il n'y a pas que le sexe dans la vie. Cela a été détaillé dans le premier chapitre, l'éventail des raisons pour lesquelles on devient infidèle est large, et ne saurait se limiter à des questions de fesses.

Une fois votre libido rassasiée, il se peut donc que vous ayez envie de partager un certain nombre de choses avec votre nouveau camarade de jeux. Promenades romantiques, sorties culturelles, restaurants, etc. Autant d'exercices qui ne posent pas trop de problèmes si vous êtes loin de chez vous, mais qui peuvent s'avérer très risqués si vous jouez à domicile.

Vous voilà donc face à une vraie problématique de circulation. Pouvez-vous entrer et sortir ensemble d'un lieu quel qu'il soit ? Rouler en voiture ensemble ? Marcher dans la rue côte à côte ? Vous tenir par la taille ou par la main ? Vous embrasser ?

Franchement, il n'y a que vous qui puissiez répondre à ces questions avec sérénité, même si nous savons que la sérénité, en période d'infidélité, n'est pas l'état dominant. Certains auront simplement besoin de moments tendres et complices à deux, d'autres désireront carrément s'afficher ouvertement, afin d'obtenir une forme de reconnaissance ou de légitimité pour leur union, qui en manque terriblement.

Peut-être céderez-vous à la tentation de vous présenter des amis communs, de confiance, afin que votre couple non officiel existe au moins dans les yeux de quelques-uns, et plus seulement dans les vôtres. Peut-être encore aurez-vous envie de vous présenter à des tiers comme Monsieur et Madame Untel, plutôt qu'avec de maladroits « c'est ma compagne, enfin ma partenaire, enfin cette fille-là quoi ».

Prendre des risques calculés

Quelques réflexions devraient vous aider à déterminer votre comportement :

Embarqué dans une aventure moralement répréhensible, au moins aux yeux de la culture dominante, vous avez tendance à culpabiliser, même inconsciemment. D'où une importante paranoïa. Cependant, dans une ville qui comporte des millions ou des centaines de milliers d'habitants, la probabilité de vous retrouver nez à nez avec une connaissance est extrêmement minime, dès lors que vous encouragez un peu le sort en vous rendant dans des lieux ou des quartiers que vous connaissez pour n'être le QG ni de votre famille, ni de vos amis, ni de vos collègues, ni bien entendu de votre conjoint. Découvrez de nouveaux quartiers, de nouveaux jardins publics, de nouveaux cinémas, de nouveaux musées, de nouveaux restaurants. Si votre aventure s'abrège rapidement, vous aurez au moins fait preuve d'ouverture d'esprit.

Vous ressentirez peut-être une vive tension en vous déplaçant en voiture, les yeux ouverts comme des soucoupes, dans la terreur d'être surpris par une connaissance, voire de vous prendre quelques coups de sac à main de la part d'une belle-mère bienveillante, qui passait par là. Sachez néanmoins que la plupart des gens qui se déplacent dans la rue ont une vision globale des choses. Il y a un flot de voitures qui avance, des immeubles ou des arbres sur les côtés, des passants, etc. Ce n'est pas parce que vous passez à quelques mètres de quelqu'un qui vous connaît que son regard va forcément s'arrêter sur vous. Il y a de fortes chances que cette personne soit perdue dans ses pensées, ou en train d'observer un des millions de détails de son environnement. Il est à cet égard intéressant d'étudierce qui se passe dans les safaris en Afrique. Quiconque a déjà participé à une des ces équipées a été averti par son guide de la façon dont réagissent les animaux sauvages face à vous.

La ville est une jungle

Les fauves voient votre 4 x 4 comme un gros cube, sans détail. Si vous descendez à leur rencontre, en revanche, ils vous identifient clairement comme une proie et, bien souvent, vous dévorent tout cru. Même chose dans la rue. Tant que vous êtes noyé dans la masse ou dans le flot, vous pouvez être raisonnablement tranquille.

Il est aussi possible d'aborder circulation et itinéraires de façon scientifique. Les plus méticuleux d'entre nous punaiseront au mur une carte de la ville (si on vous demande ce que c'est, dites que vous préparez un jeu de piste pour l'enterrement de vie de garçon d'un ami). Sur cette carte, des points bleus représenteront les domiciles de toutes vos connaissances. Des points rouges leur lieu de travail, et des zones surlignées en jaune, leurs zones de courses et de loisirs. Vous dessinerez ensuite des traits figurant les trajets vraisemblables entre tous ces points. Une fois dessiné ce gigantesque plat de spaghettis, si une zone reste immaculée, c'est en priorité là qu'il faudra vous rendre en compagnie du nouvel être cher, quitte à vous retrouver dans une zone industrielle sordide ou des marécages.

Dans le même registre, vous découvrirez *a contrario* qu'il est possible de s'approcher relativement près de chez vous, en observant un simple calcul de probabilité. Si vous dessinez des lignes, partant de votre domicile, à destination de tous les endroits possibles et imaginables où votre conjoint peut se rendre, vous remarquerez que plus les lignes d'éloignent du domicile, plus elles sont également éloignées entre elles, comme les rayons d'une roue de vélo. Conclusion, plus vous vous approchez de chez vous, plus vous risquez de vous retrouver sur une de ces routes, mais à chaque pas qui vous éloigne de votre domicile, vous diminuez la probabilité de vous faire prendre.

Vous aurez compris que les maths et les statistiques sont en l'espèce moins utiles que votre propre sens de l'évaluation du risque. Au début d'une histoire, vous aurez constamment tendance à le surévaluer, à regarder autour de vous en permanence, même si vous êtes à 1 000 kilomètres de votre conjoint. Puis, l'habitude aidant, vous allez petit à petit vous détendre, et devenir plus entreprenant, voire casse-cou. Sachez évaluer quand *plus* devient *trop*.

> « L'adultère est possible, mais une femme ne doit jamais avouer. Même prise sur le fait, dans un lit, elle doit nier : "Non, ce n'est pas moi". »
>
> **Nadine de Rothschild**, écrivain

Que votre amant vienne vous chercher en bas de chez vous alors que votre mari dort (pas forcément si risqué que ça), que vous passiez des coups de fil à votre maîtresse avec le téléphone fixe de la maison (carrément inconscient), que vous restiez dans votre lit avec celui ou celle qui n'est pas censé y être, jusqu'à cinq minutes avant le retour au foyer de l'officiel(le) (suicidaire, il n'y a pas d'autre mot), vous seul pouvez déterminer jusqu'à quel point vous voulez flirter avec les embrouilles. Tout dépendra de votre goût du risque, de votre engagement passionnel, et de l'attachement que vous avez vis-à vis de votre vie conjugale.

Et puisque le risque zéro n'existe pas, essayez de vous souvenir dans l'adversité que l'efficacité d'un mensonge n'a d'égal que son énormité. À moins d'être pris dans l'acte, votre imagination et votre mauvaise foi peuvent vous tirer de bien des mauvais pas.

Penser aux impondérables
Vous voilà donc à l'aise, conscient des risques que vous prenez, fier de les assumer, et d'un coup, la locomotive déraille, vous vous trouvez face à un imprévu. Parce que l'impondérable est aussi certain dans la vie quotidienne virtuelle que dans la vie quotidienne réelle. Parce que même les ingénieurs de la Nasa font parfois face à des événements qu'ils n'avaient pas anticipés, essayez de prévoir un minimum, afin de ne pas vous retrouver littéralement impuissant, pieds et poings liés… à moins que l'imprévu, ce soit que le gros Dominox vous ait ligoté dans le donjon de sa boîte sadomaso, qui ferme en juillet-août, en qu'on soit le 30 juin, mais ça, vous l'aurez bien cherché.

Pour pouvoir faire face aux impondérables, il faut de la sécurité. Vous nous direz qu'en ce moment, la sécurité, ce n'est pas trop votre rayon. Vous êtes plutôt en phase chute libre, sans parachute. Pourtant, la sécurité, ça ne tient pas à grand-chose, et notamment à ne pas surcharger votre agenda. Entre le boulot, la maison, les enfants et votre liaison, vous êtes débordé comme une star hollywoodienne. Mais au moindre dérapage, il n'y a personne pour jouer votre doublure.

Vous avez une tentation naturelle d'occuper chaque parcelle de temps libre pour appeler votre amant, lui envoyer des textos, des e-mails, et surtout le voir, rester avec lui jusqu'à la dernière minute, et bien plus longtemps encore. C'est la logique de l'abandon, sans laquelle aucune histoire passionnelle ne peut être vécue avec intensité.

Une fois de plus, nous ne pouvons pas vous donner des solutions théoriques, car face à l'imprévu, il n'y a que des réponses individuelles. Demandez-vous juste un instant ce que vous feriez dans ces situations-là :

- Vous avez un accident de voiture, vous êtes loin de chez vous, vous ne serez pas à l'heure pour passer chercher les enfants à l'école, vous êtes légèrement, mais visiblement blessé, c'est vous qui conduisiez, mais c'est la voiture de votre maîtresse.
- Vous êtes coincée dans un embouteillage inextricable. Vous ne comprenez pas, d'habitude, vous ne mettez pas plus de 10 minutes pour vous rendre chez votre amant. Vous avez prétendu sortir faire juste un petit tour pour vous aérer.
- Votre petite amie a expérimenté une nouvelle crème hydratante, agrémentée de paillettes. Vous êtes maintenant couvert de paillettes de la tête aux pieds, et trois douches comme 25 minutes de frottements à coup de serviette n'y font rien. Vous avez l'air d'une *drag queen,* et en plus, vous luisez dans l'obscurité.
- Vous avez été cambriolé et la maison est sens dessus dessous. Pas de chance, votre petite boîte à secrets est grande ouverte, jetée au milieu du salon, et c'est votre conjoint qui arrive en premier sur les lieux du crime.
- Vous rédigiez un mail enflammé quand survient une panne d'électricité. Vous devez partir avant qu'elle ne soit rétablie. Malheureusement, quand l'ordinateur se rallumera, votre mail sera toujours dans le dossier des « brouillons ».
- On vous a volé votre téléphone portable. Heureusement, il s'agissait d'un vieux modèle, et après avoir téléphoné

pendant 5 heures à Vladivostok, les délinquants ont fini par le jeter dans un buisson près de chez vous. Votre époux attentionné fait le tour du quartier, et retrouve le combiné. Sur l'écran, un message : 48 appels en absence de… Roger.

Une précision pour terminer, à destination de ceux qui nous prendraient pour des pisse-froids ou des empêcheurs de jouir en rond : ce ne sont pas uniquement des exemples théoriques, mais des événements réels, issus de témoignages de vrais gens, qui arrivent tous les jours. On vous aura prévenus.

Comment je communique ?

Pour communiquer avec votre partenaire secret, la société moderne vous donne le choix. Mais attention, plus la technologie est sophistiquée, plus elle comporte de chausse-trappes. Démonstration :

Moyen de communication	De quoi je me méfie ?
Téléphone fixe	- De l'identification du numéro - Du rappel du dernier numéro (touche bis) - De la facture détaillée - De l'identification des appels en absence - Des combinés multiples dans votre appartement ou votre maison - Des haut-parleurs - Des écouteurs (sur les vieux modèles)

Moyen de communication	De quoi je me méfie ? (suite)
	- Du répondeur - De l'atmosphère sonore (difficile de dire « je suis à l'usine » quand il n'y a aucun bruit de fond)
Téléphone portable	Cf. Téléphone fixe - De la mémoire de tous les numéros appelés et le cas échéant appelants (si option « identification du numéro ») - Du répertoire téléphonique - Des statistiques du site web de l'opérateur (« 300 appels pour ce numéro, et seulement 18 pour moi, qui est-ce, chéri ? »). - D'un nouveau forfait, plus important, et des courriers qui l'accompagnent. - De l'interrogation a distance du répondeur
SMS (textos, mini-messages)	- De la mémoire des messages envoyés et reçus (ils ont beau être émouvants, il faut systématiquement les supprimer) - De l'identification de l'expéditeur (« tiens, Éric t'envoie un texto à une heure du matin ! ») - Des grands écrans, qui affichent directement le texte du message - Du choix d'un destinataire erroné - Des statistiques du site web de l'opérateur (« 218 000 textos pour ce numéro, et seulement 2 pour moi, mais de qui s'agit-il, chéri ? »)
Fax	- Des bourrages papier - Du manque de toner - Des accusés de réception qui s'impriment plus tard - Des collègues qui passaient par là

Moyen de communication	De quoi je me méfie ? (suite)
E-mail	- Des mots de passe que tout le monde connaît - Des sites qui vous identifient automatiquement (cf. chapitre 3) - Des éléments envoyés - Des brouillons - Des messages reçus - De la corbeille - De la frappe automatique de l'adresse (oups, c'était pas pour « femme adorée », mais pour « Fifi la cochonne ») - De la mémorisation automatique dans le répertoire (« Mais c'est qui, chéri, cette `stéphanie.chaudasse@hotmail.com` ? »), - Des infos confidentielles que j'échange avec mes amis et qu'ils peuvent à leur tour faire suivre - De l'identité réelle des gens avec qui je communique par mail - Du retour de bâton le jour où votre amant délaissé, forwardera (réacheminera) tous vos mails d'amour à votre mari
Internet (sites de messagerie ou de rencontres)	Cf. E-mail - De l'historique - De la barre d'adresse qui mémorise les derniers sites visités - De la frappe automatique des noms d'utilisateurs et des mots de passe - Des cookies qui identifient les utilisateurs (apprenez à les effacer) - De votre disque dur sur lequel rien n'est vraiment effacé, même dans la corbeille, tant que cela n'a pas été

Moyen de communication	De quoi je me méfie ? (suite)
	remplacé par d'autres données, ou reformaté
Courrier traditionnel	Non mais ça va pas la tête ! À la rigueur, autorisez-vous des mots doux sur un petit cahier (ça évite la dissémination), que vous garderez précieusement au bureau.

Apprivoisez votre portable

Vous le voyez, sans être un métier, tromper sa moitié, c'est presque un travail de professionnel. Voilà encore quelques conseils d'experts pour être encore plus furtif :

- **Quand votre portable sonne, et que vous êtes en galante compagnie.** Réfléchissez avant de décrocher. Demandez-vous où vous êtes censé être officiellement, avec qui, pourquoi, et dans combien de temps vous compter rentrer. Reprenez votre souffle si vous en manquez, et gardez votre calme. En cas de doute, ne décrochez pas, laissez le temps à votre correspondant d'enregistrer un message sur votre répondeur. Vous le rappellerez quand vous aurez les idées claires, et que vous serez certain de ne pas bégayer.
- **Quand vous attendez un appel, mais que vous êtes scotché à votre officiel(e).** Utilisez toutes les excuses possibles pour déguerpir de sa vue (pipi, maux de ventre, besoin d'un pull, « oulala, mon bain va déborder »). Mettez-vous dans un coin tranquille pour communiquer. Si chez vous il n'y a pas de coin tranquille, laissez en permanence un objet ou un vêtement indispensable dans le cof-

fre de votre voiture, que vous irez chercher opportunément au moment où vous aurez besoin de sortir.

- **Quand votre cher et tendre veut vous emprunter votre portable, car le sien n'a plus de batterie.** Vous savez qu'à tout moment, vous risquez d'être appelé ou textoisé par votre maîtresse. Prêtez juste votre téléphone à votre femme le temps nécessaire à la conversation. Le cas échéant, proposez de composer vous-même le numéro. Quand vous sentez que ça se termine ("bon, on se tient au courant"...), prenez-la fougueusement dans vos bras, en lui arrachant le combiné et en vous assurant qu'il est raccroché. Ce sera pris pour de la tendresse, preuve de votre amour éternel et personne ne se doutera de votre petite parano.
- **Quand vous voulez entrer le numéro de portable de votre camarade de jeux dans votre répertoire.** Trois problèmes vont se présenter. D'une part, si votre moitié consulte le répertoire en vous empruntant votre téléphone, elle risque de vous demander qui est cette Marilou. D'autre part, si vous avez la faiblesse d'appeler Marilou un peu souvent, l'opération risque de manquer de discrétion dans votre liste des derniers numéros appelés, qui n'est pas toujours effaçable facilement. Enfin, dès que Marilou vous appellera, son nom s'affichera sur votre écran, si vous êtes abonné à l'identification du numéro, ce qui n'est pas très discret.

Une idée toute simple consiste à entrer le numéro de Marilou sous le nom de votre meilleur(e) ami(e), ou de quelqu'un avec lequel il est naturel que vous soyez fréquemment en contact. Vous pouvez carrément remplacer le portable de ce ou cette meilleur(e) ami(e), que vous connaissez par cœur, ou alors créer un numéro bis à son nom (Gérard bureau, Gérard maison, ligne directe, campagne...).

Prévenez Marilou de votre petite facétie, et elle ne sera donc pas étonnée quand vous lui répondrez en présence de votre officiel(e) « Ah salut Gérard, comment tu vas ? » Code également utile pour savoir que vous n'êtes pas seul.

Unique petit inconvénient de cette tactique, le jour où votre femme subtilise votre portable pour récolter le numéro de tous vos amis dans l'idée de vous faire un anniversaire surprise, et qu'elle tombe sur Marilou en croyant appeler Gérard, il se peut que votre fin soit proche.

- **Quand vous êtes bombardé de textos alors que vous vous trouvez sur le canapé de la maison avec mari et enfants.** Mettez votre téléphone sur vibreur ou en mode silencieux, c'est une évidence. Sachez vous contrôler, et n'hésitez pas à éteindre votre combiné. Votre amant impatient sera toujours là demain, alors que votre mari, lui, à force de vous voir vous absenter sans arrêt pendant *Le Mariage de ma meilleure amie*, votre film favori, va finir par se douter de quelque chose.
- **Quand vous avez malencontreusement composé le numéro de chez vous ou du bureau de votre conjoint alors que vous êtes en train de folâtrer bruyamment avec un autre.** Il n'y a rien à faire, à part verrouiller votre clavier avant que cela n'arrive. À moins de posséder une imagination débordante pour vous sortir de là, vous êtes fini, carbonisé.

Avant de tromper votre conjoint, apprenez à tromper votre ordinateur

Vous allez consulter vos mails sur un site sans vouloir être repéré. Vous vous êtes crée une adresse e-mail spécifique pour communiquer avec votre camarade de jeux, et éviter que ses messages atterissent automatiquement dans l'ordinateur de la maison. Sage précaution. Mais encore faut-il savoir vous connecter avec discrétion. L'effacement ou la désactivation systématique de l'historique est un procédé un peu grossier. Votre conjoint peut croire à une panne momentanée de l'ordinateur, s'il est nul en informatique, ou percevoir que les paramètres du logiciel ont été modifiés. Et il n'y a que vous pour avoir fait ça (ou les enfants, toujours pratique d'accuser les enfants). Si on a l'habitude de se connecter fréquemment à Internet dans votre famille, un historique vide sera un élément inhabituel et donc suspect.

Veillez dès lors à n'effacer que les informations de l'historique qui concernent le site de messagerie ou de rencontres que vous avez fréquenté, sans supprimer l'intégralité des sites du jour, ce qui pourrait sembler louche.

Afin que la barre d'adresse ne mémorise pas les sites sur lesquels vous vous êtes rendus, allez d'abord sur un moteur de recherche, type Google ou Altavista. Tapez l'adresse du site sur lequel vous désirez vous connecter (Yahoo, Meetic, etc.), et cliquez sur les liens hypertextes pour y parvenir.

De cette façon, votre barre d'adresse sera immaculée, en dehors d'une anodine visite sur Google. Vous n'aurez que l'historique à nettoyer, et la corbeille à vider.

Les maniaques et les paranos de service iront même jusqu'à faire un petit nettoyage, voire une défragmentation du disque dur, afin de pulvériser toutes les traces qu'ils pourraient y avoir laissé. Un tel degré de raffinement, c'est déjà tout un hommage aux capacités informatiques de celui ou celle qu'on trompe.

Mais comme dit le proverbe, ce n'est pas parce qu'on est paranoïaque, qu'on n'est pas persécuté.

(Référez-vous également au tableau page 358)

Comment effacer les traces de soi et de l'autre ?

Les recommandations que nous pouvons faire aux amants en goguette sont les mêmes que celles que nous avons prodiguées aux époux suspicieux dans le chapitre 3. Il n'y a que le point de vue qui change.Voici quand même un petit pense-bête que vous pourrez découper et emmener lors vos premières après-midi crapuleuses. Attention, ce n'est pas toujours le summum de la classe, nous avons été obligés d'appeler un chat un chat.

✓ Préservatifs

À moins que vous n'ayez des enfants en âge de copuler, ou que votre officiel(le) ou vous même soyez affecté d'une effroyable mycose, il n'y a pas de raison pour que vous en ayez à la maison. Achetez-en à chaque sortie, en petite quantité, ou laissez-les au bureau. Économe, vous serez tenté de garder ceux qui vous restent pour la prochaine fois. Soit, mais ils ne doivent pas passer la porte de chez vous.

✓ Haleine

Que vous sentiez enfin le bleuet en revenant du bureau, personne ne pourra s'en plaindre. En revanche, votre attaché-case constellé de Kiss cool et autre Tic-tac, c'est un peu louche. Allez-y mollo, et le cas échéant, là aussi, laissez le gros de votre stock au bureau.

Et puisqu'à toute chose, malheur est bon, les fumeurs compulsifs auront l'avantage sur les autres de fabriquer de façon régulière leur propre leurre olfactif, qui devrait les protéger des questions indiscrètes, comme un écran de fumée.

✓ Rasage

Vous ne vous rasiez que pour aller au bureau, et vous êtes maintenant glabre tous les jours ? Mettez ça sur le compte d'un soin accru apporté à votre conjoint, et ça passera comme une lettre à la Poste. *Idem* pour les filles : que vos diverses pelouses soient entretenues de façon méticuleuse réjouira tout le monde.

✓ Ongles

Coupez les vôtres courts, ce qui vous facilitera l'élimination des odeurs liées à l'amour. Même chose pour votre petite copine Cruella, qui évitera ainsi de vous taillader le dos.

✓ Visage

Premier endroit exploré quand vous rentrez à la maison, il mérite, s'il a servi, un lavage intensif avec du savon, suivi d'un abondant passage sous l'eau pour supprimer l'odeur du savon. Attention aux peaux desséchées ou aux rougeurs, bien que celles-ci puissent toujours se justifier par une crise d'urticaire, due à un collègue de travail "indélicat" (c'est peut-être le cas de le dire).

✓ Déodorant, savon, parfum, gel douche

Cf. Haleine. On se réjouit que vous sentiez meilleur en fin de journée. Maintenant, de là à embaumer la cocotte, il y a un pas qu'il ne faut pas franchir. Dans certains cas, il sera plus discret de se doucher à l'eau, sans savon, et sans onction ultérieure de déodorant, afin de conserver une odeur naturelle.

A priori, si l'acte sexuel peut augmenter la quantité de transpiration émise par vos aisselles, il n'en affecte pas l'odeur plus qu'une bonne grosse journée de travail bien stressante.

En tout cas, il est fondamental que si vous utilisez du savon, du déodorant ou du parfum en cours de journée, ce soit le même que celui dont vous vous servez à la maison. Vous connaissez l'expression « baise en ville » qui désigne les petites sacoches ridicules pour hommes ? Vous savez maintenant ce qu'il faut mettre dedans.

✓ Parties génitales

Là en revanche, un sérieux nettoyage de printemps s'impose. Avec pour seul risque qu'en rentrant à la maison, votre officiel vous saute dessus, et découvre une fraîcheur étonnante dans votre Saint-des-Saints. La solution, dans ces cas-là, si on ne peut pas faire autrement, c'est de refuser à tout prix la fellation ou le cunnilingus à son conjoint, avec l'argument le plus fallacieux de la terre « s'il te plaît chéri, pas ça, j'ai transpiré toute la journée, je ne me sens pas très propre ».

Puisque vous avez eu une journée de dingue, un petit missionnaire vous suffira. Moins risqué, pas de contact avec les zones contaminées.

✓ Vêtements

On sait bien que ce que vous aimez dans votre nouvelle relation, c'est la fraîcheur et la spontanéité. La possibilité de s'envoyer en l'air dans une grange pleine de paille, ou une vieille remise couverte de poussière, des lieux qui vous changent de votre lit sinistrement tiré à quatre épingles. Seulement vous allez avoir besoin d'un sacré culot, pour justifier de rentrer à la maison déguisé en épouvantail, les vêtements tachés, froissés ou même déchirés.

Vous n'aurez pas tous les jours le loisir de prétexter un gigantesque incendie au bureau, un cataclysmique accident de voiture sur le trajet, ou tout simplement la gaucherie de Rolande Xerox, du service reprographie, avec sa maudite soupe à la tomate du distributeur de boissons chaudes et froides. À moins qu'il soit tout à fait naturel dans votre profession de vous changer plusieurs fois par jour, ou que, sans être Arturo Brachetti, vous jouissiez de l'inattention totale de votre conjoint à votre look, et au contenu de vos machines à laver, faites un peu attention à vous. Un petit tas d'habits sagement disposé dans un coin propre pendant vos ébats, ce n'est pas le top du romantique, mais cela vous évitera bien des catastrophes.

✓ Odeurs

Votre peau, vos cheveux, vos ongles, vos vêtements, constituent autant de pièges à odeurs plus ou moins catholiques. Là encore, vous ne devez rien ramener à la maison qui ne soit justifiable de façon logique.

Par exemple, cette persistante odeur de caoutchouc, héritée de votre préservatif, sera difficile à faire passer en disant que vous avez dû changer un pneu.

Le premier commandement consiste bien entendu à éviter tous les contacts qui ne sont pas indispensables en rentrant chez vous.

Le traditionnel petit bisou sur la bouche nécessite bien entendu une hygiène péri-buccale irréprochable. Si vous en doutez, utilisez le plus grand répulsif que Dieu ait créé après le Baygon vert : votre haleine. À moins que vous ne vous soyez carbonisé le palais à coup de Kiss Cool, huit à dix heures après votre dernier lavage de dents, vous devriez arriver à tenir à distance même le plus tendre des conjoints.

Au début de votre liaison, vous irez de découverte en découverte sur, par exemple, les odeurs qui se sentent de loin, et celles qui ne sont perceptibles que si on a le nez dessus. Vous devrez aussi établir la hiérarchie des odeurs. Entre le parfum de votre camarade de jeux, sa transpiration, ses secrétions sexuelles, et un bon petit savon d'hôtel bon marché, ou une lingette nettoyante, vous découvrirez rapidement quelles sont les odeurs qui couvrent les autres, et quelle est leur persistance dans le temps (si vous sentez toujours le détergent cinq heures après être rentré à la maison, il se peut que vous soyez suspecté).

Fumer tue !

✓À cet égard, nous connaissons un truc assez radical. Il consiste à séjourner quelques minutes dans un lieu enfumé (salle de réunion, bar, wagon fumeurs). Vous en sortirez puant comme un chacal, avec une imprégnation persistante de vos cheveux, de vos vêtement, de votre peau, et surtout, en rentrant à la maison, à moins que votre conjoint ne soit outrageusement dépendant de cette odeur, vous serez tranquille pour un moment.

✓Autre méthode plus artisanale : enfilez un gros pull en laine et un ciré. Enfermez-vous dans votre voiture, et conduisez chauffage à fond. Si vous êtes normalement constitué, l'exercice devrait déclencher un excès de sudation assez définitif. Senteur naturelle garantie.

Si toutefois vous ne parveniez à suivre aucun de nos préceptes de camouflage, et qu'il vous soit impossible de justifier une douche ou un bain en revenant, utilisez une dernière ruse : enfilez des vêtements moulants (pyjama, justaucorps, panty de danse), si possible fraîchement lavés et encore imprégnés par l'odeur de lessive ou d'assouplissant. Gardez-les toute la nuit. Leur caractère « près du corps » limitera la circulation des odeurs. Et puis si vous le sentez, faites à Jean-Yves une petite danse, ça lui fera tellement plaisir.

✓ Goodies, cadeaux, gadgets, produits dérivés, souvenirs

On veille à ne rien garder de compromettant, surtout si

c'est intentionnel

(*Cf.* chapitres Hôtels ci-dessus et La tentation du collectionneur ci-dessous.)

✓ Factures, tickets de stationnement, facturettes de carte bancaire

À détruire immédiatement, systématiquement.

✓ Relevés de banque

À archiver dans un lieu connu de vous seul, dans un coffre dont la clef est au fond d'un puits par exemple. De façon générale, évitez toute dépense repérable. Même lors d'un retrait en espèces, le lieu du retrait (« Société Générale, rue Saint-Denis, 2 heures du matin ») peut vous trahir. Si vous avez un compte joint, ne l'utilisez sous aucun prétexte. Théoriquement, tous les paiements liés à votre liaison doivent être réalisés en liquide.

Professions libérales, commerçants, vendeurs à la sauvette, vous maniez beaucoup de cash, ce qui vous met théoriquement à l'abri des investigations intempestives.

✓ PV

Payez-les immédiatement, et détruisez ou dissimulez les talons. Ils comportent le lieu et l'heure de votre forfait.

✓ Essence

Si votre liaison vous amène à parcourir des kilomètres dans la journée, et que vous partagez ce véhicule avec votre conjoint, pensez à refaire le plein. Tel un loueur de voiture, s'il voit que l'aiguille n'a pas bougé, il ne vous infligera pas de pénalités.

Au rayon frais

Une idée pour ceux que leur employeur gratifie de plus ou moins généreuses notes de frais : l'avance en liquide. Si beaucoup de sociétés attendent la présentation de justificatifs avant de rembourser vos frais par chèque ou par virement, d'autres acceptent de vous verser une avance. Elle peut se traduire par un virement, ou des espèces. Dans ce cas, vous « touchez » régulièrement du cash non repérable, qui vous permettra de vous adonner à vos petites folies. Vous règlerez vos frais réels en Carte Bleue, et personne n'ira vérifier comment ces frais vous ont été avancés ou remboursés.

Les autres dangers

Une fois que vous aurez appliqué tous nos préceptes, vous aurez considérablement réduit les risques de vous faire prendre.

Il existe cependant deux comportements qui vous menaceront, et contre lesquels nous ne pouvons pas vous aider.

La tentation du collectionneur

Qu'il s'agisse d'amour ou de furie sexuelle, l'être humain a toujours une vilaine petite tendance au sentimentalisme et à la nostalgie. Tickets de cinéma, serviettes en papier labellisées, mots doux, cadeaux, photos, mails... à un moment ou à un autre, il faut vraiment avoir un cœur de pierre pour ne pas être tenté de conserver un peu de cette magie fugace, tant on sait que nous serons tous un jour rattrapés par le temps qui passe.

Où que vous cachiez votre petit musée perso, vous courez le risque qu'il soit tôt ou tard découvert. On ne peut pas vous reprocher de faire un peu de sentiment, faites juste attention à vous.

Une liaison qui dure est souvent une liaison qui n'existe que dans votre esprit. À méditer.

Le côté grisant de l'espion intouchable

À moins que vous ne soyez affecté d'une incroyable hypertrophie de votre confiance en vous, en commençant une liaison, vous allez faire comme tout le monde, c'est-à-dire être mort d'angoisse. Serez-vous pris au premier regard ? Concentré sur l'effacement de vos traces, n'en avez-vous pas oublié une évidente, comme ce collier de chien qui vous barre le cou, souvenir d'un passage aux canophiles anonymes, ou plus simplement cette petite culotte qui sort de la poche de votre imper ?

Très vite, l'expérience se répète. Vous rentrez chez vous sans coup férir. Vous acquérez peu à peu l'assurance que vous êtes capable de ne pas vous faire prendre pendant un bon moment, si vous continuez à être un minimum vigilant. Et c'est bien ce minimum qui pose problème. Survivant à tous les périls, vous finissez par vous prendre pour un espion intouchable, jusqu'au jour où un impondérable, ou un conjoint pas si aveugle que ça, vous fait trébucher et vous crucifie sur le parquet.

Un seul conseil en la matière, utilisable que vous ayez une liaison ou que vous soyez candidat au *Maillon faible* : même quand on assure comme une bête, modestie est mère de longévité.

Le guide du bien mentir

Pourquoi Jack Blues a raté son mariage

« Je suis tombé en panne d'essence. J'ai crevé. Je n'avais pas assez d'argent pour le taxi. Mon smoking n'est pas revenu de chez le teinturier. Un de mes vieux copains est passé me voir. On m'a volé ma voiture. Il y a eu un tremblement de terre, une inondation terrible, des sauterelles... Ce n'est pas de ma faute, je le jure devant Dieu ! »

Jack Blues dans Les Blues Brothers,
scénario de John Landis et Dan Akroyd

Les bases d'un mensonge en or massif

Mentir est un talent qui se travaille. Certains se shootent au poker, d'autres préféreront se plonger dans les nombreux ouvrages consacrés au sujet. D'autres encore sont et resteront à tout jamais nuls en balivernes, le mensonge se lit sur leur visage, ou ils ont l'air tellement soucieux et crispés, que personne ne les croit.

Règle de base, que vous soyez un menteur patenté ou juste un grand débutant, le mensonge réclame du calme et de la maîtrise de soi. Plus vous aurez à mentir dans la panique, plus votre esprit sera embrumé, et moins bon sera l'effet produit. Il n'est pas nécessaire d'avoir beaucoup d'imagination pour devenir un bon menteur, puisque, nous le verrons, les meilleurs mensonges se greffent sur des tissus de vérités.

En revanche, sans un solide sens de la vraisemblance, vous risquez d'avoir du mal à vous en sortir.

> « Le mensonge, c'est comme une émission de télé un peu racoleuse. Ce qui compte, c'est la vraisemblance, pas la vérité. »
>
> **Nous**

Œil pour œil

Une observation essentielle pour commencer : un mensonge ne marche jamais mieux que quand il est envoyé droit dans les yeux. Les timides se contenteront de mentir par téléphone ou par écrit, et conserveront lors de tout contact visuel une sincérité véritable. Les autres devront travailler le harponnage du regard. La direction de votre regard trahit directement vos intentions.

Les conseils de Supermenteur *opus* 1

✓Si vos yeux fuient, c'est que vous voulez fuir la situation.

✓Si vous regardez en l'air, c'est que vous tentez de vous souvenir de quelque chose (ça, ça va, sauf si ça signifie que vous avez oublié votre excuse).

✓Si vous regardez en biais vers le bas, à droite ou à gauche, c'est que vous inventez.

✓Si vous baissez les yeux, c'est là encore que vous voulez éviter le contact visuel ou pire, que vous avez honte de ce que vous racontez.

La plupart des gens pensent, à tort, qu'il n'y a que la vérité qui se déclame les yeux dans les yeux. Travaillez donc le mitraillage face à face. Votre conjoint doit avoir l'impression que vous le lisez dans le fond de ses yeux, tel Chirac face à son prompteur, même si vous vous lancez dans le plus abracadabrantesque des pipeaux.

Des tics et des TOC

Il est aussi important de contrôler votre corps. Battements de pieds, transpiration excessive, rougissement, frottements compulsifs du menton, passage hystérique de main dans les cheveux ou tripotage de stylo trahiront rapidement votre malaise. Respirez un bon coup, retrouvez votre calme, et allez-y.

N'hésitez pas à frapper un grand coup

Frapper un grand coup, c'est bien calibrer son mensonge. Il y a en la matière deux écoles. La première est celle de l'énormité : plus le mensonge est gros, mieux il passe. « Une météorite s'est écrasée sur le bus, les pompiers ont mis deux heures à nous faire sortir de là. J'étais coincé contre une grosse dame qui empestait le parfum ».

Les conseils de Supermenteur *opus 2*

Une astuce pour sembler détendu peut consister à vous occuper les mains, grâce à une activité routinière. Il se peut en effet que vous ayez l'air plus naturel en servant un whisky-glaçons ou en préparant une ratatouille. Attention cependant aux actes manqués, genre je range la bouteille de Jack Daniel's dans le freezer ou je ne mets dans la marmite que les épluchures des légumes.

L'idée, c'est de choisir un événement tellement inhabituel qu'il en devient intéressant et donc plausible. Certes, il se peut aussi qu'un simple embouteillage suffise à justifier votre retard.

« La truite et le mensonge, plus c'est gros, meilleur c'est. »

Proverbe espagnol

Attention également aux éléments vérifiables (une météorite, le journal de 20 heures en parlera forcément, un carambolage monstre, *idem*), et à la prolifération des excuses monumentales. La grand-mère de votre assistante ne meurt qu'une fois, et même avec les gigantesques familles recomposées d'aujourd'hui, devoir consoler votre subordonnée en lui offrant un verre tous les dix jours, pour cause d'hécatombe d'aïeux mâles et femelles, pourra sembler un tantinet suspect.

Un collègue blagueur qui a caché vos clefs de voiture, un rendez-vous client qui s'éternise, un pot de départ… Essayez de varier les excuses, en ne puisant pas toujours dans le même registre. Entre le bureau, les amis, la famille, et tous les impondérables de la vie citadine ou rurale, vous avez l'embarras du choix. Surtout, ne vous en privez pas.

> « Le plaisir de mentir, c'est une des grandes voluptés de la vie. »
>
> **Sacha Guitry**, dramaturge

Un bon mensonge, ça se travaille

L'autre solution, c'est de mentir dans une optique de crédibilité maximale. Et pour être crédible, rien ne vaut une petite préparation. Au calme, dans le bus, le métro, votre voiture, voire aux toilettes, réfléchissez à tous les avantages et les inconvénients du mensonge que vous vous apprêtez à proférer, ainsi qu'à toutes les questions que votre cher et tendre est susceptible de vous poser, pour vérifier la véracité de vos dires, ou juste par curiosité. Nous ne saurions trop vous recommander à cet égard de faire simple.

> « Un mensonge alambiqué est comme un beau tapis d'Orient : il épate le bourgeois, mais on a vite fait de se prendre les pieds dedans. »
>
> **Nous**

L'idéal est d'appuyer la portion mensongère des informations que vous allez lui donner, sur une foultitude de détails et d'informations vérifiables.

Un bon mensonge, c'est un affreux bobard, emmailloté dans un tissu d'éléments réels. Face à l'inquisition du plus parano des conjoints, ces éléments réels seront votre couverture de survie.

Le must est de pouvoir préparer le mensonge en amont, non seulement en y ayant réfléchi, mais aussi en posant des jalons qui rendront son apparition totalement logique.

Démonstration :

Vous organisez un dîner avec des collègues. Mais ce dîner n'est qu'un prétexte pour passer une soirée avec la petite stagiaire que vous vous tapez ou qui vous fait de l'œil depuis un moment. Il est dores et déjà prévu de terminer la soirée en boîte, pour fêter la vente de frégates que votre société est enfin arrivée à refourguer à ces retors de Taiwanais. Une boîte de nuit un peu spéciale, avec plein d'alcôves et de coins sombres comme il faut.

Votre objectif va consister à faire passer cette soirée d'extase, probablement la plus excitante que vous ayez connu depuis longtemps, pour une abominable corvée. Évoquer la présence de la stagiaire est à éviter à tout prix, car votre femme a senti que vous aviez le béguin pour elle, et vous a demandé d'en rester à l'écart.

À ce propos, un conseil à retenir : quand un nouveau venu séduisant arrive dans votre environnement de travail, ou que vous commencez à vous intéresser à un collègue jusque-là passe-partout, évitez d'en parler à tout bout de champ à la maison (« c'est fou ce qu'ils font comme jeans taille basse maintenant, la nouvelle stagiaire, on voit carrément son string ! »). On ne sait jamais, peut-être finirez-vous un jour impliqué dans une liaison secrète avec cette/ce collègue.

Dans le doute, abstenez-vous. Mais revenons à notre mensonge. En l'occurrence, le hic, c'est que sortir le soir avec des collègues, ça ne vous arrive jamais, et qu'en plus, ce jour-là, les meilleures amies de votre femme viennent dîner à la maison.

Les conseils de Supermenteur *opus* 3

Notons au passage que tout argument visant à faire penser que votre comportement est guidé par l'épanouissement personnel de votre conjoint est à tenter. « Vous avez certainement des trucs de filles à vous raconter, si je suis là, vous vous sentirez moins libres » ou « Je sortirai d'une journée de dingue, je ne vais pas vous imposer mon stress. »

Voilà comment votre semaine peut se dérouler :

Lundi, J-4

Pour commencer, posez un petit jalon avec quelques jours d'avance « On s'est engueulé avec le directeur de la logistique, j'ai peur qu'il bloque mon avancement, je me demande s'il ne faudrait pas que je tente quelque chose pour le dérider. »

Mardi, J-3

Le lendemain, « Ça ne s'arrange pas avec machin. Heureusement, mon pote bidule qui dîne avec lui vendredi va lui parler de mon cas. Il m'a invité à les rejoindre, mais ça me pompe l'air de faire des courbettes. »

À ce stade là, si vous avez de la chance, c'est votre conjoint qui vous dit « "Mais si, vas-y, ravale ton orgueil, elle est importante pour toi cette promotion. »

Mercredi, J-2

Le surlendemain, « C'est décidé, j'y vais, enfin, seulement si ça ne te dérange pas trop de garder les enfants seule vendredi, alors qu'en plus, tu vas devoir préparer le dîner pour tes copines. » Il peut sembler risqué de remettre le sort de cette soirée si vitale entre les mains de votre femme, qui pourra tout aussi bien dire « Ah non pas vendredi, vous n'avez qu'à faire ça un autre jour ! » Mais c'est le genre de coup de poker qui, s'il est réussi, vous protégera contre les remontrances en aval (« C'est toi qui m'a poussé à y aller, tu m'as même dit de rentrer tard si je voulais, que ça ne te dérangeait pas »). Surtout, insistez sur le fait que ce dîner vous pétrifie d'ennui, et que vous allez devoir vous taper les anecdotes à pleurer de vos collègues, tout comme leur sale manie du cigare.

Jeudi, J-1

Vous ne dites rien. Si votre dîner devient l'événement de la semaine, ça peut paraître louche. N'oubliez pas que vous rendez en quelque sorte service à votre femme, en vous éclipsant le jour de son repas de filles. Vous sortez presque pour lui faire plaisir. La veille au soir, concentrez-vous donc plutôt sur la vidéo de *Dragon Ball Z* avec les enfants.

« Il faut autant d'énergie pour convaincre autrui avec une petite vérité qu'avec un gros mensonge. »

Jérôme Riquier, auteur

Vendredi, Jour J

Une fois le jour J arrivé, vous vous rendez tranquillement à votre dîner. N'hésitez pas à dire où vous êtes, voire à donner l'adresse. Si votre femme débarque (improbable, vu qu'elle a les enfants et du monde à dîner, mais on ne sait jamais), vous pourrez toujours dire que ce sont les autres qui ont élargi l'invitation.

Les conseils de Supermenteur *opus* 4

Moins on fait de cachotteries, moins on a l'air d'avoir des choses à cacher. La transparence, même factice, est un gage de tranquillité.

Vers 23 h 30, passez un coup de fil accablé à la maison. Vos collègues assommants veulent prolonger la soirée dans un bar ou une boîte.

Si votre femme vous a encouragé à sortir, monologuez. Faites les questions et les réponses, puis raccrochez.

- Vous : « T'es sûre, ça te dérange pas ? »

- Elle : silence, ou tentative d'en placer une, mais vous embrayez aussitôt.

- Vous : « Bon ben je rentre pas trop tard, allez à tout'. »

Vous pouvez aussi tenter la feinte du « Je vais les laisser, je vais rentrer, on n'a plus 15 ans. » Nouveau coup de poker qui teste sa tolérance vis-à-vis de votre sortie. En cas d'acceptation du genre « Oui reviens vite, le petit dernier a de la fièvre », il n'y a que vous qui puissiez prendre la bonne décision (on vous la souffle : rentrez, ou vous êtes un sauvage).

Si le motif invoqué est moins grave, du type "Oui reviens vite, Arte rediffuse l'oeuvre complète de Jean Painlevé, le réalisateur qui filmait de l'huile en train de couler dans de l'eau", utilisez le subterfuge du collègue bout en train :

« Oui, allô, attends... ne quitte pas... lâche-moi Jean-Michel. Non mais c'est Jean-Michel qui veut me forcer. »

En dépeignant à votre femme la dynamique de la situation, tout en veillant à ne pas trop lui faire sentir que c'est la grande éclate, vous la mettez dans la position du censeur. Vous obliger à rentrer serait une intrusion dans un moment de développement personnel qu'elle ne devrait pas pouvoir se permettre. Et puis « Maintenant que j'y pense, ce serait quand même dommage de rater cette promotion qui va nous payer le pavillon pour quelques heures de sommeil en moins. »

Notez qu'il se peut aussi très bien que vous récoltiez du premier coup un « Surtout ne rentre pas maintenant, tu vas passer pour un sinistre personnage. Et puis ça te fera du bien de te bouger un peu. »

Vous voilà couvert par la tour de contrôle, mais il reste encore un détail à régler : la durée du vol. Bien que vous ne vouliez pas parler d'horaire de retour de façon directe, vous pouvez quand même sonder votre moitié. C'est en fait une sorte de négociation qui s'engage, sans dire son nom.

Voilà ce que nous vous conseillons :

Vous : « Je ne sais pas à quelle heure ça va se terminer ces conneries », puis en blaguant « Si ça dure jusqu'au bout de la nuit, je t'apporterai des croissants. »

Elle, amusée : « C'est ça, tu rentres quand tu veux, mais pas trop tard quand même hein ? »

Votre épouse, qui est fine et exquise, a compris que vous blaguiez, et hésite à passer pour une rabat-joie en vous imposant un horaire formel de retour. Bien entendu, elle ne peut imaginer qu'une sortie entre collègues dépasse minuit ou une heure du matin. Mais en cas de coup dur, même en blaguant, vous l'aurez prévenue, et elle aura dit que vous rentriez quand vous le vouliez. Vous voilà muni d'un pass pour une nuit dont il ne tient qu'à vous de fixer le terme. Direction : une destination inconnue, au moins en théorie (si on vous demande : c'est un collègue qui vous entraîne à l'arrière de sa voiture, vous ne savez pas où vous allez). Vous avez passé la soirée à peloter la stagiaire sous la table. Nous vous souhaitons de pouvoir l'entreprendre dans un des fameux coins sombres de la boite de nuit. De toute façon, comme vous n'avez plus 15 ans, il se peut très bien que vers une heure du matin, vous ayez envie de rentrer vous coucher. Votre soirée est crédible. Simple et sans bavure. Il suffisait d'y penser.

Sexe, mensonges et vin de table

Dans le hit parade des motifs de rupture, *« ne pas supporter les mensonges répétés de l'autre »* arrive en quatrième position, avec 78 % de réponses, juste après la violence (92 %), l'abus d'alcool (88 %) et... l'infidélité (81 %).

Source : sondage IPSOS/*Voici*, 1991

Mieux vaut faire pitié qu'envie

Vous avez pu constater dans cet exemple que la frontière qui séparait la banale mauvaise foi de la plus perverse des manipulations psychologiques, était somme toute relativement ténue. Dans ce registre, deux armes extrêmement efficaces peuvent vous aider à éloigner les soupçons.

a) La culpabilité

Vous revenez à pas d'heure et votre moitié vous administre une volée de bois vert. Répondez juste « Je fais des kilomètres pour te trouver un cadeau d'anniversaire un peu exceptionnel, j'essaye d'organiser les choses dans la discrétion avec tes amis, et toi, avec ta parano à deux balles, tu es venue tout gâcher. » Résultat : votre chère et tendre ne devrait pas tarder à se sentir merdeuse. Efficace... et de bon goût. Si d'aventure la date de son anniversaire était trop éloignée, utilisez au choix : Noël, la chandeleur, la Saint-Valentin, l'anniversaire de votre rencontre, la fête des mères, la journée mondiale de la femme, la fête de la musique, la Gay pride, on en passe et des plus vaseuses.

b) La super mauvaise foi

Soyez injuste, avec l'honnêteté la plus désarmante. Ne laissez en aucun cas la partie adverse penser que vous acceptez l'idée d'avoir été suspecté. Votre première réaction devrait être la fureur, en vous méfiant des théoriciens qui prétendent que faire preuve d'agressivité équivaut à reconnaître sa culpabilité. Si votre moitié est de ceux-là, baissez d'un ton. L'idée générale, c'est de paraître déçu et désarmé face à l'injustice des soupçons qui pèsent sur vous.

Les conseils de Supermenteur *opus* 5

Si les larmes vous viennent facilement, n'hésitez pas. Les hommes paniqueront et seront prêts à tout pour stopper l'hémorragie chez leur compagne. Les femmes, elles, seront désarmées devant ces effusions « contre nature » de leur mâle, et se diront que pour que vous pleuriez, c'est qu'elles ont dû y aller un peu fort.

Puis faites preuve d'humour. À partir d'un soupçon, et donc d'une tension, vous avez déclenché une méga-crise, à vous de ménager un atterrissage en douceur, qui détendra tout le monde, votre conjoint le premier. « Comment ton esprit pervers a-t-il pu imaginer quelque chose d'aussi stupide ? » Là normalement, c'est le moment de le/la prendre dans les bras. Votre conjoint se sentira honteux, et soulagé à la fois puisque votre réaction a l'air tellement sincère, qu'il n'y avait pas lieu de s'alarmer.

Les conseils de Supermenteur *opus* 6
Autre idée dans le registre rigolo, accueillez-la en faisant mine de fouiller tous les placards de la maison, et en vous *écriant* « Salope, reste cachée, ma femme vient de revenir. » Si vous en riez, c'est que vous n'avez rien à cacher. Vous devriez être hors de danger pour un moment.

Alibis et amis
Pour justifier vos mensonges, il peut être utile de mouiller des proches. Sachez néanmoins qu'en faisant reposer la crédibilité d'un bobard sur plusieurs personnes, vous augmentez mécaniquement la probabilité de vous faire prendre. Seul, on gère plus fiablement un mensonge qu'à plusieurs.

Si vous utilisez la méthode la plus traditionnelle, le rendez-vous avec un ami, essayez de penser avec un coup d'avance. Il ne suffit pas de répondre à la *question* « Où t'étais ? » par « J'étais avec untel », encore faut-il pouvoir donner de ses nouvelles. Si vous dites sans arrêt que vous étiez avec untel, et qu'il ne vous raconte jamais rien de nouveau, cela peut paraître louche. Pensez à l'appeler afin de pouvoir donner des détails concrets (il va acheter sa maison, il a une rage de dents, son chien est décédé dans des circonstances atroces...).

> « Le détail concret, c'est la combinaison de camouflage du mensonge. »
>
> **Nous**

Surtout, dès que vous utilisez un proche pour vous couvrir, mettez-le dans la confidence. Faites-lui répéter les mensonges en imaginant plusieurs scénarios. Si vous êtes censé être avec lui dans certaines tranches horaires, veillez à ce qu'il ne soit pas joignable (sorti, portable coupé, pas appelable), ou qu'il soit à ce point peu intime avec votre conjoint qu'il n'y ait aucun risque d'appel de vérification. Si d'aventure cet appel avait lieu, et qu'on lui demandait de vous parler à vous, il serait bien embêté, et votre couverture s'effondrerait comme un château de cartes.

Il se peut d'ailleurs que vous ayez intérêt vous aussi à couper votre portable au moment où vous êtes censé être avec ce proche, et qu'en réalité vous avez les quatre fers en l'air. Imaginez le scénario catastrophe, si votre conjoint vous appelle et vous dit « tiens passe-moi machin, j'ai une question à lui poser, tu ne dois pas entendre » (genre préparation de cadeau collectif pour votre anniversaire). Pas de machin, pas de cadeau, pas d'anniversaire. Vous voilà bon pour une franche explication, ou une escalade supplémentaire dans le mensonge.

> « Un mensonge qui fait ses preuves assez longtemps devient réalité. »
>
> **Tonino Benacquista**, romancier, scénariste

To lie or not to lie ?

Un doigt de subtilité, une bonne dose de cynisme, un océan de mauvaise foi, voilà le cocktail magique qui vous permettra peut-être de vivre une liaison secrète sur la durée. Ce qui est certain, c'est que vous devrez mettre entre parenthèses, outre le vœu de fidélité, celui de sincérité, de connivence et de respect de l'autre. À vous de voir le nombre de coups de cutter que vous êtes prêt à mettre dans le contrat officiel ou officieux qui vous lie à votre moitié.

Que ceux qui ne supportent pas l'idée de tricher ni de resquiller, pour qui l'honnêteté intellectuelle est une valeur cardinale, et qui craignent de laisser à un autre leur place au paradis, réservée depuis si longtemps, pour finir en train de brûler dans les flammes de l'enfer, passent leur chemin. L'infidélité n'est pas pour eux, ou alors juste un petit coup rapide avec prise sur le fait, et crucifixion sur le champ, parce que la lapidation, c'est trop rapide. Ça les rapprochera de Jésus, et c'est déjà pas mal.

Vous aurez compris que le mensonge est une question de dosage. Gabarit et fréquence des balivernes, manipulation psychologique plus ou moins poussée, vous n'apprendrez pas en quelques lignes toutes les ficelles des joueurs d'échecs ou des agents secrets.

D'autant que chacun a en face de lui un conjoint plus ou moins parano, plus ou moins tolérant, plus ou moins intuitif.

Vous constaterez simplement que mensonge et infidélité sont des frères jumeaux qui suivent la même courbe de croissance. Plus on trompe, plus on a besoin de mentir. Plus la tromperie est profonde, plus les mensonges sont gros.

Comme s'il en pleuvait

Le conjoint est la quatrième personne à qui on ment le plus souvent (19 % des interviewés). Les premières victimes du mensonge sont les amis (35 %), les collaborateurs (26 %), les supérieurs hiérarchiques (19 %). À égalité avec le conjoint, on trouve les parents (19 % également) et les enfants (18 %).

Source : sondage Sofres/*Pèlerin magazine*, 1998

Mensonges à tous les étages

Mais une liaison n'est pas seulement l'occasion de mentir à son conjoint. On peut très vite se retrouver à mentir des deux côtés. « Bien entendu, je t'aime », dit le patron du supermarché à sa chef de rayon, pendant qu'il la secoue furieusement dans le rayon des Craquottes. « Je vais bientôt le quitter, je te jure », affirme la pédégère à son prof de danse favori. Ce qui compte ici n'est pas la véracité, mais la crédibilité. Que ceux qui sont assez naïfs pour croire les dires de quelqu'un qui ment sans arrêt chez lui, pour couvrir ses frasques clandestines, ne soient pas étonnés lorsqu'ils découvriront qu'ils ont été à leur tour bernés.

Et si vous êtes pris la main dans le sac ?

Il est évidemment plus difficile de continuer à mentir une fois qu'on a été surpris slip sur les chevilles, la verge au vent. Pourtant, c'est le moment ou jamais de se décarcasser pour ménager l'avenir. De « C'est la première fois je te jure, je ne le referai plus » à « Je répète le numéro que je vais te faire ce soir, Madame est juste une figurante que j'ai rémunérée », il vous faudra là encore du calme, de l'aplomb, et de l'imagination en tenant compte du fait que votre crédibilité dans cette situation sera égale à votre intégrité : nulle.

Noubliez pas une chose : un conjoint qui vous suspecte n'a que des soupçons. Un conjoint qui vous surprend sur le fait acquiert une certitude.

Néanmoins, il n'a probablement été témoin que d'une petite partie de votre comportement délictueux. Inutile, en vous défendant, de lui donner plus d'informations (« Tu sais, je la prenais tous les soirs dans notre lit avant que tu rentres, et je lui faisais passer ta robe de mariée, mais c'est fini, c'est promis »). Faites preuve d'une méfiance particulière à l'égard de tous les trompés qui prêchent le faux pour savoir le vrai (« Alors comme ça, tu rentres tard, tu es décoiffé donc tu as une maîtresse »). Répondez systématiquement oui, avec un sourire complice, et embrayez sur la suite en en rajoutant dans l'absurde (« D'ailleurs au bureau, ils me payent sans que je vienne, juste pour que je passe mes journées au lit avec elle »).

Si vous finissez par vous faire véritablement coincer, on ne pourra pas vous reprocher d'avoir commencé par nier. Mais attention, dans la plupart des cas, il ne s'agit que de bluff. Ne tombez pas dans le panneau.

Test : « Quel menteur êtes-vous ? »

1. Votre conjoint veut vous emprunter votre portable alors que votre amant(e) peut appeler à tout instant, vous dites :

a. « Désolé mon cœur, j'ai épuisé tout mon forfait. »
b. « Désolé mon cœur, je n'ai presque plus de batterie, et j'attends un appel important. »
c. « Désolé mon cœur, j'attends un appel hyper important de la banque. Ils m'ont prévenu que mon numéro de Carte Bleue faisait peut-être partie d'un lot dont les codes secrets leur avaient été volés. »

2. Votre conjoint intercepte un SMS sur votre portable : "Tu vas subir les derniers outrages" :

a. « C'est un texto de ma maîtresse, poussin. Elle va m'en faire voir de toutes les couleurs… (gros silence)… je déconne, c'est une blague de Jean-Mi, le prof de judo. »
b. « Mais poussin, c'est à propos du match qu'on va voir

ce soir avec Julien. Ça veut dire que l'OM va nous mettre une pâtée. »

c. « Mais poussin, c'est un film X que mon cochon de frère veut que j'enregistre. Lui, il n'a pas Canal. »

3. Vous rentrez chez vous à 6 heures du matin :

a. « Trésor, j'ai croisé ma copine de fac qui débarquait de New York. Avec le décalage horaire, on avait tellement de choses à se dire qu'on n'a pas vu l'heure passer. »

b. « Trésor, j'étais là, sur le pallier, j'avais oublié mes clefs, tu m'avais enfermé dehors. J'ai hurlé toute la nuit, mais avec le double vitrage, t'as rien entendu. J'ai pas osé lancer des cailloux. »

c. « Trésor, j'ai passé la nuit à réconforter mon patron. Il pleurait littéralement dans mes bras. Sa femme le trompait et vient de lui annoncer qu'elle le quittait. C'est dégueulasse des trucs comme ça. »

4. Votre belle-mère vous croise sortant d'un hôtel, en galante compagnie :

a. « Bonjour Belle-Maman. On vient juste de tirer un petit coup, mais motus hein, c'est de l'humour de jeunes. »

b. « Bonjour Belle-Maman, vous connaissez Sœur Béatrice, une amie de longue date. Je lui donne un coup de main sur l'organisation de son prochain symposium qui aura pour thème "abstinence et modernité". »

c. « Bonjour Belle-Maman, vous aussi, vous avez vos habitudes ici ? J'y invite souvent mes clients pour prendre le thé, ils ont un macaron au café exquis. »

5. Vous partez en week-end prolongé, seule avec votre amant, comment le justifiez-vous ?

a. « Mon gros sucre d'orge, faire 800 km pour assister à l'enterrement d'un de mes cousins que tu n'as jamais rencontré, je vais t'épargner ça. »

b. « Mon gros sucre d'orge, je vais me ressourcer et faire le pèlerinage de Saint-Jacques de Compostelle. Toi, la marche à pieds, ça a jamais trop été ton truc. »

c. « Mon gros sucre d'orge, les noces de coton de Georges, il vaut mieux que j'y aille seul. Sa femme est persuadée que c'est toi qui a vomi sur sa traîne le jour de leur mariage. Je sais que c'est pas vrai, mais vu que sur toutes les photos, tu es à côté du saladier de sangria... »

6. Vous avez de longs cheveux blonds sur votre veste en rentrant :

a. « Poulette, c'est à cause de l'animation chanteurs morts de la cantine, ils m'ont obligé à chanter *Bambino* en karaoké, avec la perruque de Dalida. »

b. « Poulette, c'est pas des cheveux, c'est de la fibre optique. C'est le service informatique qui teste sur nous l'Internet sans fil. »

c. « Poulette, c'est incroyable, je viens de croiser Michel Drucker dans l'ascenseur. Sa chienne m'a fait une fête du tonnerre. »

7. Vous avez des griffures dans le dos :

a. « Ma trajectoire givrée, mes clefs étaient dans la poche intérieure de ma veste, qui était posée sur le dossier de ma chaise. J'étais tellement concentré sur mon ordi que je n'ai pas réalisé que ça me griffait le dos. »

b. « Ma trajectoire givrée, je me suis fait coincer dans un portillon du métro en aidant une vieille dame à faire passer son sac. »

c. « Ma trajectoire givrée, j'ai voulu acheter un poisson rouge pour les enfants, mais en arrivant dans l'animalerie, j'ai été attaqué par un furet. »

8. On a intercepté un de vos e-mails disant « ce soir, 22 heures, porte-jarretelles, endroit habituel" :

a. « Doucc bcauté, c'cst dc la pub, jc nc connais pas l'cxpéditeur, tu n'as qu'à l'effacer. »

b. « Douce beauté, on prépare l'enterrement de vie de garçon d'Édouard. Chacun achète un accessoire pour la strip-teaseuse. »

c. « Douce beauté, c'est une ancienne collègue qui me persécute. Tu penses qu'on devrait prévenir la police ? »

9. Vous avez décroché en disant « oui mon petit chou », surnom de votre maîtresse, alors que c'est votre femme qui vous appelait :

a. « Mais ma petite étoile de mer, je plaisantais. Et puis changer de surnom de temps en temps, ça évite le train-train. »

b. « Mais ma petite étoile de mer, excuse-moi, j'ai cru que c'était mon prof de lancer de javelot. Très bel homme par ailleurs. Je l'appelle « mon petit chou », parce qu'il est *gay* comme pas deux. »

c. « Mais ma petite étoile de mer, je t'ai appelée « mon petit chou » parce qu'on dit que les filles naissent dans les roses, et les garçons dans les choux. Mon étoile, j'ai tellement envie d'être père, faisons tout de suite un enfant. »

10. Votre femme rentre inopinément à la maison en plein après-midi, et vous trouve nu(e) dans le lit (votre maîtresse et ses affaires sont dans le placard) :

a. « Chérie n'entre pas, l'infirmière du bureau m'a dit que j'avais dû contracter la pneumopathie atypique en déjeunant à la *Pagode des sept bonheurs*. Pour éviter la contagion, tu dois quitter tout de suite la maison et t'installer chez ta mère jusqu'à ce que j'aille mieux. »
b. « Mais quelle heure il est ? Pourquoi tu ne m'as pas réveillé ? Qu'est-ce qui t'as pris, maintenant comment je vais expliquer ça au bureau ? »
c. Vous pointez un doigt accusateur vers le placard en hurlant : « C'est elle qui m'a obligée. »

Réponses :
Reportez vos réponses dans le tableau ci-dessous afin de découvrir à quelle catégorie de menteur vous appartenez.

Réponses	1	2	3	4	5	6	7	8	9	10	Total
a	2	3	1	1	1	2	1	3	1	2	
b	1	2	2	2	2	1	2	2	2	3	
c	3	1	3	3	3	3	3	1	3	1	

Jusqu'à 10 points : « Menteur pitoyable »

On vous souhaite beaucoup de chance si vous entamez une liaison. À la première anicroche, à la première question un peu vicieuse, vous tomberez dans le panneau et vous vous ferez découper à la tronçonneuse. Ce que vous avez pour vous, c'est que vous êtes tellement naïf qu'on vous donnerait le bon Dieu sans confession. Avoir ce type d'image est un atout inestimable, car elle permet de repousser considérablement le moment où votre conjoint commence à avoir des soupçons sur vous. Alors de grâce, cet atout, ne le gâchez pas, faites preuve de jugeote et de *self-control*, pour augmenter vos chances de survie.

De 11 à 19 points : « Menteur Moyen »

Vos mensonges n'ont rien de génial, mais ils ont le mérite de la clarté. Clairs, structurés, réfléchis, sans faire d'effet spectaculaire, ils remplissent leur office. On vous croit, sans plus. Ce côté passe-muraille vous permet de mener de front vos deux vies sentimentales et/ou sexuelles, dans le calme et le contrôle. Rien de flamboyant, mais une manière de présenter les choses comme un grand Légo : tous vos mensonges sont améliorables, bricolables, développables. Si une portion venait à être mise en doute, vous y colleriez immédiatement une rustine cohérente et logique. Votre talent de la demi-mesure devrait vous permettre de durer.

Plus de 20 points : « Supermenteur »

Pour vous, mentir est plus qu'un art, c'est un sacerdoce. Chaque mensonge est un défi lancé à la logique, à l'humour, au sinistre classicisme des échanges verbaux. Avec vous, tout est tellement énorme qu'on ne sait jamais si c'est du lard ou du cochon.

Vous aimez glisser dans vos mensonges des portions incroyables de vérité qui passent pour le fruit de votre excentricité. Chaque excuse est une œuvre, chaque réponse est un coup de poker. Vous appréciez que votre conjoint soit à votre hauteur, ce qui lui permet de trier le bon grain de l'ivraie, sans toutefois totalement percevoir si vous vous foutez de lui ou pas. Mais c'est aussi ça qui fait votre charme de flambeur et de hâbleur. Supermenteur, vous êtes bon pour l'infidélité au long cours.

Comment gérer la divulgation de l'affaire ?

A priori, pour avoir des chances de durer, une liaison doit rester secrète. Malheureusement, tout comme vous trompez votre moitié pour plein de bonnes raisons, détaillées dans les chapitres précédents, il se peut que vous ayez aussi des tas de motivations pour vous épancher.

Le premier facteur de divulgation, c'est vous. Vantardise, besoin de reconnaissance, culpabilité... que vous maîtrisiez à mort la situation ou que vous soyez totalement dépassé par les événements, il y a de fortes chances que cette relation soit rapidement connue de plusieurs personnes. Sans compter que plus vous en parlez, plus vous réalisez et vous analysez avec recul ce que vous êtes en train de faire. Trahir ce secret, que vous devriez tellement garder, vous économise autant de séances chez le psy.

> « Un secret, ce n'est pas quelque chose qui ne se raconte pas. Mais c'est une chose qu'on se raconte à voix basse, et séparément. »
>
> **Marcel Pagnol**, écrivain

À qui en parler ?

Deux solutions s'offrent à vous, cumulables le cas échéant :

a) En parler à des personnes qui ne connaissent pas votre conjoint, qui n'ont jamais été en contact avec lui, et qui ne risquent pas de l'être. Du collègue de bureau au copain de club d'aquariophile, le choix est vaste.

b) En parler à des personnes de confiance, qui emporteront votre secret dans la tombe. Ce critère est extrêmement difficile à évaluer, car même votre meilleur ami pourra laisser fuiter l'information, sur l'oreiller, par inadvertance, ou à un autre ami qu'il estime à son tour de confiance. Souvenez-vous que votre liaison, pour vous, c'est un secret, mais pour les autres, c'est un scoop. Une fois n'est pas coutume, vous seul pouvez évaluer qui est digne de recevoir cette information et de la conserver à l'abri des oreilles indiscrètes.

Calculer les risques de circulation de l'info

Si vous avez des doutes, prenez un papier et un stylo, et notez le nom des gens que vous souhaitez mettre dans la confidence. Tracez ensuite des liens entre eux, selon qu'ils se connaissent, et qu'ils se font selon vous confiance ou pas.

Comment l'évaluer ? En fonction de ce que vous savez de leurs relations. Seraient-ils du genre à partager l'info encore fraîche, si l'un d'entre eux venait d'apprendre que vous êtes infidèle ? La partageraient-ils en se disant que c'est avec une personne de confiance, et que cette info n'ira pas beaucoup plus loin ? Autrement dit, s'attendent-ils à ce que l'autre réussisse, là où ils ont échoué, c'est-à-dire en sachant garder leur langue ?

Enfin, reliez à votre conjoint par des traits d'une autre couleur, tous ceux qui le connaissent. Vous verrez peut-être apparaître des risques de circulation d'information, par conjoint d'ami interposé, ou par le téléphone arabe, que vous n'auriez pas imaginé de prime abord. Vous êtes comme un inspecteur du FBI, à la recherche d'un tueur en série, sauf que cette fois-ci, le fugitif, c'est vous.

Que dire à qui et comment ?

Bien entendu, vous n'êtes pas obligé de tout dire à tout le monde. Il y a des degrés dans la divulgation. Votre mère saura que vous êtes tenté, votre copine de fac que vous l'avez fait, le mari de votre copine de fac que c'est avec un très proche, puisque votre amant, c'est lui.

Vous devez aussi veiller à l'effet produit sur les récipiendaires de votre annonce. Si pour vous, l'infidélité représente un événement important, mais que vous avez fini par intégrer comme une des composantes de votre comportement social, pour vos amis ou vos proches, elle peut représenter un choc. Car si votre infidélité ne regarde que vous, l'Infidélité est un phénomène qui concerne tout le monde.

Qu'on la commette, qu'on la combatte, qu'on en ait été la victime, c'est une sorte de fil rouge qui relie tous les êtres humains de la planète, clergé mis à part, bien entendu. Certains vous feront la morale, d'autres vous fixeront avec des yeux pleins de jalousie. De cet ami qui tombera de sa chaise, car il pensait que vous et votre compagne étiez le couple idéal, à vos propres parents qui, en creusant un peu, se mettront à vous en raconter des vertes et des pas mures, vous verrez que les effets secondaires ne manquent pas. Raison de plus pour manier les infos que vous distillez sur vous même avec doigté et circonspection.

On dit souvent que le membre d'un équipage qui panique, lors de turbulences dans un avion, a tendance à transmettre sa peur à tous ses collègues, surtout si c'est le commandant de bord. Pour vous, c'est la même chose. En cette période difficile, où vous n'êtes déjà pas très serein, faites attention à ne pas semer, par vos révélations, la panique autour de vous. De fil en aiguille, à cause du flip des uns et des autres, votre liaison risque de devenir le dernier sujet dont on cause, et cet avion-là pourrait bien un jour venir s'écraser au milieu de votre salon.

CHAPITRE 6

Viv(r)e l'infidélité !

Du plaisir avant tout

Si vous trompez votre conjoint, c'est pour vous faire plaisir, du moins on l'espère. Et si vous vous faites plaisir, cela veut dire que vous allez plutôt bien. De là à ce que votre bon état général déteigne sur votre vie de couple, il n'y a qu'un pas… Franchissons-le.

Je rebooste ma vie de couple…

… Car je culpabilise

- Donc je suis aux petits soins pour mon conjoint. Je lui offre des fleurs, je sors les poubelles, je me transforme en « Johnny la corvée », un type en or.

- Donc, pour un « je t'aime » prononcé du bout des lèvres sur le banc du parc municipal, j'en lâche deux à la maison. Un prêté pour un rendu, ça ne mange pas de pain, ça rassure, ça éloigne les soupçons.

... Car je tiens une forme épatante

- Donc ma moitié profite de mon endurance nouvellement acquise, au prix de longs après-midi passés à préparer les jeux Olympiques du sexe. Moi qui suis maintenant capable d'enchaîner six orgasmes à la suite, ce n'est pas un petit missionnaire qui va me faire peur.
- Donc je suis svelte. Non seulement je fais beaucoup d'effort physique, mais la passion agit sur moi comme un substitut de régime. Je suis sec, ma graisse fond comme neige au soleil, alors que mes muscles s'affermissent.
- Donc, maintenant que je connais plein de nouvelles positions grâce à mon partenaire de jeux, il est temps de les partager avec mon partenaire de vie.
- Donc, dès que je passe trois jours sans mon amant(e), pour garder le rythme, c'est mon conjoint qui doit prendre à sa place.
- Donc je vis à 1 000 à l'heure, ma liaison comme ma vraie vie, comme si j'allais mourir demain.

... Car j'ai de nouveau confiance en moi

- Donc je suis enfin convaincu que je vaux quelque chose

dans ce bas monde. J'ai réussi à séduire, j'ai encore une valeur sur le marché de la séduction, c'est déjà un début.

- Donc j'arrête de ruminer mes échecs et la médiocrité de mon chef de service. Je suis positif, enjoué, j'ai mangé un clown, tout le monde rit à mes blagues.
- Donc je n'hésite pas à me mettre en valeur. Je fais attention à moi, j'abandonne les couleurs passe-muraille, même mon boulanger remarque ma nouvelle élégance.
- Donc, je sais que ma vie sexuelle n'est pas proche de l'extinction, que je ne suis pas si vieux et usé que ça. J'avais dit à mes copains que les galipettes toute la journée, ce n'était plus de notre âge, énorme bêtise.

… Car je fais preuve d'honnêteté intellectuelle

- Donc je reconnais que mon conjoint n'est pas si nul, ni au lit, ni ailleurs.
- Donc je réalise que mon amant n'est pas mieux, juste différent.
- Donc je commence à entr'apercevoir ce qui m'a amené à être infidèle. Avec quelques efforts, je peux peut-être concentrer mon énergie sur mon couple, plutôt que de la disperser aux quatre vents.
- Donc je retire ce que j'avais dit sur le hockey sur gazon, mon hobby, que j'avais comparé à l'orgasme, en disant à mes potes que le sport c'était mieux que le sexe.

Mais attention, si l'infidélité peut rebooster votre vie de couple, elle peut aussi avoir l'effet inverse. Nous avons commencé par le meilleur, voici le pire.

C'est meilleur avec la langue

✓À chaque baiser, ce sont douze muscles des lèvres et dix-neuf muscles de la langue qui sont sollicités. Une minute de ce bouche-à-bouche équivaut, en terme de calories dépensées, à courir 500 mètres. Côté chimie, un baiser, c'est 9 mg d'eau, 700 mg d'albumine, 1,7 mg de matières grasses, 0,4 mg de sels minéraux et 100 mg de substances organiques qui sont échangés entre les partenaires.

✓À moins d'être affecté par une grosse grippe ou un virus tenace, plus la peine de vous priver de bisous, puisque embrasser à pleine bouche engendrerait, d'après certains médecins, suffisamment de chaleur pour détruire les microbes.

✓Dernier plus produit du baiser : il serait aussi efficace et beaucoup plus agréable qu'un chewing-gum, pour faciliter la digestion.

Source : Samuel Katzoff, médecin américain, *in Psychologies*, novembre 2003

On s'habitue à tout…

Une fois passée l'excitation des débuts, que reste-t-il ?

Pour les religieux de tous les pays, le premier noyau de la cohésion et de la stabilité sociale, c'est le couple. Aussi toutes les religions ont-elles développé, en marge de la dialectique purement théologique, un savoir-faire particulier pour tenter de maintenir les couples à flot face aux vagues et aux creux de la vie. Confessionnal, conseils conjugaux, préparation au mariage : on ne compte plus les initiatives visant à préparer le terrain très en amont, au cas où un beau jour, il y ait du grabuge entre Monsieur et Madame.

Le côté obscur de la force

Certains rabbins par exemple organisent des séances d'information à destination des jeunes couples. Leur but est de les mettre en garde contre le « *Yetser-Hara* », c'est-à-dire le mauvais penchant. Nous l'avons tous à l'intérieur de nous-même, et dans le couple, il se manifeste sous la forme de la tentation. C'est lui qui va créer les conditions favorables pour que l'un des deux partenaires aille voir ailleurs. À la maison, tout n'est plus que tensions et anicroches. À l'extérieur, place aux rencontres, aux atomes crochus, à l'ambiance magique. Le *Yetser-Hara* vous pousse subtilement vers la tentation. Il sait qu'elle vous fait peur si elle est trop tonitruante, façon monokini + bas résilles sur la table du conseil d'administration. Tout est donc amené en finesse : complicité, regards, mots échangés, gestes, puis effleurement…

Une fois l'adultère consommé, le *Yetser-Hara* se retire, disent les rabbins, et la magie disparaît. Vous vous demandez ce qui s'est passé, comme si vous aviez été victime d'une hallucination. Pour se prémunir contre ce phénomène, les juifs les plus religieux ne restent jamais seuls dans une pièce, des fois que le *Yetser-Hara* pointe le bout de son nez. Ces théories développées il y a 1 600 ans peuvent prêter à sourire. Et pourtant, elles sont diablement pertinentes. "*C'est pas de ma faute, chérie, c'est le Yetser-Hara !*"

À bride abattue

Au début de votre liaison, avec un peu de chance, c'est une nouvelle vie qui commence. Le sérum de jouvence, comme si tout avait un goût de première fois. Et puis le temps passe, et ce faisant, on s'habitue à tout.

> « Le sexe sans amour est une expérience vide. Oui mais parmi les expériences vides, c'est une des meilleures. »
>
> **Woody Allen**, cinéaste

Un jour, même la turlutte moldave prodiguée par votre partenaire finit par avoir un goût de déjà vu. Si vous vous économisez en ne voyant votre amant(e) que de temps en temps, l'état de grâce peut durer. Si, au contraire, vous vivez votre passion sentimentale et/ou sexuelle de façon intense et dévorante, il se peut qu'il soit difficile de tenir la distance.

Comment savoir où placer le curseur ? Qu'est-ce qu'une passion intense et dévorante ? Voilà quelque indices :

- Vous vous voyez au moins une fois par jour.
- Vous avez l'impression que c'est normal, et que c'est plutôt le temps que vous passez avec votre conjoint qui relève de l'anormal.
- Vous ne supportez pas d'être séparés.

- Votre facture de téléphone dépasse les 200 euros, et 80 % des appels concernent votre amant(e).
- Vous avez des ampoules aux pouces à force d'envoyer des textos.
- Certains jours, vous avez tellement fait l'amour avec votre partenaire que vous rêvez de vous enduire les muqueuses avec de la Biafine.

Si vous vous reconnaissez dans ce profil rapide, c'est en effet que votre passion vous dévore. Pas comme un lion qui se jetterait sur vous d'un coup pour vous croquer, mais plus insidieusement, de l'intérieur. L'adultère, c'est un peu comme le ver solitaire.

À l'instar de la vraie vie à deux, la vraie vie clandestine est une histoire d'endurance. Qui court à la vitesse du 400-mètres aura du mal à tenir le marathon.

> « Femme qui déshonore son mari fait jurer à son galant de lui être fidèle. »
>
> **Proverbe chinois**

Il y a vingt ans, le saumon fumé était un plat exceptionnel, associé au luxe et à la fête. Maintenant, il y en a en entrée à votre cantine (à moins que ce ne soit de la truite ou du flétan), et il vous arrive même de dire « il est bof, ce saumon ». Trop de saumon tue le saumon.

Notre rôle n'est pas ici de vous faire un cours sur la surpêche, même si, à ce rythme-là, on peut se demander ce qu'on pourra bien mettre sur les toast au réveillon 2050. Mais ce dont nous sommes persuadés, c'est que l'amant est comme tous les produits de luxe. Consommé avec modération, il vous colle au plafond. Disponible en abondance, il devient sinistrement banal. D'autant plus qu'un amant, on en attend dix fois plus que de la part de son officiel. Il est donc logique qu'on s'en lasse aussi dix fois plus vite.

Comment éviter les pièges du quotidien ?

Aussi vous faudra-t-il peut-être, si vous souhaitez faire durer l'expérience, essayer d'éviter les pièges du quotidien. La recette est assez simple. C'est à vrai dire la même que pour les couples établis. Une question toutefois : si vous n'avez pas voulu faire d'efforts chez vous, et que vous avez trouvé qu'il était plus simple et plus excitant de bâtir sur du neuf, serez-vous prêt à faire des efforts dans cette vie-là ?

- **Restez séduisant.** Soyez élégant, propre, rasé et épilé de près.
- **Restez mystérieux.** La porte des toilettes comme l'inventaire de votre armoire à pharmacie ne concernent que vous.
- **Restez démonstratif.** Des petites déclarations aux attentions touchantes, en passant par les cadeaux quels qu'ils soient, votre partenaire ne s'en lassera jamais.
- **Restez valorisant.** Vous avez en face de vous quelqu'un qui vous écoute et vous fait des compliments. Renvoyez-lui la pareille.
- **Restez original.** Fuyez les habitudes comme la peste.

Façon de vous déshabiller, déroulement de vos rapports sexuels, lieux que vous fréquentez... Évitez à tout prix de vous « vieuxcoupliser ».

- **Restez inventif.** Surprenez l'autre et surprenez-vous vous-même. C'est le meilleur moyen de prouver que vous faites des efforts, et que vous êtes impliqué dans votre histoire.

Et souvenez-vous que même la plus agréable des habitudes reste une habitude. Pratiquée de façon trop fréquente, elle perdra peu à peu de sa saveur.

Le revers de la médaille

Cela fait six jours, six semaines, six mois que vous trompez votre conjoint. C'est indéniable, cette liaison a bouleversé votre vision de l'existence. Vous ne percevrez désormais plus jamais de la même manière les rapports entre les hommes et les femmes. Mais quand sonne l'heure du bilan, et que vous atteignez enfin le niveau de sérénité nécessaire pour faire un point honnête et complet, se pose le problème de choisir à quoi votre existence doit ressembler. Si l'infidélité vous a apporté beaucoup d'excitation, elle peut aussi à tout moment déstabiliser le socle de votre vie.

Choisir entre plaisir et sécurité

Il faut alors que vous soyez capable d'analyser de façon lucide ce que vous avez à gagner et à perdre. Ce que vous apportent votre vie de couple officielle, et votre vie officieuse. Pas facile d'aligner sur une feuille de papier les pour et les contre. À ma gauche, ce que m'apporte Marie-Do, mère de famille irréprochable, maîtresse de maison hors pair, militante tout-terrain, qui a juste pour inconvénient d'avoir au lit la fantaisie d'un ingénieur des Ponts et Chaussées. À ma droite, ce que m'apporte Samantha, de quinze ans sa cadette, grande fan de rock satanique devant l'Éternel, couverte de tatouages, de piercings, acrobate à ses heures, qui ne sait pas placer le Poitou sur la carte, alors que vous y habitez, mais qui sait vous faire trouver son point G sans GPS ni manuel de sexologie, et qui manie votre petit Bâton de berger comme une majorette sa baguette magique.

> « Le secret du bonheur en amour, ce n'est pas d'être aveugle, mais de savoir fermer les yeux quand il le faut. »
>
> **Simone Signoret,** comédienne

En réalité, le problème ne se pose pas en ces termes. Il ne s'agit pas de quitter l'une pour l'autre. Juste de vous dire que le péril existe des deux côtés. Quand Marie-Do ouvrira enfin les yeux sur vos pseudo déjeuners d'affaires, qui ne vous font pas prendre un gramme, il se peut que, malgré toutes ses qualités, lui passe par la tête l'envie de vous dépecer afin de réaliser une nouvelle housse pour le canapé du salon. Quand à Samantha, son horloge biologique et une inéluctable insertion sociale la pousseront peut-être bientôt à exiger plus de vous qu'un accrochage rapide dans le débarras de la salle polyvalente. C'est le grand problème de la nouvelle génération qui veut tout, tout de suite. Si Samantha a vu Jennifer de Star Academy devenir une star de la chanson en quatorze semaines, peut-être se dira-t-elle qu'elle peut vous accrocher à son tour en un temps record, et renvoyer Marie-Do chez ses parents avec enfants et bagages.

Le phénomène est mathématique, plus le temps passe, plus vous courez de risques. Nous connaissons tous des hommes et des femmes qui ont mené une double vie tout au long de leur existence. Sont-ils des génies de la dissimulation ? Leurs conjoint ont-ils fait preuve d'une incroyable cécité ?

J'ai épousé une ombre

Si les hommes trompent leurs femmes, c'est la plupart du temps avec d'autres femmes, et celles-ci sont parfois célibataires. Pour elles, avoir une liaison avec un homme marié, c'est « difficile à vivre » dans 54 % des cas, « inimaginable » pour 28 % d'entre elles, et « avoir les avantages sans les inconvénients de la vie de couple » pour 12 %. Elles sont tout de même 4 % à penser qu'être la femme de l'ombre constitue « le meilleur moyen de préserver sa liberté ».

Source : sondage IFOP/*Elle*, 2000

Quand une liaison commence, on se dit que tout ça n'est pas bien grave. Que les risques que l'on prend sont somme toute calculés. Quand elle se prolonge, et qu'apparaît la notion « d'amour », certains sont prêts à tout atomiser : leur bonheur, leur famille, et même leur maison Phénix. Puis vient la phase « que reste-t-il de mes amours ? », sont-ils toujours aussi glamour, ou s'affadissent-ils de jour en jour ? Avant d'entamer votre liaison, c'est ainsi que vous résumiez vos relations avec Marie-Do, et voilà qu'il ne vous a pas fallu plus de deux trimestres pour ressentir la même chose vis-à-vis de Samantha. Accro à la nouveauté, vous réalisez enfin que ce qui dure, c'est l'ancien.

Mieux vaut-il tenir ou courir ?

Vous voilà donc enseveli sous les doutes, écrasé par les contradictions. Ce que vous avez fait avec Samantha, finalement, vous auriez peut-être pu le tenter avec Marie-Do, même si sa jupe-culotte ne facilite pas la saillie express à toute heure dans des endroits peu fréquentés. Vous avez déployé bon gré mal gré des efforts avec votre maîtresse (physiques, logistiques, psychologiques). Toute cette énergie, vous auriez pu la consacrer à votre bien aimée. Comme disait Caliméro, « c'est vraiment trop injuste ».

En 1970, la chanteuse américaine Joni Mitchell chantait dans son titre *Big yellow taxi « You don't know what you've got till it's gone. »* En français, ça donne quelque chose comme « Vous ne s'avez pas ce que vous possédez tant que vous ne l'avez pas perdu. »

Reprise en 1997 par Janet Jackson, cette affirmation frappée au coin du bon sens résume bien la situation dans laquelle vous vous trouvez. À l'heure actuelle, doté de deux partenaires amoureux et/ou sexuels, vous vivez dans l'opulence. Mais plus ça dure, plus vous risquez que l'un des deux vous quitte. Vous réaliserez alors que l'opulence a mis en péril ce à quoi vous teniez vraiment, sans le savoir.

Et puis, on parle d'elles, mais il faut aussi tenir compte de vos envies à vous. Malgré leur inestimable contribution à votre équilibre intérieur et à votre développement personnel, qu'avez-vous vraiment envie de faire ? Cinq orgasmes par jour, ça vous fait de belles jambes, mais ça ne nourrit pas son homme.

Vous voyez où nous voulons en venir : mine de rien, une liaison, ça n'a pas que des avantages. Ça peut vite coûter les yeux de la tête, c'est exténuant, et à force de jouer les agents doubles, on ne sait plus toujours qui on est.

Faute avouée à moitié pardonnée

72 % des Français préféreraient découvrir l'infidélité de leur conjoint plutôt que de ne rien savoir. Ils étaient seulement 46 % à vouloir savoir en 1983.

50 % des personnes interrogées déclarent qu'elles réagiraient à un aveu d'infidélité en discutant, pour « essayer de comprendre ce qui se passe ».

Source : sondage Sofres/*Questions de femmes,* 1996

Le coût d'une liaison

Gros salaires, passez directement au paragraphe suivant. Si en revanche vous êtes comme nous, c'est-à-dire que vous faites partie de la majorité impécunieuse, nous attirons votre attention sur cet inconvénient considérable de l'infidélité.

Sans aller jusqu'à déballer le grand jeu (cadeaux façon « c'est tous les jours Noël », à Chatillon comme ailleurs), penchons-nous simplement sur la problématique du local. À raison de 45 euros la tranche de cinq heures (déjà, on voit grand) dans un hôtel élégant et moderne, prix constaté sur le terrain, dans une grande ville, disons deux fois par semaine... cela nous fait tout de suite du 360 euros par mois. 4 320 euros par an, soit 2 833 734 anciens-anciens francs.

360 euros...

- ✓ C'est le prix d'une studette en location, solution alternative pas inintéressante d'ailleurs : vous pouvez faire votre propre déco, voire procéder à des aménagements selon vos fantasmes (siège de dentiste, bain de boue, treuil, mâchicoulis...). Mais attention, c'est aussi à vous de faire le ménage, et gare à la multiplication des dépenses repérables.
- ✓ C'est le cinquième du salaire mensuel moyen net.
- ✓ Ça n'inclut pas les repas (même au Flunch, ça finit par chiffrer), les cadeaux, les cinés, les expos, les voyages, les préservatifs et les fleurs. Mention spéciale « évitons-les » pour les fleurs. Pas discret, attire les questions, et représente un budget prohibitif si on considère leur durée de vie.

Conclusion : de la garçonnière à la satisfaction des goûts de luxe de votre partenaire, en passant par quelques escapades pour vous mettre au vert, votre liaison peut vite atteindre un budget astronomique. Si vous avez d'autres passions, comme les vieux vinyles, le mountain bike, vos enfants ou pourquoi pas, soyons fous, votre conjoint, il se peut que vous ayez tôt ou tard à faire un choix cornélien. Certains stopperont les frais devant l'ampleur des dégâts. D'autres fonceront chez leur banquier ouvrir une ligne de crédit crapuleuse. Ayez juste à l'esprit que vivre d'amour et d'eau fraîche est un concept romantique, pas un programme réaliste quand on vit au XXIe siècle.

> « Quand un homme vous a tout donné, la moindre des choses est de lui rendre la monnaie de sa pièce. »
>
> **Nadine de Rotschild**, écrivain

Un passe-temps harassant

Autre inconvénient majeur de l'infidélité : l'état d'apathie qui vous guette, si tant est que vous mettiez un peu de cœur dans votre liaison. Vivre deux vies en une seule, ça vous fait de bonnes journées.

Les rencontres furtives et fugaces n'en sont pas moins intenses. Vous voudriez bien organiser tout ça, étaler les étreintes dans le temps, donner à chacun son jour, sa fenêtre de tir. Mais ça n'est jamais comme ça que ça se passe. Et c'est toujours la fois où vous vous dites qu'il n'y a aucun risque que Gérard, votre mari, vous sollicite, puisque le mercredi, c'est son jour de stress maximal, et que ça tombe bien, puisque

Vincent, votre amant, vous a fait voir trente-six chandelles, que Gérard, on ne sait pas pourquoi, vient se blottir contre vous avec un air lubrique, et que vous allez devoir renvoyer les balles, alors que vous avez déjà joué toute la sainte journée. Il est rare que, quand vous voyez votre amant, vous vous contentiez de vous laisser conter fleurette. Chaque fois que vous vous croisez, vous vous passez mutuellement par les armes. Ajoutez à cela le penchant naturel des amoureux clandestins pour les positions acrobatiques, et les étreintes qui n'en finissent pas, façon « quand y en n'a plus, y en a encore », vous obtiendrez un honorable niveau de fatigue, qui sera parachevé chez vous par le coït hebdo obligatoire, et vous donnera envie de dire à votre moitié « touche-moi et tu t'en prends une ».

Matin, midi et soir

48 % des Français préfèrent faire l'amour le soir. 13 % apprécient les siestes crapuleuses et 12 % sont fans du petit câlin du matin. Mais pour 25 % de nos compatriotes, il n'y a pas d'heure pour les braves !

Source : sondage BVA/*Psychologies*, 1999

Conclusion : stress + effort physique + double vie + concentration pour dissimuler le tout = vos batteries sont au plus bas. Dans le meilleur des cas, votre liaison vous fait opportunément perdre quelques kilos avant l'été, et vous vous couchez avec les poules.

Autre hypothèse : la dépression physique et psychologique vous guette. Il est temps de faire un peu de tri dans votre vie.

Aimez-vous la schizophrénie ?

Face à face, textos, coups de fil, e-mails, relations amoureuses et sexuelles, vous voilà en train de zapper sans cesse d'une vie à l'autre. Vous avez beau vous concentrer pour donner le change, pour appeler chacun ou chacune par son prénom, pour intégrer vos mensonges, pour réaliser ce que savent les deux parties, à propos de votre vie dissolue, il y a des jours où vous êtes carrément dans le rouge. À force de n'être qu'un, mais de jouer à être deux, vous finirez par vous perdre en rêvant tout haut que votre côté Dr Jekyll et votre côté Mr Hyde finissent pas fusionner pour que vous redeveniez enfin Jean-Claude M., employé au Bricorama d'Avignon, chef de rayon de son état, salarié modèle, père de famille irréprochable, bien dans sa tête et bien dans son slip.

Quand vous vivez à deux, vous êtes deux. Quand vous trompez votre conjoint, vous êtes soudain quatre : votre officiel(le), votre amant(e), et vos deux “vous”. Avez-vous la place dans votre vie, mais surtout dans votre tête pour offrir à tout ce petit monde le traitement que chacun mérite, sans virer foldingo ? À vous de voir. L'exercice a fait perdre la boule à plus d'un, et peut-être finirez-vous, vous aussi, par hululer à la mort la phrase culte de tous ceux qui ont un peu tiré sur la corde, et que l'infidélité a poussé au-delà de leurs limites : « Laissez-moi tranquille, tous autant que vous êtes. »

Avoir multiplié les partenaires comme Jésus les pains,

pour finir par implorer un moment de solitude, vous trouverez ça désespérant, et vous aurez raison. Mais ce qui est certain, c'est que si l'émotion se vit à deux, la réflexion, elle, aboutit plus facilement si on est seul. N'hésitez pas, dans votre agenda de ministre, à bloquer un peu de temps pour vous retrouver seul à seul avec vous… et vous. Vous y verrez peut-être plus clair et, en tout cas, vous pourrez reprendre votre souffle.

Que vous ayez mûrement médité votre forfait ou que tout cela ne soit qu'un accident, vous voilà devenu infidèle. Et, à moins d'avoir été menotté, bâillonné et jeté directement dans le coffre de la voiture de votre nouveau compagnon de jeu, afin de filer vers une petite maison discrète en Transylvanie et refaire votre vie, il va bien falloir que vous réintégriez le domicile conjugal à un moment ou à un autre.

> « Les mensonges n'ont d'importance que si l'on se fait prendre. »
>
> **Christine Ockrent,** journaliste

Comment se débarrasser de votre mauvaise conscience ?

Chambre 206 d'un hôtel haut de gamme. Dans le lecteur CD, vos chansons favorites passent en boucle. Sur le fauteuil, votre manteau fait ami-amie avec une veste grise. Partout autour du lit à baldaquin, des vêtements jonchent le sol. Un emballage de préservatif traîne sur la table de nuit, pas très loin de deux portables éteints. Entortillés au milieu des draps, vous et votre supérieur hiérarchique.

Il est 18 heures, vous venez de passer l'après-midi à constater qu'au cours de ces années passées au poste de Directeur Commercial pour l'Asie, votre camarade de jeu a eu tout le loisir de peaufiner sa technique du perforateur sud-coréen. Voici venu le moment de se séparer et de retrouver vos chacuns et vos chacunes. Et là, sous cette douche censée vous purifier de cette première après-midi de stupre et de folie, vous vous demandez comment vous allez bien pouvoir regarder en face celui qui, il y a peine trois ans, vous a fait remonter l'allée jusqu'à l'autel, dans votre belle robe blanche.

Le retour au « *Home Sweet Home* »

Le retour à la maison après une première après-midi de slip sur la tête consiste en un affreux mélange d'euphorie et de peur. Euphorie d'avoir vécu un moment inoubliable, au cours duquel vous avez, on l'espère, connu l'extase. Peur parce qu'amant inexpérimenté, vous vous attendez à ce que votre conjoint vous démasque au premier regard, tant il vous semble avoir « Infidèle » inscrit au néon rouge clignotant sur le front.

Ce que l'on ne sait pas ne nous atteint pas

Vous seul savez. À moins de revenir de votre sexcapade avec

le caleçon taché de rouge à lèvres, des suçons plein les seins ou le logo de l'hôtel imprimé dans le dos, il n'y a aucune raison que votre régulier soupçonne une quelconque trahison. Il ne sait rien, ne se doute de rien, sauf si vous parlez dans votre sommeil ou que, pris d'une crise de panique et de remords, vous lui déballez tout sur le tapis du salon. En fait, le danger ne va pas venir de lui, mais de votre attitude. Vous en ferez certainement trop pour dissimuler le malaise qui vous ronge. Plus disponible, plus attentionné, le sourire Ultrabrite accroché aux zygomatiques, vu de l'extérieur, vous êtes au top, la fille la plus fabuleuse du monde, le parfait mari plaqué or. Tout ça pour dissimuler qu'à l'intérieur, vous tremblez que le ciel ne vous tombe sur la tête.

Si y en a pour une, y en a pour deux

31 % des célibataires françaises reconnaissent avoir déjà eu une liaison avec un homme marié.

Source : sondage IFOP/*Elle*, 2000

Surmonter le regard de l'autre

Cette attitude de Super Conjoint va rapidement s'émousser. Si votre petite histoire parallèle survit au premier retour au bercail, il va vous falloir trouver un comportement plus sain et naturel. Vous n'aurez pas la force intellectuelle et physique de faire autant d'efforts tous les jours, vu les dépenses énergétiques et logistiques auxquelles il va falloir faire face. C'est pourquoi il est urgent de mettre en place un *modus vivendi* avec votre conscience, afin de pouvoir vivre normalement à la maison et réussir à tirer le meilleur des deux relations. Le seul moyen de survivre à une double vie, c'est d'essayer de ranger bien sagement chaque existence dans un petit tiroir, et de ne la sortir que lorsque l'on s'en sert. Plus facile à dire qu'à faire, bien sûr, mais c'est l'unique manière de contenir votre schizophrénie à un niveau tolérable.

Pour la vie

86 % des Français pensent que la durée de vie idéale pour un couple, c'est de passer sa vie ensemble. 10 % pensent que quelques années suffissent, tandis que, pour quelques extrémistes (1 %), quelques mois semblent être bien assez.

Source : sondage IPSOS/*Ça m'intéresse*, 1998

Comment gérer son conjoint ?

Nous avons vu dans le chapitre 5 comment gérer les risques et les communications. Désormais, le challenge, c'est de réussir à donner du temps à tout le monde. Votre emploi du temps de ministre surbooké n'est certes pas extensible à l'infini, mais il est important que vous réussissiez à dégager des créneaux pour votre vraie vie, si vous voulez qu'elle reste en vie.

La technique idéale ? Laisser son amant ou sa maîtresse au placard (c'est une image) lorsqu'on franchit la porte du domicile, et essayer de couper tout contact jusqu'à la prochaine exfiltration.

> « Être infidèle c'est dégager du temps en plus pour une nouvelle histoire, sans jamais en voler à la première. »
>
> **Un ami**

Cette solution semblera intenable aux infidèles les plus accros et à ceux qui ne rêvent que de prendre leurs jambes à leur cou. Pourtant, tout comme vos ébats avec votre illégitime ne doivent pas être parasités par la vision de votre régulière nue sous son tablier devant le fourneau familial, il est primordial que vous vous efforciez d'être là par la pensée lors des rares moments durant lesquels vous êtes à la maison. Il est certes difficile de ne pas superposer l'image de Sonia, votre maîtresse, adepte du porte-jarretelles, à celle de Monique qui sort de la salle de bains en chemise de nuit à nounours. Néanmoins, il est capital de donner une chance à votre conjoint.

Considérez-le avec bienveillance, reconnaissez-lui les talents et les qualités qui vous ont séduit. C'est une encyclopédie vivante, elle vous fait rire, il sait toujours trouver une activité intéressante à la dernière minute, c'est la reine des tartes... pas de quoi être mis au rebut à la première incartade.

Pour passer le plus longtemps possible entre les mailles du filet, vous devez en permanence faire l'analyse de votre comportement domestique, et de ce qu'il est susceptible de trahir. Car, à moins, d'être atteint d'un glaucome précoce ou de cécité partielle appliquée à la vie de couple, il est assez facile de détecter un conjoint infidèle. Souvenez-vous que si votre moitié semble ne se douter de rien, c'est qu'il ou elle refuse de voir. En dépit de son obstination à penser que vous pouvez aspirer au titre de « Monsieur et Madame Parfait », il arrivera forcément un jour où le niveau de tension, de suspicion ou le rationnement sexuel finiront par lui taper sur le système, et éveiller enfin ses soupçons. Pour éviter le pire, sachez rester prévenant et disponible.

> « Nous nous attachons quelquefois plus à une femme par les infidélités que nous lui faisons, que par la fidélité qu'elle nous garde. »
>
> **Alexandre Dumas fils**, écrivain

DEFCON ou savoir analyser le niveau d'alerte

Il y a vingt ans, le film *Wargames* nous apprenait qu'un peu d'astuce et d'espièglerie pouvait suffire à déclencher une guerre thermonucléaire, pour de vrai, en piratant l'ordinateur du Norad, le Centre de commandement de l'Armée américaine. Même si, à l'époque, vous avez raté la séance, trop occupé à emmêler vos bagues dentaires avec celles de votre petit(e) ami(e), ce film étant rediffusé en boucle sur les chaînes nationales, vous n'avez pas pu y échapper. Au-delà du récit du premier piratage informatique de l'histoire du cinéma, ce long-métrage nous a permis de découvrir le principe *« DEFCON »*.

Mise en place par les ingénieurs de l'armée américaine, *l'échelle DEFCON (Defense Readiness Conditions)* sert à décrire les différents niveaux d'alerte du pays en fonction des menaces possibles, probables ou avérées. En voici les différents degrés :

- DEFCON 5 - Niveau de sécurité normal en temps de paix.
- DEFCON 4 - Niveau normal avec renforcement des activités de renseignement et mesures de sécurité accrues.
- DEFCON 3 - Niveau d'alerte.
- DEFCON 2 - Niveau d'alerte avancé.
- DEFCON 1 - Niveau d'alerte maximal.

Le 22 octobre 1962, lors de la crise des Missiles de Cuba, le Norad, un blockaus en béton enterré sous 300 mètres de terre et de cailloux quelque part en Pennsylvanie, a décidé de passer en *DEFCON* 2. Tous les missiles furent pointés sur Moscou, avant que Nikita Khrouchtchev décide de plier les gaules et de, sagement, arrêter de chatouiller les Américains sous les bras. À chaque crise internationale majeure impliquant les États-Unis, le Norad repasse en *DEFCON* 2.

Vous allez dire qu'on s'éloigne un peu du sujet. Que nenni ! En temps de guerre comme d'infidélité, le *DEFCON*, ça sert tous les jours. Dans la vie de couple, quand tout va bien, quand ni l'un ni l'autre n'avez quoi que ce soit à vous reprocher, c'est *DEFCON* 5. Aucune pique, aucune allusion, zéro suspicion, pas de fouille corporelle, ni de risque d'écoute téléphonique, tout va bien, circulez, il n'y a rien à voir.

Lors d'une liaison, puisque vous n'avez pas la conscience tranquille, le concept du *DEFCON* devient tout à coup essentiel. En effet, cette graduation inventée pour la vie dans les casernes s'applique très bien à la vie à deux. Reconnaissez que c'est un peu pareil : il faut se lever à heure fixe, on est obligé d'y rentrer pour dormir, le chef n'est pas toujours commode et la tambouille a ses hauts et ses bas.

Vous doutez encore ? Relisez donc les niveaux d'alertes[16], en ayant en tête les informations suivantes : retours quotidiens au domicile vers 21 heures, SMS en pleine nuit, appels sans réponse, désintérêt total pour le sexe conjugal, privation complète de baisers et de câlins, tickets de parking étranges, réponses évasives lors de contacts téléphoniques, emportements soudains à propos de choses dénuées d'intérêt, refus de voir les beaux-parents, agacements répétitifs, conversations à voix basse avec les amis proches de même sexe, volonté de s'évader seul à tout va, balades à vélo d'une durée de quatre heures…

Lorsqu'on trompe son conjoint, l'échelle *DEFCON* devient un instrument de mesure éloquent vis-à-vis de la situation. Par une belle journée *DEFCON* 4, vous disparaissez de votre bureau pour rejoindre votre amant. Votre conjoint appelle, et tombe sur votre secrétaire. Incompréhension, méfiance de part et d'autre… Une minute plus tard, votre couple passe en *DEFCON* 2, puisque les questions fatidiques ont été posées : « Où est-il ? Avec qui s'est-elle absentée ? Depuis

[16] Il s'agit de la traduction exacte des données disponibles sur le site du NORAD.

quand sont-ils partis ? » et que la secrétaire a bredouillé ne rien savoir, ce qui renforce l'étrangeté de la situation.

Dorénavant, votre objectif, c'est de calmer Jean-Pierre, avant de moucher la secrétaire qui va devoir apprendre à faire preuve de sang-froid, si elle veut éviter les représailles massives et conserver ses perspectives d'augmentation. Quelques instants, cinq mensonges pieux, voire une promesse de week-end romantique plus tard, la situation grave ressemble davantage à un pétard mouillé qu'à la crise des missiles de Cuba. Pourtant, ce passage en *DEFCON* 2 vous a remis les pieds sur terre, et vous a invité à redoubler de précautions, sous peine de voir votre marge de manœuvre considérablement réduite.

À vous Zebra 3 !

Mais l'échelle *DEFCON*, ce n'est pas seulement une façon de se la jouer militariste parano. C'est aussi un outil pragmatique, non seulement pour évaluer le niveau de risque que vous encourez, mais aussi pour évoquer ces risques avec votre compagnon de jeux. « Je te laisse, je suis en *DEFCON* 1 », ça lui glacera les sangs, mais il aura aussi compris en huit mots qu'il faut, pour l'instant, vous laisser tranquille.

Tirez-en les leçons nécessaires. Avant que l'ennemi n'attaque, passez au crible vos paquetages à la recherche de tickets suspects ou de souvenirs d'hôtel. Vérifiez le disque dur de votre ordinateur, et réalisez que plus les parties adverses sont intriguées ou agacées par votre nouveau comportement, plus leur niveau d'attention aux détails est accru. Désormais, il va vous falloir apprendre à vivre, au mieux, en *DEFCON* 4, « Niveau normal avec renforcement des activités de renseignement et mesures de sécurité accrues. » Être infidèle, c'est bien souvent faire subir à son conjoint un véritable torture-test, en repoussant les frontières de sa perception de la réalité. Logiquement, ce n'est donc pas demain la veille que vous repasserez en *DEFCON* 5.

Stop ou encore ?

À moins d'être un dangereux extrémiste, il est impossible de décider d'atomiser sa vie conjugale et d'emballer toutes ses petites affaires dans des sacs poubelle 100 litres quelques jours à peine après avoir fauté. Les notions de « Partir ? » ou de « Rester ? » n'apparaissent normalement que bien plus tard, une fois qu'on a fait plus ample connaissance, et qu'on a passé le cap des « Alors, c'était bon ? Quand est-ce qu'on remet ça ? » Néanmoins, le *stop ou encore* arrive en règle générale sans prévenir, beaucoup plus tôt qu'on ne s'y attend. Si vous pensiez que votre petite existence tranquille avait été chamboulée par l'intrusion de l'adultère dans le décor, attendez donc d'arriver à cette phase-là !

L'infidélité, c'est un peu Space Mountain, mais en nettement plus violent. Comme pour l'attraction de Disneyland Paris, il est nécessaire d'avoir le cœur bien accroché, et de ne pas trop tenir à son petit-déjeuner. Vivre une double vie, c'est un truc qui peut vous rendre fou de bonheur, et vous envoyer l'instant suivant le moral dans les chaussettes pour le reste de la semaine. Lorsqu'on commence à penser en terme de Stop *ou* Encore, les choses s'accélèrent encore plus.

> « Les mensonges que l'on invente ressemblent à la vérité que l'on ne veut pas dire ».
>
> **Claire de La Mirande,** femme de lettres

Que ce soit pour des raisons logistiques, matérielles, idéologiques ou de vie ou de mort, l'épineuse question du choix va prendre un certain temps. Impossible de prendre une décision censée être définitive sous la pression, vous avez besoin de calme et de sérénité. Sauf que la pression, vous vous la mettez tout seul. Et pour la zenitude, il va falloir compter plusieurs semaines de délai.

> **Savoir aimer**
>
> ✓49 % des Français pensent qu'aimer est devenu plus difficile qu'autrefois.
>
> ✓35 % sont persuadés que l'amour est le résultat du hasard.
>
> ✓41 % estiment qu'on peut être amoureux de deux personnes à la fois.
>
> Source : sondage BVA, 1998

N.B. : Attention, la partie qui vient ne s'adresse qu'aux conjoints modernes, prêteurs, ou carrément plus intéressés par leur partenaire officiel. Si vous êtes de la vieille école, ou que vous ne reconnaissez pas à l'autre le droit de profiter de la même liberté que vous, si vous avez des envies de meurtre chaque fois que vous l'imaginez touché(e) par un(e) autre, passez directement au chapitre suivant.

Aidez l'autre à avoir une liaison

En attendant d'être mystérieusement délivré de ce choix cornélien par un coup de baguette magique, un *deus ex-machina* voire même par une bonne crise cardiaque pour les plus radicaux, on se prend souvent à se dire que la solution miracle pour ne pas avoir à faire de choix serait d'aider l'autre à avoir une liaison. Tordu mais logique. Passage en revue des collègues de bureau, des amis de longue date, des camarades d'associations voire, pourquoi pas, des commerçants du coin. Vous voilà en quête de quelqu'un à même de donner de sa personne pour vous aider à vous sentir moins mal. Tout à coup, vous vous intéressez de nouveau à la vie de votre conjoint. Vous voulez tout savoir de ses déjeuners, de ses stations prolongées autour de la machine à café, de ses sorties en bande. N'y aurait-il pas autour d'elle ou autour de lui une personne susceptible de lui plaire et dans les bras duquel vous pourriez le/la jeter ? Et ce collègue qui lui a proposé de sortir avec elle, si vous continuiez à la délaisser ? Et cette fille de la DRH, celle qui porte des bottes avec ses minijupes depuis que votre mari lui a dit que ça lui plaisait ? N'y aurait-il pas un moyen de les coller ensemble un peu, histoire que vous vous sentiez moins seul(e) à chaque fois que vous jetez votre gourme à l'arrière de la Xantia de la directrice financière...

Après vous !

Depuis que vous avez eu cette idée lumineuse, vous ne pensez plus qu'à ça. Pour réussir dans votre entreprise de grand entremetteur, vous insistez pour que votre moitié sorte se détendre, qu'elle s'implique davantage dans la vie de son entreprise ou dans celle de son association, en proposant même de garder les enfants.

Et si toutes ces incitations ne fonctionnent pas, passez à la méthode frontale, le dialogue à double sens. Ça a le goût de l'humour noir, la saveur du second degré, mais en fait, c'est un message en clair, sans aucune signification cachée.

« Alors comme ça, il y a un(e) collègue au boulot qui t'a proposé de s'occuper de toi ? Tu devrais accepter, cela te ferait sûrement du bien de changer de partenaire. »

Après un tel échange, il n'y a que deux possibilités. Soit votre conjoint est aussi joueur que vous, et il continue sur le même registre en croyant vous rendre jaloux, soit c'est la baffe, *illico presto.*

> « Le bonheur à deux, ça dure le temps de compter jusqu'à trois ».
>
> **Sacha Guitry,** dramaturge

Si la gifle a un effet assez radical, et coupe court à la discussion, la conversation à double niveau de compréhension permet d'aborder un sujet plus que délicat sous couvert de plaisanterie. En menant les débats sur ce terrain glissant, vous pouvez facilement prendre le pouls de votre moitié et savoir si, lui aussi, compte bientôt se laisser aller… La situation semblera ahurissante aux plus conformistes de nos lecteurs, mais le méli-mélo sentimental et sexuel est livré en série avec le post-modernisme. Impossible de les séparer.

Aider sa moitié à avoir une liaison est ainsi un fantasme prioritaire pour beaucoup d'amants et de maîtresses, juste après faire l'amour en apesanteur, et dans une baignoire remplie de chocolat fondu bien sûr.

Pourtant, en dépit de plusieurs mois de recherches, nous n'avons toujours pas trouvé quelqu'un ayant réussi. Il y a bien des couples libres, voire très libres, mais quand tromper devient une institution, peut-on encore parler d'infidélité ?

> « Au début, avec ma femme, nous faisions l'amour dix fois par mois. Aujourd'hui, c'est plutôt une fois par Moi et neuf fois par les autres. »
>
> **Pierre Desproges,** humoriste

Que faire d'un si lourd secret ?

« Dire ou ne pas dire ? » telle est la question. Il s'agit d'une décision personnelle que chacun doit prendre en toute honnêteté et tranquillité. Une fois encore vous voilà tout seul avec votre conscience.

Il n'y a que trois raisons qui peuvent vous donner envie de tout déballer :

- Les remords (teintés d'un irrépressible besoin d'honnêteté, voire de pitié).

- L'obligation, puisque votre conjoint vous a trouvé cadenassé aux montants du lit familial le jour où votre amant avait égaré la clé des menottes, ou qu'un SMS quelque peu compromettant dans le genre, « Mets une jupe parce que cet après-midi je vais m'occuper de tes petites fesses » est arrivé sur la table du salon.
- L'envie de faire le grand saut, de changer de crémerie, et de crémière par la même occasion. Dans ce cas-là, allez tout de suite au chapitre suivant sans passer par la Case Départ, ni toucher 20 000.

> « Le pire mensonge est de se mentir à soi-même. »
>
> **Marc Lévy**, écrivain

Toute demande d'explication, de vérité ou d'informations émanant de votre conjoint devra être traitée avec le mutisme le plus complet. Elle a beau s'accrocher à votre caleçon tous les matins en vous demandant si vous avez une maîtresse, il a beau vous affirmer qu'il prendra cela avec dignité, **PERSONNE N'EST JAMAIS PRÊT À ENCAISSER UNE TELLE RÉVÉLATION**. Soyez ferme, intransigeant et, à moins de vous trouver sous la menace directe d'un couteau électrique en position 2, n'avouez jamais parce qu'on vous le demande.

Tromper sous x

Si votre liaison s'éternise et empiète par trop sur votre vie de famille, vous finirez quand même un beau jour par être confronté à la figure imposée de la révélation. Nous sommes de tout cœur avec vous, afin que ce jour funeste arrive le plus tard possible.

Le moment venu, une fois passée l'annonce en bonne et due forme, les insultes et les coups et blessures de rigueur, une des premières questions qu'on vous posera, après « Pourquoi ? », c'est « Avec qui ? »

« Avec qui ? » À moins que vous ne soyez pris sur le fait, c'est une question à laquelle il ne faut, à notre avis, répondre sous aucun prétexte. Car en premier lieu, ça donne à l'éploré quelqu'un à qui se comparer. Vous nous direz, si ça peut enfin le pousser à lever le pied sur les tartines de rillettes ou à lire plus d'un livre par an (attention, le calendrier Pirelli avec les filles qui ne savent pas où le photographe a caché leurs vêtements ne compte pas), ce ne sera pas du luxe. Mais pensez qu'en lui révélant qui est son ou sa rivale, vous allez aussi passer à la moulinette ce qui lui reste d'estime de lui-même. Si vous n'avez pas l'intention de partir définitivement avec le nouveau venu, évitez de saloper le moral de l'officiel, il peut encore servir.

Imaginons maintenant que vous lui disiez qui est son/sa rival(e). Ça vous libère d'un poids, c'est sûr. Mais du même coup, vous donnez une existence formelle au fantôme qui hante déjà ses jours et ses nuits. Votre conjoint va vous imaginer en train de faire des galipettes inédites. Il va idéaliser le rival, plus beau, plus riche, plus brillant, plus vigoureux. Œil conquérant, poil luisant. Il peut aussi, *a contrario,* le rabaisser, à tel point que votre trahison lui apparaîtra d'autant plus incompréhensible. « Me faire cocufier par quelqu'un de "mieux", soit. Mais par quelqu'un de "moins bien", à quoi ça rime ? »

Patience et longueur de temps…
Pour 44 % des hommes et 28 % des femmes, l'amour et l'infidélité peuvent cohabiter. L'indulgence augmente parallèlement à la durée de vie commune.

Source : Michel Bozon, *La Sexualité au temps du sida,* PUF, 1998

Le top du top
Nous nous garderons bien de nous étendre sur les notions de « mieux » et de « moins bien », toute tentative de hiérarchisation des individus à quelque dessein que se soit nous ayant toujours paru nauséabonde. Mais il reste que dans notre société dominée par le marché, et où chaque chose, et donc chaque être, hérite d'une valeur, on a vite fait de considérer qu'on est mieux ou moins bien que son voisin, faisant fi de l'écheveau complexe de qualités et de défauts (encore des notions subjectives) qui rend chaque être humain unique.

C'était nos cinq lignes angéliques. Trêve de salades, bien sûr qu'on trompe avec mieux : des dieux de la sensualité, des as du sexe, des Mozart de l'humour, des Maître Capello de la culture. L'homme est un loup pour l'homme. Bougez-vous, défoncez-vous, « *Just do it* » que diable ! Pour ne pas vous retrouver avec des cornes de 5 mètres, il n'y a qu'une méthode : soyez le meilleur et ayez une hygiène buccale irréprochable, cela va de soi.

Que vous fassiez du « *downdating*[17] « comme disent les Américains ou de *l'updating* (mot qui ne veut pas du tout dire ça en anglais, mais qu'on considérera comme étant le contraire de *downdating*, parce que ça nous arrange), la règle d'or qui doit guider votre conduite, quand vous vous retrouvez à tout déballer face à votre officiel, c'est le tact et la sensibilité. Il a fait des efforts. Il y est allé, au Gymnase Club, il l'a prise, la carte de France Loisirs, et si ça ne vous suffit pas, ce n'est pas entièrement de sa faute.

> « Au début d'une aventure, le cocu y est toujours pour quelque chose. »
>
> **Sacha Guitry,** dramaturge

Alors quand il vous pose, dans un torrent de larmes, la question qui ne peut donner que des réponses vexantes :

« Mais qu'est-ce qu'il a de plus que moi ? »

...si la première idée qui vous vient à l'esprit est :

– « Au lit, il me fait faire le tournevis mandchou et toi, la Mandchourie, tu ne sais même pas la placer sur une carte. »

...trouvez vite une deuxième idée, pendant que vous tournez sept fois votre langue dans votre bouche. Ce genre de

[17] Sortir avec quelqu'un de moins bien que soi, eu égard à son niveau social, ses études, son physique...

tirade à brûle-pourpoint déclenche immanquablement des insultes, des coups de sac à main, voire de pic à glace sur la place publique, ce qui est atrocement mauvais pour votre karma.

Quelle type de liaison vivez-vous ?

Lorsqu'on débute une liaison, on a souvent l'impression que cette nouvelle histoire est unique au monde. Pourtant, il faut bien se rendre à l'évidence, votre amourette ressemble à des centaines d'autres. Ces liaisons sont même si souvent semblables qu'elles peuvent être rangées dans quatre grandes catégories.

Faites ce petit test afin de découvrir le type de liaison dans lequel vous vous êtes embarqué.

1. Vous trompez votre officiel(le) avec :

- **a.** Un(e) GO du Club Med, lors du séminaire annuel de votre entreprise.
- **b.** Un(e) collègue de travail.
- **c.** Un(e) proche avec lequel(laquelle) vos relations ont toujours été ambiguës.
- **d.** Son/sa meilleur(e) ami(e).

2. Vous vous êtes embrassés :

- **a.** Dans un avion à l'autre bout du monde, après une semaine d'hésitation.
- **b.** Au bar de l'hôtel, une fois les collègues partis se coucher.
- **c.** Dans votre voiture, après un dîner en tête-à-tête.

d. Vous lui avez sauté dessus, il n'y a que cela qui compte !

3. Vous vous voyez :
a. Tous les jours, week-end compris.
b. Une fois par semaine, toujours au même endroit.
c. Selon l'inspiration du moment.
d. Rien n'est planifié.

4. Ensemble, vous parlez :
a. De votre prochain rendez-vous galant.
b. De tout et de rien, ça change tellement de la maison.
c. De votre vie conjugale.
d. De votre avenir commun.

5. Qu'est-ce qui vous a attiré vers elle/lui :
a. Son physique.
b. Sa personnalité très proche de la vôtre.
c. Des projets communs.
d. Sa disponibilité.

6. Que partagez-vous ensemble ?
a. Des moments forts, comme vous n'en aviez pas vécu depuis des années.
b. Des plaisirs charnels incroyables.
c. Des tonnes de projets.
d. Des instants précieux parce que rares.

7. À la maison, vous vous comportez :
a. Absolument normalement.

- **b.** « Ni vu, ni connu, j't'embrouille », vous en faites plus que d'habitude pour ne pas éveiller les soupçons.
- **c.** Un peu autiste, vous semblez être ailleurs.
- **d.** Vous attaquez souvent votre conjoint sur ce qui ne va pas dans votre couple.

8. Avec votre amant/maîtresse, vous avez envie de :

- **a.** Pouvoir vous tenir la main dans la rue.
- **b.** Passer une nuit ensemble.
- **c.** Rien de particulier, en plus de ce que vous faites déjà.
- **d.** Lui montrer votre maison/appartement.

9. Les vacances arrivent. Pour vous, elles sont synonymes de :

- **a.** Cauchemar, puisque vous allez être séparés et que les communications vont être très difficiles.
- **b.** Nouvelles têtes, nouvelles opportunités.
- **c.** Déstabilisation, puisque vous allez devoir vous retrouver en tête à tête avec votre conjoint, sans votre petite bouffée d'air frais.
- **d.** Recentrage sur votre vie de couple et de famille.

10. Pour quelles raisons mettriez-vous un terme à votre liaison ?

- **a.** Si votre moitié vous le demandait, pour renforcer votre couple officiel.
- **b.** Dès que vous aurez rencontré une autre personne, encore plus attirante que votre amant actuel.
- **c.** Pas besoin de motif précis, dès que votre liaison vous

amusera moins.

d. Pour rien au monde puisque sans cette double vie, vous ne vous voyez pas rester avec votre conjoint.

Reportez vos réponses dans le tableau ci-dessous, en additionnant les symboles afin de découvrir à quelque type de liaison vous êtes confronté.

Réponses	1	2	3	4	5	6	7	8	9	10	Total
A	✚	▲	▲	✚	●	❐	✚	●	▲	▲	
B	▲	✚	●	●	▲	✚	●	▲	✚	❐	
C	●	●	✚	❐	❐	▲	▲	✚	●	✚	
D	❐	❐	❐	▲	✚	●	❐	❐	❐	●	

Davantage de ▲ : La liaison test, « Mon couple vit-il encore ? »

Lorsqu'on a identifié des problèmes dans son couple, mais qu'on a peur de tout remettre en cause, on tâte le terrain, pour voir si, sur le marché, il n'y aurait pas un produit qui nous correspondrait davantage. Souvent, le produit de substitution finit par décevoir, et vous persuade que c'est à la maison que l'herbe est la plus verte. La maison, vous y revenez donc sagement, apaisé par votre décevante escapade. Durée de vie variable en fonction du choix du compagnon de jeu.

Car si le casting a été bien fait, gare aux envies de refaire votre vie en sa compagnie. Attention toutefois à ne pas essayer de faire faire à votre liaison votre job à votre place.

Un amant, ce n'est pas un *deus ex machina* qu'on utilise pour régler ses problèmes de couple, ou pour déclencher la phase terminale. Aussi moralement répréhensible que soit son comportement, l'amant a droit lui aussi à un peu de dignité. Ce n'est pas lui qui doit vous faire partir de chez vous, ni votre conjoint qui doit vous virer, ou encore moins vous quitter. C'est à vous et vous seul de décider et d'agir.

Davantage de ✚ : La liaison fortuite ou « le petit coup rapide sans danger et sans lendemain »

Vous avez l'impression que cela ne vous engage à rien, que tromper c'est facile, gai et plaisant. Vous rêviez d'une bouffée d'air, vous avez trouvé de quoi vous enrhumer ! Vous voilà moderne, contemporain, branché, presque par hasard. Vous comprenez enfin ce que racontent les magazines féminins. Liaison Kleenex, en règle générale, déjà oubliée une fois la portière claquée ou lors du retour à la maison. Cette aventure, ça n'est presque rien, et pourtant, ça vous fait un bien fou, physiquement et psychologiquement.

Méfiez-vous néanmoins de ne pas vous faire prendre la main dans le sac, vous risqueriez d'être tout étonné par la réaction de votre conjoint. Un petit coup comme un grand, ça reste une tromperie, un événement encore vu par l'immense majorité des gens comme une humiliation et une négation de leur être. À manier avec précaution.

Davantage de ● : La liaison compensatrice : « Je m'accroche à une vie à deux malheureuse, pour des raisons économiques ou familiales »

Ce type de liaison peut vous laisser croire que l'existence d'une vie parallèle assure en partie la survie de votre couple officiel, en le stabilisant. Vous allez chercher ailleurs ce que vous ne trouvez pas à la maison, sans songer un instant à remettre en cause la cellule familiale. Espérance de vie très longue. Risque très élevé de double vie.

Ce grand écart peut être bénéfique, mais qui trompez-vous le plus, votre conjoint, votre amant, ou vous-même ? Ne vaudrait-il pas mieux essayer de construire avec l'un ou l'autre, une relation qui réunisse tous les paramètres qui vous semblent indispensables à votre équilibre ? Impossible ? Pas le courage ? Pas les moyens ? Et si c'était juste la peur du changement qui vous paralysait, en vous obligeant à vous maintenir dans cette situation intenable…

Davantage de ❐ : La liaison de rétorsion : « Je veux me venger de toi, en me donnant à d'autres »

C'est davantage l'apanage des femmes que des hommes. En cas d'adultère, les hommes sont plus enclins à quitter, tandis que les femmes veulent rester, mais se venger. Liaison Kleenex à la durée de vie très limitée, sauf si les sentiments s'en mêlent, ce qui est rare.

CHAPITRE 7

L'infidélité, et après ?

> « Les femmes fidèles sont toutes les mêmes, elles ne pensent qu'à la fidélité, et jamais à leur mari. »
>
> **Jean Giraudoux**, écrivain

Avant de nous quitter, nous tenions à vous prodiguer quelques conseils pour sortir avec classe et panache des turpitudes que vous n'aurez pas manqué de traverser.

« Pas de ça chez nous ! », conseils aux fidèles

Vous êtes des dieux du couple, vous ne vous êtes jamais trompés, et cela n'arrivera jamais.

Félicitations. Cela ne vous a jamais effleuré ou vous avez

évité la cata de peu. Le danger est sérieusement éloigné. Puissiez-vous avoir raison, vous aurez notre admiration éternelle de pauvres mortels. Vous êtes la preuve vivante que l'infidélité n'est pas une fatalité.

Peut-on se passer de la fidélité ?

✓Seulement 66 % des Français considèrent que la fidélité est indispensable à la survie du couple.

✓29 % pensent qu'elle est importante, mais pas indispensable. 4 % qu'elle est secondaire.

Source : sondage CSA/*L'Événement du jeudi*, 1996

On vous a trompé

Un Boeing 767 rempli de fuel et de passagers a percuté votre tour nord le mardi 11 septembre 2001 à 14 h 45, heure française. Vous n'avez rien vu venir. Vous n'aviez jamais connu un drame pareil. Il vous a fallu des semaines pour saisir l'ampleur du désastre, et surtout vous ressaisir. Vous fûtes hébété, vous voilà l'arme au poing, la bave aux lèvres, vous êtes en colère, vous criez vengeance.

Vous allez vouloir chasser l'autre, le punir, le transformer en carpaccio. Vous brûlerez tout ce que vous avez adoré. Vous le voulez mort et enterré. Et puis, un beau jour, vous prenez un peu de distance et, sans aller jusqu'à pardonner, vous vous dites que dans cette affaire, tout le monde s'est peut-être emporté.

Plus amène, peut-être avez-vous déjà tendu l'autre joue, conscient que de nos jours et depuis toujours, ce genre de choses arrive ; que cette fois-ci, vous avez été victime, mais qu'un jour, vous deviendrez peut-être le bourreau. L'infidélité fait partie de la grande aventure moderne, pas de quoi en faire un fromage.

Mais gardez à l'esprit que l'infidélité n'arrive jamais par hasard. Tromper, c'est comme ouvrir la boîte de Pandore, une fois le couvercle attaqué à l'ouvre-boîte, il est parfois difficile de renoncer à ce frisonnement de plaisirs nouveaux.

Faut-il pardonner ? C'est à vous de décider. Le pardon est un concept moral qui mettra du baume au cœur à votre « méchant » conjoint, en aucun cas un élément moteur pour se tirer d'un pareil mauvais pas. Vous voulez reconstruire sur des bases saines ? Offrez-vous un petit bilan. Discutez avec le « fautif » de ce qui l'a amené à commettre son « forfait ». Vous en tirerez sans doute de nombreux enseignements qui vous permettront de modifier, par petites touches, votre façon de fonctionner à deux. Si malheureusement vous découvrez des failles plus structurelles dans votre bel édifice commun, le bilan devra être suivi, comme dans l'industrie, par une restructuration, voire un plan social. On ne vous souhaite pas d'en arriver là, mais vous verrez que s'il est mûrement réfléchi, le "Roger, tu prends tes slips et tu pars avec ta pute, je ne veux plus jamais te revoir" a un pouvoir libérateur hors du commun.

Une crise irrattrapable ? Seulement si c'est ce que vous souhaitez, ou que ce couard de Roger n'attendait que ça depuis bien longtemps, de se faire virer de la maison avec perte et fracas. Ayez à l'esprit que la crise du couple, c'est comme le tango, deux pas en avant, un pas en arrière.

> « La plus grande saleté qu'on puisse faire à un homme qui vous a pris votre femme, c'est de la lui laisser ! »
>
> **Sacha Guitry**, dramaturge

« Vous en êtes », conseils aux infidèles

Vous avez trompé votre conjoint, vous voulez repartir sur de bonnes bases et faire amende honorable (cas « FILO »).

Commencez déjà par rompre de façon claire et nette avec votre amant(e). Avec tact ou brutalité, l'important, c'est qu'il n'en reste plus une miette (de la relation, pas de la personne). Que les mots « amour », « avenir », « enfants » aient ou non été prononcés, ayez à l'esprit que, déjà engagé par ailleurs, si tant est que vous ayez été honnête au moins sur ce point, il ne vous engagent en rien. Les ingénieurs qui étudient les flux de passagers dans les transports en commun ou les remontées mécaniques appellent ça « FILO » (*First In, Last Out*). Premier arrivé, dernier parti.

Après quelques mots plus hauts que les autres, dans le meilleur des cas, on se sépare et on reste amis. Hypothèse plus probable, on se sépare et on dit qu'on ne veut plus jamais se voir, malgré un petit « on s'appelle on se fait une bouffe » lâché sans conviction. De toute façon, il y a de fortes chances pour qu'on vous demande poliment de ne plus voir votre amant(e). « JAMAIS, T'ENTENDS ? ! »

Troisième hypothèse, rare mais pas impossible : le plan « Liaison fatale ». Telle Glenn Close larguée par Michael Douglas, l'amant(e) délaissé(e) s'introduit chez vous nuitamment et fait bouillir le lapin de votre rejeton, avant de s'en prendre à ses parents. Soyons francs, les conseils pour ce genre de cas pathologiques, ce n'est pas vraiment notre rayon, appelez plutôt le 17 (le 112 à partir d'un portable).

Une fois le ménage fait, il vous reste à ravaler votre fierté, courber un peu l'échine et re-séduire votre conjoint comme si c'était un(e) inconnu(e). Sauf que, coup de bol, ce n'est pas un(e) inconnu(e). C'est donc plus facile. Quels que soient les dégâts occasionnés par votre foucade, et même si vous êtes parti de la maison, vous trouverez bien deux-trois souvenirs de derrière les fagots pour faire pleurer dans les chaumières, et des petits mots qui lui iront droit au cœur. Faites-nous dégouliner tout ça comme du Nutella sur une crêpe de vendeur ambulant. Quand on veut retrouver sa place, il ne faut pas avoir la main légère sur le sentimentalisme.

Mais attention, malgré votre volonté de tout effacer, il restera toujours quelque chose de votre écart. Dans un couple comme sur une voiture, rien ne sert de changer de compteur si on ne rénove pas un peu le moteur. Mettez les petits plats dans les grands, cette attention renouvelée portée à l'autre pourra faire le plus grand bien à votre union qui repartira de plus belle pour bien des kilomètres si vous réussissez à négocier ces tournants délicats car, revenir lorsque l'on a fauté c'est vivre désormais avec un cadavre dans un placard installé au milieu du salon familial, quelque chose de beaucoup plus difficile qu'il n'y paraît

> « La vie de couple, ce n'est pas un télécran. Il ne suffit pas de secouer un bon coup pour tout effacer. »
>
> **Nous**

Vous êtes follement amoureux de votre amant(e), qui vous laisse tomber (cas "LIFO")

Pas de chance, vous avez été victime du cas LIFO (*Last In, First Out*). Et vous voulez quoi là, qu'on vous plaigne ? Alors de deux choses l'une : soit vous vous êtes laissé dépasser par l'affolement des débuts, et vous allez vite vous rendre compte que tout ça n'était pas vraiment de l'amour (si si, là c'est votre amour propre qui a mal, pas votre cœur). De retour au bercail, vous vous dites que tout ça n'était qu'un coup de folie. Pas grave, on oublie, on pense à autre chose. Vous ne deviez pas refaire la déco du salon ? Et les meubles de jardin à vernir avant l'hiver ? Allez hop, à vos pinceaux !

Soit vous êtes réellement, structurellement, profondément amoureux, et là, c'est grave. Dans ce cas, décarcassez-vous un maximum pour le/la récupérer. Roulez-vous par terre, construisez une cathédrale, composez une chanson triste pour Céline Dion, bougez-vous quoi. Si, par la même occasion, vous pouvez avoir l'élégance et l'honnêteté intellectuelle de dire à votre officiel(le) que vous ne l'aimez plus, vous passerez, à nos yeux au moins, pour quelqu'un de bien. Dans le cas contraire, pas de panique, quitter la proie pour l'ombre n'est pas un comportement très répandu chez les mammifères bipèdes urbains d'Europe occidentale.

Coup de foudre au Forest Hill

91 % des Français et 93 % des Françaises s'estiment incapables de « quitter leur conjoint du jour au lendemain pour un coup de foudre. »

Source : sondage BVA/*Paris Match*, 1999

Étape suivante. Vous avez réussi à récupérer votre amant(e). Si vous ne l'avez pas encore fait, il est temps de faire un peu de tri dans vos affaires sentimentales. D'ailleurs, que vous ayez réussi ou échoué, il est important de vous demander si ça vaut le coup de conserver votre première vie et de rester avec Christine à la maison jusqu'à ce que mort s'ensuive, malgré vos tentatives acharnées pour vous échapper. Un couple usagé, c'est comme le village du Prisonnier. Un environnement faussement convivial où une grosse boule en plastique empêche les évasions. Et cette grosse boule en plastique, c'est votre immobilisme. Que ressentez-vous véritablement à l'égard de Christine ? « Complicité » réponse A, « attachement » réponse B, « pitié » réponse C. Et s'il n'y avait pas les enfants, ne seriez vous pas déjà installé ailleurs ? Ne restez que si vous avez répondu A. B à la rigueur. Vous n'êtes pas un numéro, vous êtes un homme libre.

Notez que nous n'avons rien contre les doubles vies. Mais rester indéfiniment avec deux personnes, c'est ne pas choisir, ne pas aller au bout des choses. Un comportement un peu mitigé qui vous empêchera de vivre pleinement l'une ou l'autre de vos relations. Maintenant, si vous vous dites que vous êtes très bien comme ça, ou que vous êtes un handicapé du choix, pas de problème, vous pouvez jouir de toilettes de taille extravagante dans les lieux publics, et de places réservées dans les autobus.

Tromper ne vous suffit pas, vous voulez refaire votre vie avec votre amant(e).

C'est la situation FIFO (*First In, First Out*). Votre partenaire historique va devenir une double victime. Infidélité + séparation, c'est le coup de bambou.

Vous voulez faire un trait sur le passé, partir de chez vous et tout recommencer de zéro. À la bonne heure ! La question que tout le monde va vous poser, c'est « es-tu sûr de ce que tu fais ? » Et vous aurez beau vous inventer des tas de bonnes raisons, dans votre for intérieur, c'est le chaos et les chochottes qui domineront. Notre conseil : prenez votre temps. Rien ne presse. Vous avez pu vivre pendant des années sans votre amant qui deviendra peut-être votre futur conjoint. Vous n'êtes pas à quelques mois près. Avec le temps, vous aurez le loisir de vérifier si ce que vous appelez de l'amour ne s'érode pas passée la magie des premiers instants. Seul le recul permet de faire la différence entre une passade et une passion véritable. Du temps, c'est aussi la possibilité de vous découvrir vraiment en profondeur. Et un beau jour, vous saurez si vous êtes prêt ou non à faire le grand saut. Toute décision prise dans la panique et la précipitation ne pourra vous apporter que des remords, des regrets, ou les deux. Quel serait alors l'intérêt d'un jeu dans lequel tout le monde aurait perdu ?

Malgré la forte charge émotionnelle de ce genre de situation, nous ne saurions donc trop vous conseiller de peser le pour et le contre, avec des amis ou tout simplement un papier et un crayon. Les consultants américains ont un très bon système pour décider de l'avenir d'un produit (là le produit, c'est votre ou plutôt vos couples). Ce système, ou plus précisément cette "matrice d'analyse stratégique" s'appelle le SWOT (*Strengths, Opportunities Weaknesses and Threats*), c'est un grand classique des écoles de commerce.

Vous voilà donc face à deux colonnes, une pour chaque partenaire de vie potentielle. Vous savez ce que vous quittez, mais qu'allez-vous trouver à la place ?

- Quels sont les points forts (*Strengths*) et les points faibles (*Weaknesses*) de chacun individuellement, mais aussi de vous avec eux ?
- Quelles sont les opportunités (*Opportunities*), les améliorations potentielles qu'est susceptible de subir votre existence, avec l'un et l'autre, en fonction des efforts plus ou moins importants que vous serez prêt à déployer vis-à-vis de chacun ?

- Quelles sont les menaces (*Threats*) qui vous pendent au nez dans les deux cas ?

Ce schéma d'analyse, que certains trouveront pour le moins froid et calculateur, permet d'avoir une idée assez précise des forces en présence, mais surtout de la situation actuelle et future, avec une vision dynamique.

Traiter ce choix de vie de façon totalement analytique et dépassionnée vous aidera peut-être à répondre à la question suivante : s'aimer, est-ce assez pour tout recommencer ? Les liens affectifs, économiques, historiques : vous ne devez rien oublier. Vous verrez, ça fait atrocement mal à la tête, mais une fois la cartographie de votre couple actuel et de votre nouveau couple potentiel complétée, vous y verrez considérablement plus clair.

> « La plus extraordinaire femme qu'on ait jamais recontré est celle qu'on vient de quitter. »
>
> **Jules Renard**, écrivain

N'oubliez pas de tenir compte dans votre réflexion de l'interaction probable entre votre ancien et votre nouveau couple.

- Résisterez-vous aux cris, aux pleurs, aux manœuvres de reconquête de votre ex ?
- Saurez-vous gérer votre inévitable culpabilité ?
- Supporterez-vous la jalousie de votre nouveau conjoint vis-à-vis de votre ancienne existence ?

1,6 million d'enfants vivent dans une famille recomposée

✓500 000 avec un parent et un beau-parent.

✓600 000 avec un parent, un beau-parent, un demi-frère ou une demi-sœur.

✓500 000 avec leurs deux parents, et un demi-frère ou une demi-sœur.

Source : INSEE Première, juin 2003

- Combien de temps mettrez-vous à faire le deuil du passé ?
- Comment vivrez-vous le fait d'être chef et père ou mère de famille dans votre nouvelle vie, mais toujours aussi un peu dans l'ancienne, situation de plus en plus fréquente avec le phénomène sympathique des familles recomposées ?
- Saurez-vous différencier la complicité qui continuera à vous unir à votre ancien conjoint de l'Amour véritable ?
- Serez-vous assez fort pour mettre à distance la tentation de revenir vous pelotonner dans votre ancienne vie au moindre doute concernant la nouvelle ?
- Tiendrez-vous la distance sans vous laissez influencer par les amis, la famille, les collègues... forcément incrédules et un peu jaloux de votre nouveau choix de vie, et qui ne manqueront pas de vous le faire sentir ?

Changer de partenaire, quand on a déjà parcouru un bon bout de chemin ensemble et qu'on s'est installé dans la vie (enfants, maison...), ce n'est pas simplement substituer l'un à l'autre, à moins que vous ne soyez un adepte du poussage du haut d'une falaise ou du coulage des pieds dans un bloc de béton avant immersion définitive à grande profondeur. C'est remplacer un partenaire majeur par un autre, et faire du premier, sous le terme réducteur d'« ex », un partenaire mineur certes, mais néanmoins réel.

Dernier paramètre, sordide, mais absolument incontournable, le nerf de la guerre : l'argent. Nous avons vu que le coût d'une liaison n'était pas nul. Pour une séparation, doublée d'une ré-installation, c'est la même chose, en dix fois pire. Loyer provisoire, crédit, pension alimentaire, frais d'avocat, équipement pour la maison et les enfants, vous voyez tout en double, y compris votre découvert. Essayez donc d'être certain d'avoir fait le bon choix avant d'aller pulvériser vos économies ou un nouveau prêt de votre cher banquier. Vu comme ça, le raisonnement manque de noblesse, mais souvenez-vous que le romantisme n'a jamais nourri personne, à part quelques poètes du XIXe siècle.

> « On passe la moitié de sa vie à attendre ce qu'on aimera, et l'autre moitié à quitter ce qu'on aime. »
>
> **Victor Hugo**, écrivain

Y a-t-il une vie après l'infidélité ?

C'est peut-être la question que vous vous posez, après avoir lu tant de pages sur des arrangements avec la morale et les liens conjugaux. Que reste-t-il des bases de la cellule sociale telle que nous l'entendons, quand tant d'énergie a été dépensée par les différents protagonistes pour les saper ?

Refaire sa vie de couple est plus fréquent pour les hommes

- ✓ Un adulte sur quatre a connu la rupture d'une vie de couple.
- ✓ Les femmes de moins de 30 ans ont cinq fois plus de chances de refaire leur vie que celles de plus de 50 ans.
- ✓ Un homme a 23 % de chances de plus qu'une femme de revivre en couple.
- ✓ Plus l'âge de fin d'études est élevé, plus la chance de retrouver un conjoint est grande pour les hommes. Ce facteur ne joue pas pour les femmes.
- ✓ Le fait d'être mère d'un enfant de moins de 10 ans au moment de la rupture réduit de 7 % la probabilité de retrouver un conjoint. Ce facteur ne joue pas pour les hommes.

Source : INSEE Première, juillet 2001

Y a-t-il une vie après l'infidélité ? Nous répondons trois fois oui. Cette histoire qui vous tombe dessus ou que vous avez mûrement fomentée, est peut-être la fin d'un monde, si la liaison qui a vu le jour a révélé des failles structurelles dans votre relation officielle. Mais en aucun cas, que vous soyez trompeur ou trompé, cela ne peut être la fin du monde.

Comme disait le personnage de Dany, interprété par Jean-Pierre Darroussin dans le film *Mes Meilleurs Copains* « Il n'y a pas mort d'homme. » C'était sa manière à lui d'évaluer la gravité d'une situation. Et en matière d'infidélité, malgré quelques faits divers spectaculaires, il y a heureusement rarement mort d'homme ou de femme. Des menaces, des noms d'oiseaux, c'est certain, vous en proférerez ou vous en recevrez des tombereaux. Mais, notre société devient plus tolérante, et cette tolérance affecte chacun d'entre nous. Fâchés, furieux, enclin au jet de *home cinema* par la fenêtre du 4e étage (attention toutefois aux passants), au passage de photos de mariage au mixeur trois en un, au découpage et au tagage d'objets de valeur divers et variés, vous aurez des mauvaises pensées, mais vous passerez rarement à la phase étripage-découpage.

> « Je ne ressens jamais de haine. Évidemment, je suis parfois en proie à la colère. Il m'arrive même de médire ! (rires). Ce sont des réactions humaines, spontanées, et qui ne durent pas longtemps. Si on y pense sérieusement, on s'aperçoit qu'elles ne sont d'aucune utilité. »
>
> Le Dalaï Lama, *Psychologies*, octobre 2003

Faut-il remercier votre éducation, votre bonne santé mentale, ou tout simplement le fait qu'un être humain soit considérablement plus complexe à étriper et découper qu'un vulgaire poulet fermier ? Le résultat est le même. Fureur et cris souvent, bain de sang, rarement.

Le droit de pouvoir

Tout le monde a le droit et le pouvoir de refaire sa vie. Les trompeurs, les trompés, les trompés avec les trompeurs, les uns et les autres avec des tiers. Les possibilités ne manquent pas. Il faut juste vous positionner par rapport au concept d'âme sœur. Votre âme sœur, qui est-ce ? L'ancien qui n'était plus assez âme sœur puisque vous l'avez trompé ? Le nouveau qui semble être encore plus âme sœur ? Celui qui vous a trompé ou un inconnu que vous rencontrerez prochainement ?

Au risque de décevoir les romantiques, nous pensons que si chaque pot a son couvercle, plusieurs pots ont le même couvercle, tant il est vrai que les pots sont fabriqués de façon industrielle. Et d'une certaine manière, nous les humains sommes aussi fabriqués, ou au moins formatés de façon industrielle par la culture de masse. Des amateurs de Bernard Lavilliers qui détestent la coriandre et qui ont Raymond Devos comme comique préféré, vous en trouverez des wagons. Question de patience.

Certains objecteront que ce qui fonde une relation avec quelqu'un n'est pas seulement un ensemble de points communs, mais également une histoire, des souvenirs, des enfants, des interdépendances organisationnelles ou économiques. Ils auront raison. Mais attirons leur attention sur le fait que rien n'est impossible à qui en a la volonté.

- Volonté de refaire sa vie et partir de chez soi malgré une implication maximale.
- Volonté de vous épanouir à tout prix.
- Volonté de recoller les morceaux après avoir commis l'inimaginable.

- Volonté de ne pas craquer face à la tentation par respect pour l'être aimé.
- Volonté de consacrer toute votre énergie à la sauvegarde de votre couple, quitte à renoncer à des plaisirs certes intenses mais peut-être passagers.

Pourquoi êtes-vous fidèle ?

Si les réponses à une telle question sont sujettes à caution, elles n'en donnent pas moins des repères. 96 % des personnes interrogées évoquent le respect de leur conjoint. 59 %, le fait d'avoir des enfants. 55 %, les scrupules moraux. 54 %, le fait d'être marié. 53 %, la peur de perdre leur conjoint. 46 %, le souci de ne pas compliquer leur vie. 29 %, la peur du sida. 27 %, des principes religieux. 15 %, le manque d'audace. 9 %, le manque d'occasions.

Source : sondage CSA/*L'Événement du jeudi,* 1996

Pendant l'enquête qui nous a permis d'écrire ce livre, nous avons été frappés par le nombre de personnes qui invoquaient comme motif de non-action la complexité, la couardise, le manque d'opportunités.

- Beaucoup de gens restent fidèles parce que les conséquences d'un écart leur semblent insurmontables.
- Beaucoup de gens se vantent de rester fidèles parce qu'ils manquent totalement d'opportunités de rencontres (ceux qui travaillent dans un univers uniquement masculin ou féminin, par exemple).

- Beaucoup de gens invoquent parmi les facteurs qui déterminent leur choix de ne pas quitter leur conjoint des raisons familiales comme les enfants des paramètres matériels comme les moyens financiers, le fait de rembourser un prêt en commun, le coût et la complexité d'un divorce.

Nous pensons que chacun a le pouvoir et le devoir de se donner les moyens, intellectuels, émotionnels et organisationnels, d'aller au bout de son épanouissement et de celui de son conjoint. Ensemble ou séparés, ils auront fait le meilleur usage possible de leur trop bref séjour sur la terre.

La vie est certes faite de compromis, nous objecterons nos censeurs Jansénistes. Mais il ne tient qu'à vous d'en tirer le meilleur parti en faisant chaque jour des efforts pour ne pas sombrer dans la neurasthénie, et vous dire que le couple est comme un rêve de gosse : un mécano géant dont on ne voit jamais la fin. Peu importe d'où en viennent les pièces, du moment que la construction finale vous apporte fierté et satisfaction.

Amis lecteurs, à vos clefs à molette. Ne vous laissez pas impressionner par l'ampleur de la tâche. L'avenir appartient à ceux qui rêvent tout haut.

CET OUVRAGE
A ÉTÉ ACHEVÉ D'IMPRIMER
SUR ROTO-PAGE
PAR L'IMPRIMERIE FLOCH
À MAYENNE EN JANVIER 2004

N° d'impr. 59168.
D.L. : janvier 2004.
(Imprimé en France)